国家金融安全研究报告（2021）

——新冠肺炎疫情冲击下的金融安全与风险防范

主编：李建军

副主编：应展宇　黄志刚

中国财经出版传媒集团

中国财政经济出版社

图书在版编目（CIP）数据

国家金融安全研究报告：新冠肺炎疫情冲击下的金融安全与风险防范. 2021 / 李建军主编. -- 北京：中国财政经济出版社，2022. 11

ISBN 978 -7 -5223 -1084 -8

Ⅰ. ①国… Ⅱ. ①李… Ⅲ. ①金融风险 - 风险管理 - 研究报告 - 中国 -2021 Ⅳ. ①F832. 1

中国版本图书馆 CIP 数据核字（2022）第 220902 号

责任编辑：叶 彤　　责任校对：徐艳丽

封面设计：北京兰卡绘世　　责任印制：党 辉

国家金融安全研究报告（2021）

GUOJIA JINRONG ANQUAN YANJIU BAOGAO（2021）

中国财政经济出版社 出版

URL：http：//www. cfeph. cn

E - mail：cfeph@ cfeph. cn

社址：北京市海淀区阜成路甲 28 号 邮政编码：100142

营销中心电话：010 - 88191522

天猫网店：中国财政经济出版社旗舰店

网址：https：//zgczjjcbs. tmall. com

北京时捷印刷有限公司印刷 各地新华书店经销

成品尺寸：185mm × 260mm 16 开 17 印张 310 000 字

2022 年 11 月第 1 版 2022 年 11 月北京第 1 次印刷

定价：78. 00 元

ISBN 978 -7 -5223 -1084 -8

（图书出现印装问题，本社负责调换，电话：010 - 88190548）

本社质量投诉电话：010 - 88190744

打击盗版举报热线：010 - 88191661 QQ：2242791300

前　言

2019 年年底，新型冠状病毒肺炎疫情突然暴发。作为一项重大公共卫生事件，此次疫情的影响范围不局限于某个特定的国家和地区，而是在全世界范围内不断扩散和蔓延的同时，由于病毒的突变呈现明显的阶段性，相应地导致包括中国在内的全球经济金融运行中面临的不确定性显著增强，金融市场动荡明显放大，成为危及国家金融安全的重要因素之一。在这一背景下，由中央财经大学“金融安全工程”北京市高精尖学科点和金融学院联合，于 2020 年 3 月面向全校教学科研人员发起了开展“新冠肺炎疫情冲击下的中国金融安全研究”年度应急课题研究的公告。该课题下设多个子课题，旨在资助学校教师科学分析研判这场突如其来的新冠肺炎疫情蔓延事件对中国经济金融运行的影响，进而提出应对疫情冲击的经济金融对策，有效防控中国系统性金融风险，确保中国金融安全。

课题公告发布后，包括金融学院、经济学院、统计学院、会计学院等在内的校内多个学院老师申请踊跃。截至 2020 年 9 月，金融学院共收到了 35 份课题申请书。金融学院严格按照课题管理办法，组织了校内外知名专家完成了匿名评审，并根据匿名结果择优确定资助 15 个子课题。这 15 个子课题涉及内容宽泛，既有新冠肺炎疫情下中国的经济下行风险和新冠肺炎疫情对中国系统性金融风险的影响这样偏重宏观的研究主题，也有新冠肺炎疫情冲击下的信贷配给于小微企业信息和新冠肺炎疫情与慈善组织信息披露质量这样的微观研究话题。在子课题立项后，金融学院则严格按照课题管理办法有序推进研究展开，在 2020 年年末完成项目中期检查的基础上，于 2021 年 6 月邀请 6 位校内外专家学者开展了项目评审，就子课题研究成果质量进行判断，并提出修改和完善意见。目前本报告所呈现的章节内容就是各个子课题负责人在修改完善后的部分研究成果。

从内容来看，本书主要采取了专题形式，围绕着新冠肺炎疫情爆发之后的经济影响从多个维度展开了分析和思考，共由9部分构成，分别是“概论”（黄志刚）、“新冠肺炎疫情下的经济下行状况、政策选择及应对”（谭小芬和王睿贤）、“新冠肺炎疫情冲击的宏观经济效益与政策应对——基于CGE模型的分析”（张苏）、“新冠肺炎疫情对中国系统性金融风险的影响”（方意、于渤、邵稚权和贾妍）、“新冠肺炎疫情冲击下的信贷配给与小微经营者信心”（俞剑、苏治和莫璇）、“信息不对称、新冠肺炎疫情与内部披露人保护制度”（昌中泽和李汉雄）、“政府公共危机管理能力对城市经济效率的影响”（李新荣、苏治和卞浚沣）、“新冠肺炎疫情冲击下跨境资本流动管理及金融风险防范研究”（荀琴、张石昌、吴谦、韩雨迪和孙文毫）、“新冠肺炎疫情冲击下国际资本流动‘突然中断’风险与中国金融安全防范对策”（苏治和李丰）。尽管这些研究主要是在新冠肺炎疫情仍在蔓延中完成的，有些判断或结论与事后实践并不完全重合，但课题各位研究人员秉承科学研究的态度，对新冠肺炎冲击下中国某些方面的宏微观运行状况做了较为深入、细致的梳理和分析，对于我们了解新冠肺炎疫情对中国特定时期经济金融的影响有较强的参考借鉴价值。

在本课题立项和结项评审中，得到了张斌（中国社会科学院世界经济与政治研究所）、吴卫星（对外经济贸易大学）、汤珂（清华大学）、张成思（中国人民大学）等校外专家和史建平、张礼卿、贾玉革、张学勇、刘向丽、姜富伟等校内老师的大力支持，特此表示感谢。

在本书初稿完成后，李建军教授、应展宇教授和黄志刚教授对各章的核心内容进行了阅读并提出了一些修改意见，中央财经大学金融学院罗卓笔老师为本书的编辑成稿也做了大量的事务性工作。

作　者

2022年3月

目　录

1.

概　论

2019年以来，来势汹汹的新冠肺炎疫情席卷了全球，对人类的生活和生产活动产生了极大的干扰和威胁。新冠病毒是一种传染性高、症状隐蔽、有一定致死率的恶性病毒，已经有数亿人感染，导致数百万人死亡，并且仍然在全球大范围传播。新冠肺炎疫情从多个渠道对中国乃至全球的经济运行产生了冲击。在这一背景下，深入分析疫情对经济和金融的影响，完善调控措施，防控金融风险，是保障我国经济稳定发展的当务之急和必要之举。

应对这一现实需要，本报告从多个维度对新冠肺炎疫情对我国经济和金融运行带来的影响和挑战进行深入研究，帮助我们更深入的理解疫情的影响，并提出更有针对性的应对措施。本部分对全书的各子报告的核心内容进行梳理总结，提供本报告的一个简介，帮助全面理解本报告的重要结论。下面将本报告的各子报告分为宏观视角、微观视角和金融视角三个角度分别论述。

1.1 新冠肺炎疫情对宏观经济的冲击与政策应对

新冠肺炎疫情短期内使全球主要经济体经济停摆。疫情带来的恐慌情绪蔓延使得金融资产和大宗商品价格下跌，金融市场发生极端异常波动，并造成各国基本面需求端和供给端的双重打击。疫情对经济增长产生的拖累作用超过了 2003 年 SARS 疫情，甚至堪比 2008 年全球金融危机。为此，详细评估新冠肺炎疫情产生的冲击，梳理疫情影响经济金融传导渠道，研判宏观政策操作空间和政策效果，具有重要现实意义。本报告的子报告 2、3 和 7 部分从不同侧面探讨了以上问题。

子报告 2“新冠肺炎疫情下的经济下行状况、政策选择及应对”对疫情下的中国经济运行状况进行了梳理。分析发现新冠肺炎疫情对消费、投资、出口都产生较大冲击。消费方面，线上线下消费分化明显，线上消费涨幅难挡总量下降趋势。投资方面，传统制造业受疫情影响较大，医药制造和高新技术投资出现大幅增长，基建和房地产仍然发挥了重要的企稳作用。出口方面，得益于率先走出疫情冲击，国外对中国出口依赖度增加，引起我国出口呈现出 V 型反转。此外，疫情后期仍有诸多不确定因素，需注意产业链外移压力，全球金融市场震荡等。报告还从杠杆率上升空间、美国极端经济政策等角度分析了宏观政策要面对的政策约束。总的来说，新冠肺炎疫情主要作用供给侧，政策需要做的是平滑波动兼顾调整经济而非强力刺激经济，货币政策只需保持定力，财政政策应该更加积极有效，同时兼顾解决财政时滞与时间错配问题，防止政策矫枉过正带来的经济失衡。最后，后疫情时代美元信用下降，中国金融市场有良好的经济基本面支持，推进人民币国际化进入了关键时期。

子报告 3“新冠肺炎疫情冲击的宏观经济效益与政策应对”构建了一个可计算一般均衡模型（CGE），模拟了新冠肺炎疫情对宏观经济和产业结构的影响，阐释了疫情影响经济的传导渠道。考虑新冠肺炎疫情显著冲击了进出口贸易，政府为保障民生和恢复经济大力推进“减税降费”并增加财政支出。模型将进出口减少、增值税降低以及政府支出增加这三项特征作为外生冲击，用以模拟疫情的影响并借此检验财政政策效果。研究发现，进口和出口冲击对所有经济指标均产生负面影响，而且无论任何冲击，第三产业遭受的影响都最严重。财政政策方面，报告主要考察了“减税降费”和政府支出。总的来说，“减税降费”的财政政策总体上是有效的，政府支出的增加也能够显著推进经济发展，从而本章为积极财政政策提供了一定理论基础。面对新冠肺炎疫情，政府有必要继续落实“减税降费”措施，并且针对不同行业制定差异化收税扶持政策。

关于公共危机管理的思想中国自古有之，在“有备无患”、“预则立，不预则废”等语录中有所体现，但是我国直到20世纪90年代才开始有对公共危机管理的理论研究。新冠肺炎阻碍经济发展、危害人民群众生命健康已经成为不争的事实，但同时也为我们提供了全新的观测政府公共危机管理能力的视角，从而弥补国内相关研究的不足。子报告7用实证方法检验“政府公共危机管理能力对城市经济效率的影响”。其中，城市经济效率基于社会固定资产投资、城镇单位期末就业人数、地区国民生产总值等变量使用数据包络分析中的超效率SBM模型测算。政府公共危机管理能力利用南开大学黄森中教授团队提供的疫情传播数据测算。研究发现，政府公共危机管理能力越高，城市经济效率就越高。进一步还发现，政府公共危机管理能力通过两种机制影响城市效率。首先是产业结构升级机制。政府公共危机管理能力提升了第二、第三产品的劳动生产率，从而提高两类产业所占国民经济比重，最终作用于城市经济效率。其次是技术创新机制。公共危机管理能力越强的政府更善于引导地区内的技术创新，从而促进地区的技术发展，最终作用到城市的经济效率上。因此，切实提高政府的公共危机管理水平，不仅是防范重大危机事件所需，还能够推动经济高质量发展。

1.2 新冠肺炎疫情下的微观主体行为

关注新冠肺炎疫情下的微观主体行为，关心疫情对弱势群体的影响，是助力经济复苏和保障民生所依的需要。长期以来，小微经营者一直面临着融资难和融资贵的信贷难题，抵御风险能力较低。但是小微企业提供了大量的就业岗位，个体工商户和个人经营者是很多家庭赖以生存和生活的方式。新冠肺炎疫情对各类经济主体都产生难以估量的负面冲击，对小微经营者而言更是雪上加霜。为此，子报告5“新冠肺炎疫情冲击下的信贷配给与小微经营者信心”采用全国工商联和蚂蚁金服研究院共同开发的小微企业联合调查数据，考察了新冠肺炎疫情前后小微经营者的生产、绩效和信心的变化。研究发现，在疫情爆发之前，小微经营者在预期营收、预期雇用员工和预期融资需求等方面的信心总体向好，但是小微经营者面临不同程度的信贷配给约束。新冠肺炎疫情爆发对不同规模的小微经营者各项指标都造成了严重的负面冲击，短期内亏损比例高达90%，并且这种负面冲击在企业规模上具有一定异质性。虽然各级政府连续出台一系列政策措施，但受到时间滞后性的影响，政策效果尚未完全显现。将信贷配给约束分为弱信贷配给和强信贷配给后，发现两种信贷配给均会提高小微经营者丧失未来经济发展信心的可能性，而且强信贷配给的影响程度明显大于弱信贷配给。鉴于此，政策的制定需要将时间滞后性纳入考虑，并且应针对不同规模、不同融资需求的小微经营者制定差异化的信贷优惠政策。

除了小微经营者以外，本报告也研究了内部披露人的微观主体行为。2020 年初新冠肺炎疫情在武汉爆发，在国内各界奋勇抗疫的同时，也暴露出我国内部披露人保护制度上存在的短板。子报告 6 从行为经济学的角度研究了“信息不对称、新冠肺炎疫情与内部披露人保护制度”。具体而言，通过构建在信息不对称情况下，自然灾难或公共危机事件发生时的理论模型，研究了政府机构内部披露人保护制度如何影响内部知情人士对披露行为的选择。研究发现，在预期后悔最小化假设下，内部知情人的主要效用是来自于道德层面的效用，其最终是否进行披露即取决于掌握信息的程度，也取决于政府机构对内部披露人的保护制度。在内部知情人士掌握完全信息且政府机构拥有内部披露人保护制度时，内部知情人士有动力积极上报危机信息；在内部知情人士掌握完全信息时，即使政府机构不予重视，并且内部披露人可能受到处罚，但是出于巨大的自身心理负担也会选择上报信息；内部披露人掌握信息不够精确时，即使政府机构实施全面的内部披露人保护制度，也不能保证内部知情人士积极上报信息。该理论模型揭示了内部披露人保护制度的重要性，从而为我国建立和完善内部披露人保护制度提供一定理论基础。

1.3　新冠肺炎疫情与金融风险防范

2020 年以来中国采取严格防控措施有效控制了新冠肺炎疫情在国内的蔓延，经济基本面实现了复苏。但是各国疫情防控以及经济复苏情况不平衡，世界经济形势依然复杂严峻，疫情冲击引致的“输入性金融风险”不容忽视。因此，理解“输入性金融风险”的传导渠道，对疫情时期经济金融政策的制定有重要意义。本报告的子报告 4、8 和 9 分别从不同角度探讨以上问题。

子报告 4“新冠肺炎疫情对中国系统性金融风险的影响”探讨了国内和全球新冠肺炎疫情对中国金融市场系统性风险的影响和传导的一般性规律。报告从新冠肺炎疫情对中国股票市场的风险溢出效应、对中国各类金融市场的风险传导路径以及全球金融市场对中国金融市场的输入性风险三个层面展开分析，并运用多种风险溢出测度模型进行测算。分析发现，新冠肺炎疫情冲击短期会迅速造成金融市场风险上升。在金融行业首先遭受冲击后，风险进一步扩散至其他行业。因此，政策部门应加强对市场情况的预判，加强对易受冲击行业的关注，并提前采取合理的干预措施。新冠肺炎疫情冲击会引发中国股票市场、债券市场、货币市场以及外汇市场之间的风险传染。从防控输入性风险的角度来看，疫情前后，中国外汇市场由风险输出转向风险输入。欧洲、俄罗斯、印度和澳大利亚与中国的相互风险溢出效应较强，中国应重点关注这些国家外汇市场风险，以防止其向中国输入风险。具体的，中国股票市场的风险防控应关注全球股票市场、全球原油市场和全球黄金市场的风险传染作用，中国债券市场风险防控应关注全球债券市场和全球外汇市场的风险传染作用。

子报告8“新冠肺炎疫情冲击下跨境资本流动管理及金融风险防范研究”通过详实的数据分析发现，新冠肺炎疫情导致包括中国在内的新兴经济体遭遇了远超2008年全球金融危机的跨境资本流动波动。疫情爆发后，新兴经济体证券投资项目均出现了异常流动，但是中国受到的冲击相对较弱。中国外汇市场虽受疫情冲击，发生小幅波动，但总体平稳。政策应对方面，报告对比分析了发达经济体、新兴经济体以及中国政策实施的差异及原因。基于双支柱政策理论，结合跨国政策溢出效应，深入分析了中国应对新冠肺炎疫情冲击的宏观经济政策效果，为中国保增长和防风险提供政策建议。

子报告9“新冠肺炎疫情冲击下国际资本流动‘突然中断’风险与中国金融安全防范对策”分析了如果发生资本流动“突然中断”这一极端现象，将可能对中国金融安全产生的影响。资本流动“突然中断”通常包括四个特点：突然无法从国际资本市场融资、经常项目赤字的明显逆转、国内产出和总需求的严重收缩以及资产价格和国内相对价格暴跌。新冠肺炎疫情的爆发增加了这一极端现象的风险。首先，报告从多个角度梳理了国际资本的驱动因素，并在此基础上阐述了国际资本流动对不同类型经济体的影响。其次，对美国与其他35个国家和地区的长期证券交易金额数据进行了分析，得到了不同类型资本流动的极端事件的统计数据和相关结论。再次，使用高维矩阵时间序列因子模型，探讨了不同金融资产类型以及不同国家或地区之间的协动性特征，并根据2002至2010年的数据分析结果，对新冠肺炎疫情是否会引发国际资本流动“突然中断”进行了综合分析。最后，报告还探讨了新冠肺炎疫情冲击下国际资本流动“突然中断”对中国金融安全和经济发展的影响并提出相应的防范对策和建议。

2.

新冠肺炎疫情下的经济下行状况、政策选择及应对[①]

本报告对疫情下中国经济的状况进行梳理。首先回顾新冠肺炎疫情爆发的经济背景，中国2019年第四季度GDP增速仅为6%。受供求影响，经济在2019年年末处于边际弱企稳的状态，同时临近春节期间，交通、餐饮、文娱等行业受到的冲击较大。因此，消费结构性增长难挡总量下降趋势，制造业投资受影响较大，投资增长靠基建企稳，出口短期企稳，结构仍需调整，产业链外移压力开始上升。金融市场风险上升，全球金融市场震荡剧烈。总体而言，疫情的爆发会推迟世界经济边际企稳进程，尤其会给中国的中小企业带来巨大的生存压力。

中国作为全球首个走出疫情冲击的经济体，在经济修复的进程中面临着诸多的约束。首先，中国居民杠杆率近十年来处于增长趋势，居民加杠杆空间无论在总量还是在结构上都有限；非金融企业杠杆率较高，并在疫情的背景下减缓了去杠杆进程。其次，美国极端的经济政策短期有利于稳固美国经济，但长期来看埋下的隐患相对较大，带来美国通货膨胀高筑、美国财政赤字不断上升、美元信用下降等负面影响。再次，世界各国尤其是美国在面对经济极度疲

① 本报告由谭小芬、王睿贤撰写。

情况下的负利率政策对中国的经济复苏造成了一定的阻碍。负利率政策会增加美国国内货币供给，降低美国债券收益率，引发美元贬值，进而降低美元资产的吸引力，美元成为全球套利交易货币，新兴市场面临国际资本流入，大宗商品价格和新兴市场资产价格出现上升，中国跨境资本流入压力和汇率升值压力上升，进而增加中国宏观调控的难度。

面对新冠肺炎疫情带来的经济下行现状，中国应当继续加大宏观政策调控力度，稳定就业。财政政策应更加积极有效，修复受损行业，带动经济发展，给予市场稳定向好的预期。在货币政策方面，需保持一定的政策定力，坚持货币政策以国内金融市场的实际需求为主，以维护市场的流动性充足为目标，坚持结构政策大于总量政策的政策基调。在财政政策和货币政策之外，其他经济政策应当同步发力，助力经济加速修复。

此外，新冠肺炎疫情给中国经济带来了一定的机遇和挑战。对比美国的经济来看，中国当前处于经济的赶超期和金融开放的窗口期。中国需要合理运用各种宏观经济政策工具，突破经济约束，探索经济增长的最优路径。此外，后疫情时期也是人民币国际化的关键时期，中国需要从国家战略高度将人民币国际化全面提上日程。

2.1 新冠肺炎疫情下中国经济的下行风险

从供需两方面来看新冠肺炎疫情对中国的经济带来的影响，可以看到新冠肺炎疫情在短期内会对国内的需求产生较大的冲击，而且无论从冲击的广度还是深度来看，都要大于2003年的SARS疫情。从经济数据来看，在消费、投资、进出口方面，此次新冠肺炎疫情对中国经济的总量和结构都具有较大影响。

2.1.1 消费结构性增长难挡总量下降趋势

从行业上看，餐饮住宿、旅游、交通出行、娱乐休闲行业的消费下降幅度较大，而医疗卫生、游戏、线上教育等行业的上涨幅度能够弥补一定的消费需求下降。但从整体来看，结构性的增长难以弥补整体的下降。尤其是在资本品消费诸如房地产、汽车方面，消费存在一定程度的推迟。

居民的消费受可支配收入的影响相对较大。在疫情期间，居民的可支配收入下降，尤其是低收入人群供职的中小企业由于难以开工而导致可支配收入下降。中国的中小企业贡献了全国80%的城镇劳动就业，而由于可支配收入下降带来的消费下降不仅对当前的消费有一定影响，而且会进一步影响到未来居民的非必需品消费。中国的消费对GDP的贡献率在2019年达到58.6%。2020年全年最终消费支出对国内生产总值增长贡献率为-22%，最终消费支出对国内生产总值增长拉动为-0.5%，可以看到全年的消费项降低给经济带来了较大拖累。

2.1.2 制造业投资结构性分化，房地产投资企稳经济作用仍存

总体上看，新冠肺炎疫情给投资带来的影响小于消费，并在2020年第三季度基本完成修复进程。资本形成总额对国内生产总值增长贡献率达到94.1%，资本形成总额对国内GDP总值增长拉动将近2.2%。其中基建投资和房地产投资对企稳投资起决定性作用。从投资的分项看，制造业投资整体受疫情影响相对较大，全年累计同比下降2.2%，这主要是由于疫情前期各地开工停滞，以及疫情后期外部经济不确定性带来的企业预期低迷导致。但相较于传统制造业投资，医药制造业投资增长21.2%，高新技术制造业的投资在2020年内大幅增长，规模以上工业高技术制造业投资增加值增长幅度达到7.1%。

相较制造业投资，房地产投资和基建投资发挥着重要的企稳作用。在房地产投资方面，2020年上半年房地产投资受推迟复工的影响开发投资形势严峻，土地购置费用

支出趋于缩减、建安工程和工具购置面临减少、在建项目以及新开工面积停工导致房地产投资在上半年大幅下降。而自2020年6月起，随着复工复产的推进，房地产投资开始转暖。到2020年年底，房地产投资累计同比增加5%。

此外，基建投资在疫情期间作用显著。2020年3月27日，中央政治局会议指出："积极的财政政策要更加积极有为，稳健的货币政策要更加灵活适度，适当提高财政赤字率，发行特别国债，增加地方政府专项债券规模，引导贷款市场利率下行，保持流动性合理充裕。"时隔13年，特别国债被再次提起，与财政赤字和专项债相配合，以积极的财政政策助力宏观经济稳定，应对疫情冲击。2020年全年特别国债发行总额达1万亿元，支持"六保"任务，带动基建投资达3万亿元左右。

2.1.3 出口总量稳定，结构仍需调整

2020年上半年，中国的出口受疫情的冲击影响较大，上半年出口7.71万亿元，下降3%。从供给层面来看，2020年一季度全国多数企业处于停工停产状态，造成出口深度下跌。而从需求层面来看，随着2020年3月全球疫情升级，各主要经济体均出现了严重的经济衰退。部分经济体采用停工停产措施防止疫情的进一步扩散导致外需不断下滑。中国出口集装箱运价指数持续回落，其中韩国、欧洲、美东、美西等航线的回落幅度相对较大。首先从出口分项上看，货物出口受各经济体的经济复苏状况影响较大。全球PMI指数在2020年持续保持低迷，相较2019年来看降幅明显。制造业景气指数下行带动货物出口不确定性上升。服务贸易方面受疫情影响显著，2020年1月的服务出口同比下降27%。随着旅游、交通等服务业的疲软，以及全球范围内人口流动的管制，2月回落幅度更大。根据文化和旅游部的报告，2020年实现国际旅游收入仅为170亿美元，同比减少了87%。

进入2020年下半年，中国的出口实现了V型反转，外贸企业陆续开工，出口订单稳步增长。一方面，得益于中国经济修复进程顺利，率先走出了疫情冲击。另一方面，在需求侧，全球的生产能力停摆，对中国出口的依赖程度增加。此外，世界对中国防疫物资的刚性需求也推动医药制造业出口大幅上升。需注意到这部分需求在出口中占的比例较小，但对稳固中国在全球供应链的地位具有一定促进作用。2020年下半年出口不断保持高增，全年出口总额达到4.6万亿美元，增长幅度达1.5%，创下历史出口规模新高。但出口需要注意两个方面的风险：一方面，在贸易结构方面，尽管中国出口工业制品和机械运输设备的规模持续扩大，但从产业链的角度来看，中国出口的工业制品和机械运输设备仍停留在基础制造领域，部分装备制造、高新技术产品仍对进口的依赖度较高，存在一定的结构失衡。另一方面，以美国为首的西方世界对中国

的贸易保护和技术封锁可能成为长期影响出口不确定性的因子，出口高增长的可持续性仍需进一步观察。

2.1.4 产业链外移压力开始上升

在疫情全球传播和升级的进程中，需密切关注各国的防控力度以及企业停产停工情况。由于医疗资源的稀缺，口罩产能不足导致部分国家可能存在停产停工的现象。2020 年全球疫情升级时期，韩国、欧盟等经济体一度全面限制口罩的出口，反映了其国内的医疗资源不足。此外，2020 年中由于部分国家防控措施不到位、检测措施难以落实而导致工业生产可能进入被迫关停阶段。目前从外贸企业的数据上看，海外的疫情与锁国将严重影响中国的外贸。在 2020 年上半年，从数据上可以看到长三角、珠三角复工率达到 90% 以上，但由于生产订单较少，开工率只有 30% 左右。因此在 2020 年前半年，中国的产业链外移风险相对较小，产业链断供风险较大。

但在 2020 年下半年，随着中国各地区的开工率开始恢复，国外需求修复，产业链外移的压力开始逐步上升，产业链开始呈现区域化的态势。从疫情严重的日本和韩国地区的贸易结构来看，韩国在储存芯片市场占有主导地位，核心零部件细分领域的市场占有率超过 72.7%；日本在半导体制备原材料领域具有较高的市场份额，其中硅晶圆在全球市场占到 57%，光刻胶占比达到 72%。除此之外，日韩在智能手机面板全球销售额占比达到 51.8%，尤其是韩国三星在智能手机面板领域具有一定的垄断地位，短期内难有替代。中国下游的半导体行业、消费电子行业均面临着一定的供给冲击。除高新技术行业之外，传统行业如汽车制造当中的金属、橡胶化工、机电设备等项目也与日韩主导的原材料和中间品有关。中国从日本进口的机电产品占到全部自日本进口产品的 43%，从韩国进口的机电产品占到所有自韩国进口商品的 54%，机电设备对日韩的依存度相对较高。在疫情后期，部分西方经济体开始联合给中国施压，要求中国承担疫情所谓的防控不力的责任，部分国家开始指控中国为疫情传播国。因此，这一阶段，以美国和日本为代表的经济体开始出现呼吁企业回归本土、产业链撤出中国的舆论。中国的电子产品行业开始承受一定的压力。

2.1.5 金融市场风险上升

从全球传染病的历史来看，21 世纪初期全球爆发的三次大流行病分别是 2003 年的 SARS、2009 年的 H1N1 流感和 2014 年的埃博拉。据测算，三次流行病平均会拖累当年世界 GDP 增长大约 0.1%。此次疫情传播的广度和深度相较前三次疫情都有过之而无不及。由于中国是感染的重灾区，中国 GDP 占全球 GDP 的比重已经由 2003 年的

4%上升至2019年的16%，经济增长贡献率达到了30%，对全球经济的影响程度会显著高于之前的疫情，为世界经济带来了较大不确定性。同时，之前三次的疫情爆发仅集中在局部地区，没有形成全球范围内的大扩散，但此次疫情呈现在全世界扩散的趋势。受疫情影响，金融市场恐慌情绪开始蔓延，全球大宗商品价格下跌。2020年4月前后，疫情冲击叠加OPEC+会议谈判失败，原油期货下跌将近50%。各国的股市波动增大，道琼斯指数波动率增幅超过200%。国际黄金、白银价格保持平稳微降，反映出全球金融市场的避险情绪较重。全球金融市场震荡剧烈，部分国家主权债务出现违约，或有爆发全面金融危机的风险，需密切关注全球的疫情发展给中国带来的外部环境的变化。

2.2 修复经济面对的约束

2.2.1 杠杆率高企对经济增长形成约束

一国经济杠杆率的上升可以促进投资和产出的增加，但杠杆率过高会带来潜在的债务风险，严重时会引发金融危机，进而波及实体经济。2008年国际金融危机和2020年新冠肺炎疫情引发的全球流动性危机也分别是居民和企业部门持续加杠杆所累积风险的集中释放。2015年以来，“去杠杆”一直是供给侧结构性改革的核心内容之一，但受2020年新冠肺炎疫情下宏观政策的影响，国内各部门的杠杆率开始逐渐回升。未来要实现进一步增长，必须首先修复经济部门重高企的杠杆率。

在居民部门方面，中国居民杠杆率从2008年的18.8%快速上升至2020年的62.2%，超过德国、日本和G20国家的平均水平，居民债务风险处于高位，加杠杆空间受限，日益成为社会的热议话题。高杠杆是宏观金融脆弱的总根源，党的十九大报告将防范化解重大风险列为三大攻坚战之首。从2016年下半年开始，政府部门实行的一系列去杠杆政策取得了较为明显的成效，初步遏制杠杆率上升势头，经济金融风险得到极大缓解。

中国居民杠杆率在近十年来处于增长趋势，从2008年第一季度的18.8%上升到了2020年第四季度的62.2%。在“房住不炒”基调下，居民杠杆率在近年来呈现平缓攀升的态势。不过，在2020年新冠肺炎疫情冲击期间，中国货币政策环境较为宽松，导致居民杠杆率再次出现明显上升。从国际比较看，中国居民杠杆率已经很高，在央行口径下的杠杆率已经超过德国、日本和G20国家平均水平，居民家庭面临的债务负担已经很高，债务风险问题日益突出。在新冠肺炎疫情这一非常规冲击下，采取积极的财政货币政策有其必要性，有利于刺激消费、修复经济，但加杠杆导致居民部门债务风险再度加剧，信用风险不断累积。

此外，按照中国城乡一体化住户调查口径下全国居民人均可支配收入计算，2017年中国居民债务占可支配收入的比重为111.2%，高于美国（102.5%）、西班牙（108.9%）、德国（85.4%）等发达经济体，可见中国居民部门的整体债务压力较大。基于以上分析，利用债务收入比重新估算中国居民部门的债务压力。2017年，中国居民债务收入比超过美国和日本，并保持持续上升的趋势，在2020年第四季度上升至139.8%，已经高于美国2008年的高点132.9%。综上所述，中国居民部门债务压力持续上升，加杠杆的空间正在迅速缩窄。

非金融企业部门宏观杠杆率增长较快且水平较高，从2008年的94%持续攀升至2016年的阶段性峰值160%，此后三年在国内去杠杆政策的调控下，非金融企业部门的宏观杠杆率呈现下降趋势，但进入2020年后受应对疫情的宏观政策影响出现了阶段性上升，2020年第一季度企业杠杆率由2019年年末的150%快速上升至160%，截至2020年第三季度已达到163%的历史新高。对于发达经济体来说，自2008年国际金融危机爆发后家庭部门持续去杠杆，家庭部门杠杆率已由2009年的84%下降至2019年年末的73%；非金融企业部门和政府部门杠杆率水平十年来则较为平稳，分别保持在85%~90%和98%左右，进入2020年第二季度后，三个部门的杠杆率均出现明显反弹。而新兴经济体各部门宏观杠杆率却呈现出不同的变化趋势，2008年之后家庭和非金融企业部门持续加杠杆，两者分别由2008年的23%和57%上升至2020年第三季度的51%和115%；政府部门杠杆率也从低位平稳上升，2020年第三季度达到60%。从国际对比来看，中国政府部门和家庭部门杠杆率水平相对较低，而企业部门杠杆率水平远高于发达经济体和其他新兴市场经济体的同期平均水平。然而，如果进一步考察非金融企业部门微观杠杆率（资产负债率）的变化可以发现，1998~2013年规模以上工业企业平均资产负债率由65%下降到51%，整体上呈现出显著的去杠杆趋势。微观个体企业的杠杆率在整体上不断下降，而整个企业部门的宏观杠杆率却出现攀升，两者背离的主要原因有以下两个方面：第一，企业杠杆率的结构性特征和金融资源错配。获取信贷资源相对容易的企业在经营效益上未必更高，相同规模的信贷扩张带来的增加值越来越低，导致企业部门宏观杠杆率攀升（IMF，2017）。比如，国有企业相对民营企业更容易获得信贷资金，但是经营效益却未必高于民营企业。相应地，企业部门内也出现了杠杆率分化的现象。2008~2013年，规模以上工业企业中非国有企业杠杆率由58%下降至53%左右，而国有工业企业杠杆率则由55%攀升至65%左右，国有企业和民营企业杠杆率出现显著分化。第二，财政问题的金融化。由于地方财政收入不足以满足地方日益增长的支出需求，财政领域的问题逐渐蔓延至金融领域。比如，地方融资平台迅速膨胀的背后反映出地方政府间接通过企业进行融资的行为，在企业部门债务中，以地方融资平台为代表的部分国有企业债务实际依托的是政府信用，这些以各种融资平台形成的地方政府隐性债务在统计上则体现为企业部门债务，造成了企业部门债务高估。相关研究测算，如果将这部分城投企业考虑为广义政府债务，那么2016年政府部门宏观杠杆率将由45%上升到110%，企业部门则由160%回落至105%。因此，企业的高杠杆率在一定程度上反映了财政—金融失衡问题和地方政府隐性债务风险。

2.2.2　美国极端经济政策为经济带来隐患

2.2.2.1　极端货币政策操作

自2020年3月起，在常规货币政策方面，美联储分两次将联邦基金利率下调至0~0.25%，存款准备金下调至0，并下调贴现窗口利率至0.25%，允许存款机构从贴现窗口借用长达90天且可以提前偿付与续期的资金，给银行提供充足的流动性。常规货币政策的大幅宽松一方面给金融机构注入大量的流动性，对缓解美国过长的债务链条具有一定的帮助。另一方面由于前瞻性政策对预期具有引导作用，整个金融市场伴随着美联储的极端政策出现了超调，股市在两周内出现4次熔断，结束了美股11年以来的牛市行情。股市的大幅下跌带来基金的大额亏损，形成股价下跌、抛售资产应对赎回和股价进一步下跌的负反馈效应。

除常规工具外，美联储启用了量化宽松和结构性政策工具等非常规货币政策来维持金融机构和非金融企业的流动性稳定。在量化宽松方面，美联储重启5000亿美元国债和至少2000亿美元MBS资产购买，并升级为开放式量化宽松政策，不设购买上限，向市场注入大量流动性。在结构性政策工具方面，美联储对内启动了多项贷款机制和资产购买计划，主要包括增设一级市场公司信贷机制（PMCCF）用于新债券和贷款发行，增设二级公司信贷机制（SMCCF）用于为未偿还公司债券提供流动性，以及运用定期资产支持证券贷款机制（TALF）和货币市场共同基金流动性便利计划（MMLF）支持消费信贷。同时将MMLF的购买范围扩大到短期市政债券和银行存款凭证，增强流动性支持力度。除此之外，美联储通过一级交易商信贷机制（PDCF）向一级交易商提供隔夜和最长90天的定期融资，提供期限达到6个月，旨在支持一级交易商流动性，保障市场的平稳运行；并且再次启用商业票据融资便利（CPFF），通过创设特殊目的实体（SPV）直接购买评级为A1/P1评级的无担保和资产支持商业票据。从整体上看，当前的非常规货币政策工具使用的幅度和范围与2008年金融危机相比基本量价齐平。未来不排除美联储会使用负利率与购买股票ETF等资产保护市场流动性。

美联储货币政策的核心逻辑在于防止金融机构出现流动性危机带来的传染效应，同时兼顾解决在需求低迷及金融机构的惜贷情绪下企业的现金流紧张状况以及居民的消费疲弱。从整体上看，美联储的政策工具分别从金融机构、非金融企业、居民三个层次提供流动性。从金融机构层面来看，常规货币政策工具空间旨在为银行和大型机构提供流动性。截至2019年年末，共同基金持有的企业债券达到了1.5万亿美元，SMCCF为对冲基金与共同基金提供了流动性便利，降低由股价下跌带来基金抛售的负反馈效应。在非金融企业层面，美联储通过直接参与票据购买的方式来进一步缓解企业的融资压力。在过去的十来年中，美国的上市公司利用信贷市场的低成本利率加杠杆回购公司股票实现套利。这一部分资金容易由于公司股、债价格齐跌触发违约风险。在发行市场上，美联储用CPFF、PDCF的政策手段分别保障了商业票据的供给端和需求端的流动性。一方面打通票据市场的融资渠道，防止企业由于难以从银行获得贷款产生流动性风险，另一方面在二级市场直接购入商业票据防止出现恐慌性抛售。在居民层面，美联储的采用TAF和MMLF两项工具为企业和家庭提供了消费信贷支持，防止经济的下滑以及股市的暴跌通过财富效应传导至居民消费。从美国的GDP结构来看，美国的家庭消费占到GDP的70%左右。在家庭财富结构中，年收入5万美元以下的美国人中有近半数人的存款最多可以覆盖3个月的支出，其中有18%的人没有任何存款；年收入5万美元以上的人中，也有31%的人的存款最多仅可覆盖3个月的支出。因此受疫情的影响，美国的消费尤其是住房、汽车、奢侈品等非必需品消费方面的需求大幅下降或被冻结。美联储的消费信贷的支持仅可在一定程度上提振消费。除对国内提供一定的流动性支持外，为保障美国国债市场的平稳运行，美联储为外国中央银行设立临时回购协议安排，同时与9家中央银行建立美元货币互换安排，减轻全球美元融资市场的压力。

美联储的一揽子货币政策为市场注入了大量的流动性，对平抑市场波动起到一定作用。美元市场出现了流动性分层的现象。标普500波动率指数开始明显下降，至2020年3月底波动率指数下降25%以上。伦敦现货黄金价格回升近9%左右，市场的流动性出现了一定的改善。债券市场方面，国债和商业票据收益率开始逐渐下行，10年期国债收益率由最高1.18%回落至0.7%附近，穆迪Aaa债券的收益率由最高4.12%回落至3%以下。市场自3月中旬以来的恐慌性抛售结束。金融机构间流动性方面，TED利差作为美元流动性的滞后变量，目前出现边际收窄的趋势，整个金融机构间流动性开始缓和。但全球银行间市场的美元流动性仍然偏紧，LIBOR－OIS利差仍处于上升区间，反映各国资金为规避风险对美元的需求仍在不断上升。各国的美元债务偿付压力较大。

2.2.2.2 极端财政政策操作

美国于2020年3月27日签署CARES法案，法案包括疫情救助（Coronavirus Aid）、救济（Relief）和经济保障（Economic Security）三方面共计2.36万亿美元的财政刺激政策。这一政策在规模上远超2009年美国复苏法案的8310亿美元，达到美国全年财政收入的57%，占2019年GDP的11.3%，是“二战”以来最大规模的救济。而由于财政政策对经济的自动稳定器效应存在，新冠肺炎疫情带来的经济停摆会通过税收和转移支付的下降导致财政收入的进一步减少，赤字规模将进一步增大。

从具体内容上来看，整个救助政策包括对行业补贴、企业纾困和居民救助三方面的救助。在行业补贴方面，重点补贴航空业，包括向航空公司拨付250亿美元，向航空货运公司拨付40亿美元，以及为航空的承包商拨付30亿美元用于工资支付的现金补助；同时医院、医疗系统和医疗服务供应商将获得1300亿美元的美元救助金。在企业纾困方面，通过纾困贷款和减税降费两种方式为企业提供资金。纾困贷款主要针对中小企业和特殊行业，500人以下的中小企业可获得2.5个月工资成本金额的贷款，由小企业管理局100%进行担保。其中支付薪酬、租金和电费部分可转为赠款，转赠总额不超过3500亿美元。对特殊行业主要是对航空以及涉及国家安全等行业进行贷款。被贷款公司要求禁止分红和回购股票，并保留90%的员工，同时限制高管薪酬。税收方面的政策包括推迟企业社保税的缴纳、员工的社保税留置、企业的营业亏损抵免以及放松利息对税收的抵扣等项目。在对居民救助方面，对个人年收入低于7.5万美元的个人或家庭收入低于15万美元的家庭提供成年人每人1200美元，小孩每人500美元的现金派发；额外增加失业救济金的金额，同时延长失业救济金的发放期限由26周延长至39周。除救助政策外，财政部增加对医院、救灾、交通、教育等领域的直接财政支出，增加基础设施建设，金额达到3400亿美元。

美国激进的财政政策在短期内有助于缓解一定的实体经济下行压力，作用主要在需求端，防止企业倒闭带来居民收入下降，进而导致社会消费不足与企业的进一步倒闭的恶性循环。但由于政策时滞，截至2020年3月28日，单周申请失业救济的人数已经达到了664.8万人。美联社预计失业率短期可能上行至15%，高于“二战”以来的失业率最高点的10.8%。由于在疫情期间中小企业的停工停产以及投资意愿较低，这一部分的失业人口很难再次重返岗位，为失业救济金的支出带来长期压力。在与国家经济密切相关的行业如航空运输中，美国的财政补贴有助于避免重要公司倒闭。

2.2.2.3 极端政策带来的隐患

美联储的极度宽松政策在面对突发事件时有助于平滑经济的剧烈波动，但难改经济的下行趋势，同时为经济的长期增长带来隐患。

在通货膨胀方面，大规模的刺激政策在总需求低迷的情况下并不必然导致国内的通货膨胀。但整个市场的流动性过剩会给未来的通货膨胀埋下隐患，一方面，在未来需求稳定后，产业链的修复进程不及预期会导致总供给的减少，进而带来价格水平的上升。另一方面，随着当前美国经济的逐渐修复，失业率逐渐降低，整个经济总过剩的流动性会大幅抬升物价。而且政策往往体现出易松难紧的特点。2020 年年末，美国联邦政府债务占 GDP 的比重达到 129.1%，加息会带来政府债务负担的进一步上升，加之特朗普给美联储施加的较大压力，在未来较长一段时间内，美国的货币政策将持续保持零利率，甚至可能进入负利率区间。因此，财政政策与货币政策的双宽松的政策环境下，美国的长期通货膨胀压力仍存。

在经济增长的长期潜力方面，过度宽松的货币政策会将美国拖入负利率的泥沼，市场预期美国可能会走上日本 20 世纪 80 年代的宽松的老路，利率的升降陷入两难的境地。同时，低利率政策虽然有利于持续刺激信贷市场与股票市场，增强企业的盈利能力，但这部分增长很难被低收入民众获得。依靠宽松政策刺激下的经济增长在中长期内会进一步加大贫富差距的分化，降低经济的长期增长潜力。同时高赤字会加剧两党在税收政策上的对立，未来两党的极端化竞争更加不可避免。

在全球金融市场方面，美国的极端政策对各个国家带来了较为显著的溢出效应。在疫情初期，由于国内金融市场流动性短缺，全球美元回流本国金融市场支撑国内流动性。在这一阶段，美元不断升值，新兴市场国家的持有美元债务负担加重。为应对到期美元债务，各国竞相持有美元进一步增加美元升值压力。截至 2018 年年末，土耳其、阿根廷、泰国等新兴经济体外债存量占 GNI 的比例均超过 40%。美元的升值导致新兴经济体的债务负担过重，进一步恶化新兴市场国家的经济条件。随着美联储的极度宽松政策以及美国的财政赤字率上升，美元在长期内具有贬值趋势。美国债务负担的大幅增加会造成美元全球信用受损。而金融机构的风险偏好修复后，美元的贬值会导致资金进入海外市场寻找高收益资产，进一步加剧汇率贬值。新兴国家的外汇储备面临资产缩水的压力。同时，汇率的波动会进一步带来跨境资本的无序流动，加剧国际大宗商品的价格波动。

此外，美国的极度宽松政策可能会进一步推动逆全球化的趋势。在疫情的冲击下，部分国家已经开始采用停工停产的措施控制人口流动和人口聚集，全球供应链停摆。

未来在经济企稳回升的过程中，部分产业链或基于政策因素、经济成本与政治压力等原因重返美国，给经济全球化进程带来不确定性。

2.2.3 全球陷入负利率政策陷阱带来的溢出效应

负利率已经成为欧洲、日本等央行的政策选项，并在全球范围呈进一步深化的趋势。美联储前主席格林斯潘认为“美国实行负利率只是时间问题”，而美联储前主席耶伦也在2020年年底参加花旗电话会议时表示“美联储对不断恶化的金融和经济形势已经做出了积极的反应，负利率也不是不可能”。美联储素有“全球央行”之称，一旦美联储实行负利率政策，其全球溢出效应将非常显著。负利率政策会增加美国国内货币供给，降低美国债券收益率，引发美元贬值进而降低美元资产的吸引力，美元成为全球套利交易货币，新兴市场面临国际资本流入，大宗商品价格和新兴市场资产价格出现上升，中国跨境资本流入压力和汇率升值压力上升，进而增加中国宏观调控的难度。

2.2.3.1 美国负利率政策带来的影响

鉴于美国在全球经济中的主导地位，美元充当了主要的国际投融资货币和全球储备货币，主要的国际计价、结算和支付手段，美联储的负利率政策会通过资本流动、汇率波动、股票价格变化和信贷供给等渠道对其他国家产生显著的溢出效应，特别是对新兴市场国家更为明显。

（1）助推金融资产价格泡沫，加剧全球金融市场波动。美国负利率会压低全球无风险利率水平和全球风险溢价，助长投机，给全球金融市场造成扭曲，进而影响到全球汇率、股价、债券价格和利差、大宗商品价格或房价，削弱经济基本面在金融市场定价中的作用，造成资产价格不能充分反映其潜在风险。负利率下投资者被迫增加高风险的资产，使得股票等资产价格被人为推高，导致资金偏离促进增长的融资渠道。一旦投资者信心或经济前景受到冲击，市场就会出现重大调整，增加发生另一次金融危机的可能性和严重性。实际上，正是上一轮全球货币宽松政策，加剧了股票价格与实体经济严重背离，为2020年美国股市4次熔断埋下了伏笔。可以预见，一旦美国实施负利率，将促使资本市场再度重返扩张进程。在疲弱的实体基础上，投资者情绪将愈加敏感脆弱，金融市场将处于非理性繁荣与高度波动之中。短期内，负利率有助于刺激经济，但长期内给全球金融稳定埋下了隐患。

（2）全球债务问题再次凸显。美国负利率有利于减轻新兴市场国家外债负担，减轻各国政府与私人部门还本付息压力，短期内会缓和国家债务风险，但中期内会增加对外债务总额。国际金融研究所（IIF）的数据显示，各国政府、企业和家庭2020年共筹集了24万亿美元资金，以对抗疫情造成的经济损失。截至2020年年底，全球债务总额达到281万亿美元的历史最高水平，相当于全球GDP的355%以上。美国一旦实施负利率政策，全球资金极其廉价，债务水平或将节节攀升。在疲弱的经济与巨大的债务压力下，全球货币政策如何重返常规轨道，可能艰险重重。

（3）国际大宗商品价格上升后可能出现震荡。由于全球大宗商品主要以美元进行定价和交易，美联储负利率政策将会引发全球流动性泛滥、美元贬值和通胀预期上升，推高金属、粮食和能源等大宗商品价格。在短期内，美国负利率会提高国际大宗商品价格。从中期看，美国实施负利率政策意味着美国经济疲弱，这会对大宗商品价格上涨形成抑制，大宗商品价格在负利率政策推出初期上升后会出现震荡或者呈现缓慢的结构性牛市。负利率使得“零利率”资产的吸引力上升，负利率债券增加使得黄金相对债券的吸引力上升，黄金作为避险保值资产会受到市场青睐。

（4）新兴市场跨境资本流动波动加大。负利率政策主要应用于欧洲、日本等发达国家和地区，一旦美国实施负利率，其涉及金融市场广度和深度是欧日不能比拟的，全球资本倾向流入较高收益的新兴市场，新兴市场随之表现为跨境资本大规模流入、经济金融过热和信贷扩张。一旦美国货币政策转向，国际资本将会从新兴市场快速回流美国，美元套利交易平仓，造成新兴市场可能面临货币贬值、资本外逃、外债负担加剧和经济减速等困局，这会对两类国家产生明显的冲击。一是经常账户赤字、以资金流入弥补经常账户赤字缺口的国家；二是外币债务占比更高的国家。

2.2.3.2 负利率政策对中国的影响

（1）跨境资本流入风险。近年来中国金融市场的开放逐步推进，中国资本市场（包括股票和债券）被越来越多的国际基准指数纳入，吸引了大量基准指数驱动的国际资产管理机构购买中国股票和债券。根据IMF（2019）估计，中国A股被纳入MSCI指数和富时指数（FTSE）可能会推动超过1500亿美元的跨境资本流入中国；而人民币计价的国债和政策性银行债券被纳入彭博巴克莱全球综合债券指数则可能为中国带来1500亿美元的额外流入。海外负利率会增加中国资产对境外投资者的吸引力。在欧洲和日本实行负利率之后，外资都呈现加速流入的势头，2020年境外资金流入中国债券市场首次超过1万亿元。这一趋势如果叠加美国负利率政策，在全球流动性宽松、中国经济增速不会急剧下行、金融开放提速、人民币汇率较为稳定的情况下，外资配置中国资产的规模会进一步上升。然而，跨境资本对全球因素高度敏感，一旦国际金融市场出现风吹草动或者美联储退出负利率，美元会持续走强，导致资本流动逆转，跨境资本短期内大规模从中国流出，对国内流动性和人民币汇率均产生负面影响，进而威胁金融稳定。

（2）资产价格泡沫风险。目前中国股票市场处于在全球流动性输入的背景下，海外资金风险偏好提升、国内资本市场的持续开放、MSCI 及 FTSE 纳入 A 股因子，导致外资流入规模持续增加，为中国金融市场带来大量增量资金。IMF 在 2019 年发布的《中国第四条磋商报告》中预测，因 A 股和人民币债券纳入世界主流基准指数，两三年内将吸引约 4500 亿美元资金，其中权益资本占 1500 亿美元左右。充裕的流动性是本轮 A 股逐渐上涨的主要驱动力量，当前国内外货币政策都暂不具备全面转向的条件，倘若美国实施负利率政策，会造成国内流动性过剩，因跨境资金流动具有逐利性、顺周期性和易超调等特点，容易造成资产价格泡沫和金融市场波动，给中国金融体系带来潜在风险。

（3）宏观调控风险。美联储的负利率会引发美元贬值和短期资本流入中国，在货币当局不进行干预的情形下，国内货币供给增加，这可能增加本已充裕的流动性，推高国内股票价格和房地产价格，通过正面财富效应增加总需求。在全球基准利率下降和国内资产价格升高、金融体系风险累积等各种因素的相互交织下，中国经济走势面临很大的不确定性，而美国负利率政策的影响本身存在很大的不确定性，这会增加中国货币政策调控的压力和经济结构调整的风险。

2.3 应对新冠肺炎疫情对经济冲击的宏观政策选择

从拉动经济的“三驾马车”来看，短期经济受疫情影响的冲击较大。在疫情后如何快速修复国内、国际社会对中国的信心问题尤为关键。需要认识到，中国当前的结构性红利还未释放，短期的震荡不改经济长期趋势向好。当前的经济下行在未来具有很大的弥补空间，在消费方面，中国具有全球最大的消费市场；在投资方面，制造业已出现边际企稳的现象，房地产领域改革稳步推进，基建投资领域空间仍存。在出口方面，只要保证在全球供应链的地位不动摇，结构红利就有进一步释放的空间。总体来说，疫情带来的机遇在于供给侧，政策需要做的是平滑波动兼顾调整经济结构而非强力刺激经济，同时兼顾解决政策时滞与时间错配问题，防止政策矫枉过正带来的经济失衡。

在政策取向上，明确财政政策与货币政策的地位和职责。当前有效需求不足，外需疲软，企业投资意愿低迷，稳增长需要靠内需发力。因此在政策实施顺序上，财政政策要大于货币政策。财政政策应更加积极有为，需要解决稳增长和调收入结构两方面的问题。在稳增长方面，财政政策需以基建投资带动民间资本投资，形成有效需求。同时这一部分的投资目的应在于提高全要素生产率与社会资本存量，为经济潜在增长提供更大的动能。在调收入结构方面，财政政策应当尽力保障低收入人群的收入稳定，助力打赢脱贫攻坚战。货币政策的重点应当在于为市场提供流动性支持而非强力刺激增长。当前在全球经济衰退风险上升的背景下，企业投资的积极性和居民的消费积极性下降，货币市场容易出现流动性陷阱，多余的流动性多会以闲资的方式被各主体持有。因此货币政策的取向应当在于保持市场流动性充足。

在政策的具体实施上，财政政策需要兼顾总量和结构两方面的目标，通过发行特别国债和地方专项债的方式合理提高财政赤字率，为积极有为的财政政策做好资金准备。在拉动内需总量方面，需要进一步发挥基建对经济的带动作用。当前中国的传统基建领域趋于饱和，而新基建领域的概念较新，投资需要更加谨慎，尤其在5G、新能源、区块链等“新基建”概念上需要加强基建的顶层设计和配套资源协调，防止资源浪费，切实将基建作为提升中国全要素生产率的重要手段。在供给侧，重点关注中小企业和外贸企业的减税降费。在疫情冲击下，外贸企业和中小企业的生存压力较大，需要进一步分析具体行业和具体企业的增长压力，设计有针对性的减税降费措施。可以参考美国的治理经验，在地方政府探索设立中小企业管理局或中小企业管理部门为地区中小企业统筹提供纾困资金。此外，财政政策需兼顾收入分配方面的问题，增加对低收入人群的保障，防止疫情对低收入人群永久收入带来冲击。

需要注意到在2020年疫情期间，中国时隔多年重启特别国债这一财政政策工具推动经济修复进程，为重大基建项目弥补资金缺口。补充国家融资担保基金资本金，定向援助中小企业。对政策性银行进行资本补充。截至2020年7月，特别国债已完成全部1万亿元规模的发售。未来在处理这一部分存量债务的过程中需要注意三方面的问题：一是谨防投资过度和结构失衡，避免再次出现产能过剩、资产价格快速上涨等负面影响。财政的目标是以政府投资撬动私人资本，但由于市场的反应存在时滞，可能形成资本集中涌向某一高收益行业的现象，导致后期的产能过剩和产业结构失调。因此，在发挥市场主体作用的同时，应注意时间和空间两个维度的统筹协调，鼓励并引导民间资本以长远的目光进行战略投资，促进经济健康发展。二是在关注投资的同时，不能忽视消费的重要作用，“三驾马车”并驾齐驱带动经济可持续发展。投资相当于供给，而市场的真正驱动因素是需求，消费水平既是居民生活水平的反映，也是对投资结果的检测。政府投资需真正创造出需求，使消费者具有消费能力和消费意愿，才能吸引私人部门的后续投资，转危为机，形成正反馈效应。三是应考虑到复苏后的退出方案，做到平滑过渡，避免形成对财政刺激的依赖。日本自1975年发行特例公债后，便逐步陷入了对赤字的依赖，公共投资拉动经济的效果日益减弱，政府面临严重的债务问题。中国的长期建设国债连续发行了10年，2007年发行的特别国债到期后全额续作，预计本次的特别国债期限也在10年以上，因此需提前考虑到，当其到期或完成使命后怎样逐步退出更为合理。

在货币政策方面，货币政策需保持一定的政策定力。坚持货币政策以国内金融市场的实际需求为主，以维护市场的流动性充足为目标，结构政策大于总量政策的政策基调。货币政策维护市场的流动性主要包括金融机构、非金融企业、居民三个层面。在金融机构层面，保持金融机构的流动性是货币政策的首要任务，降准降息都应当以金融机构的实际流动性需求为标尺，保证流动性的合理充裕。同时利用政策性金融机构将金融手段与财政政策相配合，以财政金融化助力财政政策的实施。在非金融企业方面，注重外贸企业和中小企业流动性补给。借鉴美国的经验，可以从实际需求出发，对解决就业能力较强的中小企业和特殊行业提供特殊担保贷款，专款专用。在居民流动性层面，进一步发展普惠金融，对居民的消费、房地产信贷还款做出更完善的安排。

其次，货币政策需要提前准备应对美联储加息、缩表可能带来的“缩减恐慌”。随着后疫情时期美国经济逐步缓和，就业指标开始回暖，美联储启动加息的预期上升。2013年美联储决定退出量化宽松后，新兴经济体资本开始大幅波动。美联储自2015年开始加息，新兴经济体资本外逃明显。尤其在上一轮人民币的汇率贬值周期，美联储加息起到了重要作用。研究发现，美国货币政策对于不同类型的资本流动的影响不同。因此面对“缩减恐慌”，对于不同的经济状态和不同类型的资本流动须分别采取有针对性的措施。因此央行需要进一步完善宏观审慎政策工具，增强宏观审慎政策、宏观经济政策、资本管制政策三者的协调性，以宏观审慎政策和宏观经济政策为主，将资本管制政策作为必要时的最后一道防线。此外，还可以进一步促进区域贸易一体化以及国内金融市场发展，进一步提高汇率灵活性来减轻美国货币政策的溢出效应。

在财政政策和货币政策之外，其他的经济政策应当同步发力，助力经济进一步复苏。首先在产业结构方面，疫情催生了系列新兴产业。无人零售、无人超市、无接触配送等业态的兴起成为实体零售行业的新趋势。生鲜电商行业在疫情中兴起，部分电商的生鲜行业在上半年春节期间的销量同比增长215%。线上采购模式有助于平滑线下消费的大幅波动带来的消费下滑，拉动国内内需。长期来看有助于解决中国的人口结构老龄化及劳动力开始相对缺乏的问题。除此之外，疫情的爆发也检验出中国的医疗体系尤其是公共卫生领域预防流行病方面的基础设施仍需要加强。因此疫情过后，医疗体系可以借力基建，探索优质医疗资源扩容工程的实施路径。尤其重视基础医学、预防医学、公共卫生等方面的开发与投入情况。

中小企业方面，通过落实减税降费进一步增加民营企业尤其是小微企业的活力。中小企业承担着中国城镇80%的就业。目前针对中小企业的调查中显示，疫情的反复给中小企业带来的冲击较大。中小企业的生存压力普遍来自销售上的入不敷出，与相关的房屋租赁、人员成本费用的承担。对于餐饮、旅游等服务业来说，疫情期间经济停摆以及疫情后经济修复速度放缓会吞噬中小企业一年的利润。因此，从供给侧角度出发，考虑降低中小企业的费用。部分地区已经推出补贴企业部分承担的员工三个月的社保金。类似地，地方政府可以探索在一定时期内减免住房公积金、补贴一定时期内的租赁税等政策，确保措施能落实到具体的企业。中小企业关系着就业这一民生问题，需要给予高度重视。

国有企业方面，需要进一步落实国有企业改革，提高国有企业的竞争能力。在疫情中，国有企业要承担一定的社会责任。可以通过探索增加国有企业利润上缴比例来缓解地方政府的财政支出压力。在国有企业的资金链方面，由于当前的银行信贷偏好仍然偏向国有企业，可以暂时释放一定的杠杆要求，以短期平滑国民经济的大幅波动。

在汇率政策方面，需警惕外部风险通过外汇市场传导到中国国内。从目前美国的极端政策来看，美元汇率短期波动，长期贬值。人民币未来升值的空间较大，需更加注重汇率的稳定和跨境资本的管理，防止国际金融市场动荡对中国资本市场带来的冲击。此外，在美元币值波动较大的环境下，进一步推动人民币国际化。探索尝试债务置换的手段，与存在主权债务危机的国家达成双边合作，以人民币债务置换债务危机国的美元债务，原债务国即将到期的债务由中国来承担，而原债务国采用国内的资源做担保，重新协商偿还人民币债务。这样一方面可以防止美国大规模的货币放量对中国储备资产征收的“铸币税”，以美元换资源，另一方面可以防止国家的主权债务危机引发更大的外部风险，同时推动了人民币国际化，树立中国在世界上良好的大国形象。

2.4 后疫情时期中国经济的应对和机遇

2.4.1 突破经济约束，探索最优路径

2.4.1.1 进一步稳定居民杠杆率

首先，在居民杠杆方面坚持因地制宜的原则，稳定居民部门杠杆率。一方面，应当按照宏观审慎原则控制居民部门总债务水平，对居民部门杠杆率的增长实现有效约

束，同时倡导居民部门理性借贷，严格限制过度借贷行为，推动债务可持续增长；另一方面，应当建立合理的检测体系，做好实时预警工作，因地制宜地采取相关措施防范化解区域性金融风险。

其次，在解决居民杠杆率的过程中，需切实解决居民杠杆率高企背后的实际问题，尤其是在房地产领域，贯彻“房住不炒”方针，保证地产行业健康发展。相关部门既要坚持“房住不炒”的定位要求，围绕稳地价、稳房价、稳预期的调控目标，加快构建房地产长效机制，也要采用有针对性的宏观审慎管理，通过降低住房贷款增速，如大力发展住房租赁市场，加快“租售并举”的住房制度，有效抑制居民住房贷款过快增长。

此外，推动社会保障的机制，防范相关群体负债风险。针对低收入人群、高负债人群等刚需型房贷居民的债务风险，金融管理部门应当强化金融支持力度，推动相关居民抗风险能力提升，减轻疫情冲击下的还款压力。相关部门还应当指导金融机构指定差异化住房信贷策略，将信贷资源向首套房、自住房等刚需购房群体倾斜，推动社会公平正义。同时规范全口径的居民负债管理，除了要加强银行渠道贷款发放的管理，还要将当前部分网络平台针对个人的小额贷款纳入监管，推动监管框架不断完善。

同时全面剖析居民债务风险的产生机理和传染效应，利用大数据、金融科技等手段，建立长期有效的风险监控模型，对有关风险进行测度和识别，及时发现可能存在的金融风险，加强金融监管协调机制建设，构建实体经济与金融市场良性互动的经济环境，推动经济高质量发展。

2.4.1.2　企业层面进一步推行结构性去杠杆

2017 年之后，由于流动性收紧及资产价值缩水，民营企业以中小企业杠杆率被动上升，并伴随债务风险增大，融资难融资贵的问题未得到有效解决。2020 年新冠肺炎疫情导致企业层面的“去杠杆”转为“稳杠杆”，我们认为，在未来经济想要获得长足的动能发展，结构性去杠杆应当重新提上日程。未来结构性去杠杆工作，应着重从企业经营环境、企业债务处置、房地产调控、货币政策和财政政策体系五个方面发力。

首先，强化国企资产负债约束的作用，需要企业自我约束和外部约束的共同作用。一方面，明确国企始终是其资产负债管理的首要责任主体，促使国企综合市场环境和资金成本，保持合理的资本结构，提高资产回报率和盈利能力扩大其内源资本。另一方面，有关监管部门应依据国企资产负债率的基准水平和预警水平，持续关注国企的债务情况，对于债务风险偏高的国企，应在市场化原则的基础上推动其通过业务重组、债转股等方式妥善处置债务。

其次，加快僵尸企业出清，以市场化债转股和发展资本市场化解债务存量。政府方面，要做好僵尸企业的分类工作，对扭亏无望和仍具有一定发展前景的企业加以分类处理，督促已位于处置清单的企业及时退出，保证信息公开，防止企业以资产转移等方式逃废债务，防止形成“大而不能倒”的预期。同时做好失业人员安置，出清僵尸企业的同时提供稳定的社会环境。银行方面，则需要清查不良贷款，并通过多种渠道加以妥善处置，例如出售至资产管理公司或打包成资产证券化产品，避免采取过桥贷款、借新还旧等短视行为，为维系企业存续而掩盖不良贷款的实际情况。企业方面，按照自身所处的僵尸企业类别，积极配合政府和银行办理并购重组、股权转让以及破产清算等工作，充分盘活有效资产，进行偿还债务的自救工作，改进管理模式，提高自身经营效率，切实解决过剩产能的问题。

此外，市场化债转股和发展资本市场同样可以在化解债务存量、缓解偿债压力方面发挥重要作用，二者也分列于2019年7月出台的《2019年降低企业杠杆率工作要点》。下一阶段债转股工作应围绕以下两个重点展开，一是扩宽企业覆盖面，提高债转股质量。早期的债转股企业主要集中于能源、煤炭、钢铁、有色金属等周期性较强的行业，且以国企为主体，进而导致公众形成政府对国企予以政策支持的预期。未来的债转股对象将进一步覆盖优质企业和民企，优质企业涵盖品牌知名度高、市场竞争力强、经营运转正常的高杠杆优质企业或企业集团内优质子公司及业务板块。该做法有利于提高债转股的市场化程度，做到对待国企和民企一视同仁。二是债转股工作需要与多层次的资本市场相配合，从而健全完善股权退出机制，提高股权流动性和交易活跃程度。而且发展多层次资本市场，如新三板和科创板，促进其发挥股权融资功能，实现投资主体多元化，能够使社会资本在市场机制的作用下配置在不同企业间并形成股权资本，有助于结构性去杠杆的有效开展。

2.4.1.3 积极应对美国极端政策隐患和潜在的负利率政策影响

美国实施负利率政策，对中国有利的影响包括跨境资本流入、人民币汇率升值和国际政策协调更为可行，不利的影响包括大宗商品价格上升、输入型通胀压力增加和中国美元储备资产的真实价值降低。目前中国宏观经济政策处于“不急转弯”的阶段，一旦与美联储实施负利率政策带来的冲击相互叠加，决策当局就需要加大政策调整力度，以应对美国负利率政策引发的冲击及其市场波动。

（1）适度调整储备资产的货币结构和资产结构。美国实施负利率，一方面会降低美元计价的储备资产相对于欧元、日元储备资产的真实价值，另一方面会导致MBS和长期国债等资产收益率下降。中国外汇储备的管理应该适度减持美元资产，增加黄金等实物资产，同时调整美元资产结构，适度降低短期债券资产的比例，提高股票等风险类资产的比例。

（2）重点关注美国货币政策的溢出，通过国内货币政策加强对流动性的管理。在美国实施负利率政策时期，国际资本流入中国会造成国内流动性相对充裕，央行可在控制通货膨胀目标的同时，通过紧缩性政策加强对国内流动性的调节，同时警惕美国退出负利率带来的跨境资本流动转向风险。

（3）为防范美国负利率政策造成国际资本急剧流入，应完善人民币汇率形成机制，增强人民币汇率弹性，同时加强对资本账户的管理。尤其是对短期资本流动的监测和预警机制，做好各种资本流动宏观审慎管理工具的研究和准备工作，必要时可以采用资本管制政策，防止国际资本大规模流入及其逆转带来的金融风险。此外，还应该完善微观审慎和宏观审慎政策框架，整顿债务与金融体系，促进金融部门发展。

（4）推进金融双向开放，用“走出去”对冲“流进来”。在放宽资金流入限制的同时，适时适度放宽资金流出。比如，放宽个人对外投资，推动境外个人境内小额消费便利化试点和在华外籍高端人才薪酬购付汇便利化试点。

2.4.2 后疫情时期中国经济的机遇

2.4.2.1 中国处于经济的赶超期和金融开放的窗口期

当前中国的疫情已经得到了卓有成效的控制，如果能够严格控制输入型疫情的二次爆发，那么中国将成为第一个完全走出疫情的国家。2019 年，中国 GDP 占到世界的 16%，贡献了世界 30% 左右的增长，世界对中国经济的依赖在逐步加深。同时在全球范围的防控中，中国向世界不断输出物资与医疗资源也能够助力出口复苏进程。中国经济的企稳对世界经济发挥了稳定器的作用。

而对比美国的经济来看，美国当前仍疲于应付疫情带来的经济深度下跌。而美国经济发展的内部仍无法解决长期以来的贫富差距过大、产业空心化等问题。美国实施的极端政策在短期内可以帮助美国渡过新冠肺炎疫情带来的冲击，但从长久来看会为经济的进一步发展埋下深层次隐患。从美国实施的经济政策规模来看，当前无论是从财政政策还是货币政策来看，都已经超过了 2008 年金融危机时的救市规模。由于经济政策易松难紧的特点，未来美国在退出极端政策的过程中必然会遭到来自各方的阻力，这会进一步制约美国经济的长期发展。因此，从这个角度来看，当前中国处于经济的赶超期。

从金融领域来看，美国当前的极端政策和未来政策的退出会进一步降低全球对于美元资产的信心。自2020年2月美国疫情爆发以来，美联储的总资产扩张规模已经突破7.9万亿美元，从绝对值上看已超过了2008～2019年11年来的扩张规模。在财政政策方面，美国推出了高达2.4万亿美元的巨额财政刺激计划。财政支出的大幅增加势必会增加财政赤字规模，而随着美联储的极度宽松政策以及美国的财政赤字率上升，美元在长期内具有贬值趋势。美国的债务负担大幅增加会造成美元全球信用受损。而在疫情后期，金融机构的风险偏好修复后，美元的贬值会导致资金进入海外市场寻找高收益资产，进一步加剧汇率贬值。新兴国家的外汇储备面临资产缩水的压力。同时，汇率的波动会进一步带来跨境资本的无序流动，加剧国际大宗商品的价格波动。

而反观中国当前的金融条件，得益于经济的率先企稳，中国的金融市场具有良好的经济基本面支撑。中国资产是全球金融资产的价值洼地，随着金融市场的逐步开放，中国金融市场发挥全球资金的保值作用或可显现。在疫情初期，由于国内金融市场流动性短缺，全球美元回流本国金融市场支撑国内流动性。在这一阶段，需求上升带来的美元升值加重了新兴市场国家的外债负担。为应对到期美元债务，各国竞相提前换汇持有美元，进一步增加美元升值压力，进而导致全球的流动性紧缺的现象。因此可以看到，2020年中全球金融资产价格大幅波动，在疫情较为严重的时期，出现了包括黄金在内的全市场资产被抛售。排除真实的流动性需求，资金在全球范围内寻找避险资产的动因仍在。但全球范围内各国的基准利率已经接近0。而中国的10年期国债收益率仍然在3%附近波动，中国的资产对世界具有较强的吸引力。如果国内的货币政策能够保持一定的定力，人民币资产或可称为未来国际投资的重要资产。

同时，中国的外汇储备充足，有能力控制金融稳定。20世纪90年代，泰国持久的贸易逆差导致经济基本面恶化，遭到了来自以索罗斯为代表的国际买家的恶意做空。而由于泰国外汇储备不足，导致政府被迫放弃维持汇率稳定。汇率短期的大幅贬值给泰国的经济带来沉重的打击。而中国当前外汇储备规模高达3.1万亿美元，是世界范围内外汇储备规模最大的国家。因此中国具有足够的能力应对国际游资的恶意买卖，资本与金融账户开放的风险可控。

2.4.2.2 后疫情时期推进人民币国际化存在机遇

后疫情时期，全球经济面对的不确定性相对较大，美元开始出现一定的新特点，而中国当前处于经济增长的超越期和资本开放的窗口期。在此阶段，推进人民币国际化存在机遇。在此背景下，推进人民币国际化需要综合统筹国内和国际金融市场，稳慎推进金融账户开放，不断提高汇率市场化程度，完善人民币的国际计价功能，不断建立健全人民币结算的基础设施，从国家战略高度将人民币国际化全面提上日程。

第一，完善中国债券市场的建设，增强人民币储备功能。全球多数的外汇储备都是以债券的形式持有，因此人民币储备功能的实现需要中国的债券市场予以配合。当前外资在中国债券市场的投资主要集中于国债和地方政府债，对于信用债的需求量较小。反映出的主要问题在于中国的评级体系并不完善，信用债评级失真。在债券市场方面，首先需要解决人民币债券的评级问题，这对增强人民币的储备功能具有重要作用。同时，进一步发展人民币离岸债券市场。由于熊猫债和点心债都是用人民币进行结算，而在境内境外发行的主体较为相近，因此二者之间存在实质上的竞争效应。当前的工作中心应当将离岸市场与在岸市场统筹起来，协同推进。探索尝试将人民币用于多边项目融资，尤其是在中方与国际共建的项目中。此次新冠肺炎疫情背景下，中国需要向各国输送医疗资源，在这一过程中可以适当推进一部分用人民币进行融资的医疗采购、物资输送、医疗基础设施建设，为人民币国际化打下良好基础。

第二，协同推进金融开放与人民币离岸市场建设。金融扩大开放将有力地推进人民币国际化，二者具有一定的双向促进作用。国内金融市场的开放会引致境外投资者的投资，这会通过投融资货币的属性引导人民币走出去。而从另一个角度上来说，人民币国际化达到高水平后，人民币作为投融资和储备货币的水平会相应提高，国际投资投资者的持币意愿会进一步增强，反过来可以推动金融市场的进一步开放。增强人民币投融资功能需要兼顾加强对在岸人民币市场和离岸人民币市场两方面的建设。在岸市场方面，主要推进人民币熊猫债的进一步建设，提高对境外主体贷款的规模。在离岸市场方面，由于目前离岸市场金融产品类型有限以及离岸与在岸人民币市场的联通程度不够，香港离岸人民币存款的增加有些是出于套利套汇目的，真实需求不足，这说明人民币离岸市场发展的基础尚不够牢固。境外主要离岸市场人民币贷款余额合计大约 3810 亿元，占离岸人民币存款余额的 32%，说明离岸人民币的融资功能尚未完全打开。需要注意的是，在建设离岸人民币市场的过程中，应密切防范国际风险透过离岸市场进一步传导到中国国内。

第三，建立宽幅汇率波动机制。推动汇率市场化与降低汇率波动汇率两大目标之间具有一定的矛盾。但二者都是一国货币国际化的必要条件。汇率价格如果受到货币当局的过度操控会使投资者丧失对该国货币的信心；但汇率的剧烈波动也同样会使投资者抛售货币，转向外币。中国需要尽快建立宽幅汇率波动机制，找到人民币汇率的“隐含”最优波动幅度，以尽可能保持汇率对于宏观经济调节的灵活性，同时稳定经济。主要可以考虑引入人民币汇率宽幅波动区间。在人民币篮子汇率的基础上，上下波动幅度设定在 7.5% 左右。兼顾市场供求与阻止市场单边贬值两方面的需求，防止市场化程度过低和汇率顺周期超调对实体经济带来的巨大冲击。

第四，坚持“一带一路”倡议的推进。当前全球疫情处于上升时期，借助“一带一路”倡议，中国可以对沿线国家输出物资和医疗资源，维护双边良好关系，推动人民币在输出物资和医疗资源部分的结算功能。除此之外，人民币国际化可以借力“一带一路”，逐步打开资本账户，促进倡议的最终实现。促进金融机构国际化尤其是银行国际化，带动人民币在“一带一路”沿线国家的支付结算、投资融资作用。此外，借力“一带一路”倡议中基础设施投融资建设，在沿线国家推行新基建投资，实现人民币国际化转型升级。

第五，完善人民币计价期货交易品种。推动人民币计价功能的提升需要增加人民币在大宗商品上结算与定价，而当前全球大宗商品大都是由衍生品进行定价的。因此，完善以人民币计价的期货交易品种有助于增强人民币的计价功能。中国需要健全以人民币计价的商品期货市场，尤其是在国际定价的大宗商品期货。中国需要顶住压力，不断深化改革，以“成熟一项，推进一项”的思路，进一步争取大宗商品定价权。

第六，加强和拓展人民币结算的基础设施建设。成熟的国际市场上，金融产品的顺利完成均需要依托覆盖全球的国际债券交易、托管、结算机构等金融基础设施。而人民币资产逐步伴随着金融市场开放也在走出去，这些人民币资产要融入国际金融体系，关键的制约环节在于，能否在亚洲时区建立符合国际规范与惯例的金融基础设施，为人民币计价的金融资产以及中国金融机构的跨境交易提供跨时区、跨资产类别的交易后（Post－trade）环节的专业支持。具体来说，当前亚洲金融债务市场已得到长足发展，区内跨境债券投资占全球规模比重达38%，已超越欧洲成为重要的投资力量。但是在市场基础设施方面，却一直缺乏类似欧洲 Euroclear、Clearstream 或美国 DTCC 这样的国际性中央基建设施，中国的金融机构往往不得不依赖欧美市场完成跨境结算托管。因此，有必要在亚洲时区建设安全、可靠的跨境交易、清算、结算及托管体系，更好地满足人民币资产的海外投资、交易需求，为人民币国际化进一步发展提供符合国际规范的金融基础设施。

参考文献

［1］陈国进，晁江锋，武晓利，赵向琴．罕见灾难风险和中国宏观经济波动［J］．经济研究，2014，49（08）：54－66.

［2］谭小芬，邵涵．美国货币政策对新兴市场国家的溢出效应：资本流动视角［J］．经济社会体制比较，2020（06）：26－37.

［3］谭小芬，胡潇予．全球经济动荡下中资美元债市场的发展机遇与风险［J］.

中国外汇，2020（23）：57－59.

［4］谭小芬，李兴申．新兴经济体应对国际资本流动：文献综述［J］．经济社会体制比较，2019（04）：179－191.

［5］谭小芬，张文婧．财政分权、地方政府行为与企业杠杆率分化［J］．经济研究，2021，56（06）：76－92.

［6］谭小芬，徐慧伦，董兵兵．中国非金融企业杠杆率的结构性特征及其演变趋势［J］．国际经济评论，2020（02）：124－146.

［7］杨翠红，陈锡康．“非典”对GDP的影响到底有多大［J］．管理评论，2003（06）：3－8.

［8］张晓晶，刘磊．新冠肺炎疫情冲击下稳增长与稳杠杆的艰难平衡［J］．国际经济评论，2020（02）：81－100.

［9］晁江锋．灾难风险理论的最新研究进展：基于宏观经济的视角［J］．灾害学，2017，32（03）：137－143.

［10］赵向琴，袁靖，陈国进．灾难冲击与中国最优财政货币政策选择［J］．经济研究，2017，52（04）：34－47.

［11］晁江锋，赵向琴，武晓利，陈国进．罕见灾难冲击与财政政策效应研究——基于中国经济的实证检验［J］．当代财经，2015（01）：31－42.

［12］祝坤福，高翔，杨翠红，汪寿阳．新冠肺炎疫情对全球生产体系的冲击和中国产业链加速外移的风险分析［J］．中国科学院院刊，2020，35（03）：283－288.

3.

新冠肺炎疫情冲击的宏观经济效益与政策应对

——基于 CGE 模型的分析[①]

2020 年春节前后中国爆发了严重的新冠肺炎疫情，此后，全球爆发了更为严重的疫情。本报告构建了重大突发公共卫生事件冲击的 CGE 模型，重点模拟进出口减少、增值税率降低以及政府支出增加三种冲击情形，分析新冠肺炎疫情冲击对中国宏观经济和产业结构层面的影响。研究表明，进出口冲击下，各项宏观经济指标全部为负；为应对新冠肺炎疫情而降低税率的税收政策在总体上是有效的；增加医疗卫生事业的财政投入能够显著推进经济的发展。基于以上研究，本报告提出了相应的政策建议，面对新冠肺炎疫情的冲击，中国政府应该借此契机优化中国政府支出结构，逐步提高社会福利性财政支出比重，加大财政对公共卫生应急体系的投入，切实提高中国应对突发公共卫生事件的能力；另外，必须有效落实“减税降费”政策，针对不同行业制定差异化的税收扶植政策，进一步加大税费减免力度，延长税费优惠期限，切实做到为企业减负，增强企业信心，进而激发整体经济发展活力。

---

① 本报告由张苏撰写。此外，在本报告写作中，中央财经大学经济学院硕士研究生吴婉璐、李明、李紫荆做出了重要贡献。

3.1 引言

2020 年年初，新型冠状病毒肺炎疫情的爆发和迅速扩散对中国乃至全球经济带来了巨大冲击。2020 年 1 月 31 日，世界卫生组织宣布此次疫情为第六次国际公共卫生紧急事件（PHEIC），事态严重。中国当时正处于经济高质量发展阶段，疫情的突然来袭难免会对国民经济体系造成波动，进出口贸易、餐饮住宿等传统服务业首当其冲。据国家统计局统计，2020 年上半年，中国货物进出口总额为 142379 亿元，同比下降 3.2%；批发和零售业、住宿和餐饮业增加值分别下降 8.1%、26.8%。面对疫情冲击，中国政府相继出台了一系列财政政策。为了让被迫停产停工或者受进出口限制而遭受巨大经济损失的企业能够渡过难关，政府实施了一系列税收优惠政策，如对湖北省的增值税小规模纳税人免征增值税，对其他地区增值税小规模纳税人减按 1% 征收率征收增值税等。此外，截至 5 月 31 日，全国各级财政安排的疫情防控资金已达 1624 亿元。全球疫情还在发展中，中国正实施内防反弹、外防输入的防御措施，同时统筹疫情防控与经济高质量发展。这将是一场严峻的考验。本报告将运用 CGE 模型探究新冠肺炎疫情对中国宏观经济运行的影响，识别新冠肺炎疫情冲击对经济影响的作用机制。特别地，我们将设置进出口冲击、税收政策冲击以及政府支出冲击三种情形来模拟了新冠肺炎疫情给中国经济带来的冲击效应。下文安排如下：3.2 为文献综述，3.3 为理论模型介绍，3.4 为社会核算矩阵（SAM）的编制，3.5 为实证结果分析，最后一部分为研究结论和启示。

3.2 文献综述

目前，重大突发公共卫生事件在临床医学、药理研究及公共卫生等领域已具有完善的研究框架，并形成了较为成熟的理论体系，但针对重大突发公共卫生事件造成的经济影响方面，研究仍存在继续拓展的空间。流行病经济学研究的根本目的在于为预防和控制重大突发公共卫生事件提供理论依据，以降低流行病带来的经济损失，并引导经济平稳走出事件冲击，继续健康发展。所以，探究疫情对经济运行冲击的基本规律是制定经济政策的前提和关键。

在流行病经济学研究初期，国外学者主要是在探讨疟疾、流感等疾病的发病率与收入之间的因果关系。该方面的研究最早可追溯到人们对疟疾对经济的影响的长期探索。Gallup 和 Sachs（2000）发现疟疾病发率与人均国民收入在统计学上具有显著相关性，并且认为与其他国家相比，设法减少疟疾病发率的国家经济增长要快得多，这意味着贫穷的疫区国家有望通过控制疫情来改善国家的经济前景，而不是面对疫情一味悲观（Sachsand，2002）。Bowden、Michailidou 和 Pereira（2008）认为疟疾的控制确实可以产生经济效果，但个人、家庭和经济摆脱贫困更多的是来源于国家经济政策的改变，战争负面影响的消失、国际贸易开放、技术和结构变革，人力和物质资本积累增加才是促进经济增长和发展的主要因素。进一步地，Barlow（2001）根据病发率与收入的相关关系提出了“低收入疾病”的看法，他认为高收入者和受过较高教育的人知识面更广，卫生习惯更好，他们更有可能远离蚊虫感染的地方，更有能力为自己提供预防或治疗措施，例如使用奎宁或蚊帐。Datta 和 Reimer（2013）基于 Barlow 的理论进一步证明了这种病发率与收入的逆向因果关系，即疟疾与经济福利之间的关系具有内生性，他们认为许多国家表现出的收入与疟疾之间的反比关系更多地源于较高收入（由多种因素引起）加强了疾病的预防和治疗服务，而不是疟疾的消除改善了国民收入，并发现人均收入每增加 1%，疟疾病例数就会减少约 1.1%。不同于疟疾，流感等疾病属于突发公共卫生事件，因此预防的难度更大。过去 400 年里有记载的全球性的“大流感”至少有 30 次，这无疑对人类社会经济产生了重大影响，Brainerd 等（2003）和 Garrett（2008）利用 19 世纪 20 年代的数据，均得出了流感与工人工资之间存在正相关关系的结论，并且流感死亡率更高的城市，短期内工资增长率也更高。

除了探究流感等疾病与工资收入间的因果关系，更多学者将研究范围扩展到分析突发公共卫生事件及其干预政策对经济体系各方面带来的影响。一方面，学者集中分析重大突发公共卫生事件对宏观经济造成的影响。进入 21 世纪以后，国家之间人员流动的加快使得公共卫生事件不再是一个国家的事情，而是成为需要全球协作共同应对的问题，国际公共卫生紧急事件这一概念被提出。2002 年年末在广东爆发的 SARS 是进入 21 世纪后中国乃至全球面临的第一个重大传染病疫情，不仅导致中国经济遭受重大损失，还迅速蔓延到全球诸多国家和地区，以致全世界处于戒备状态。Marcus 和 Richard（2008）发现 SARS 的爆发对于一个地区的 GDP 和投资产生了较为明显的负面影响，并且爆发的严重程度与带来的经济影响的严重程度之间存在着明显的正相关关系。2009 年爆发的甲型 H1N1 流感，是全球面临的又一次重大突发公共卫生事件，Keogh – Brown 和 Smith（2010）使用宏观经济模型，通过施加总冲击来代表疾病和旷工对劳动力供应的影响，他们认为流感大流行对一个国家经济的影响可能因不同流行病学的潜在特征变化而变化，短期内将对 GDP 和消费产生显著影响，而长期影响则不那么显著，但是如果在大流行期间持续关闭学校，不仅通货膨胀会增加，而且长期经济影响将持续到大流行结束后。George Verikios 和 James M. McCaw 等（2012）将季度周期性和产能过剩两个短期机制加入澳大利亚经济的可计算一般均衡模型（MONASH - Health 模型），更加强调了 H1N1 大流行对宏观经济的短期影响。

另一方面，更多学者将其经济影响聚焦到其对于产业经济的影响。Alan 和 Y. C. Richard Wong（2004）通过数据整理和描述性统计，分析了 SARS 对中国香港经济的冲击。该研究表明，SARS 在经济的需求方面造成了最严重的负面影响，旅游和航空业在短期内遭受了巨大损失，疫情结束后消费、旅游、股市等出现反弹。Philippe Beutels 等（2009）利用政府数据和互相关函数研究北京市日、月 SARS 感染病例时间序列与死亡人数、公共火车、飞机及货物运输量、旅游业、家庭消费模式和国内生产总值增长之间的关系，发现除批发和生活必需品支出外，所有指标均存在显著的相关系数，其中旅游业损失最为严重。Larry Dwyer 和 Peter Forsyth 等（2006）利用 M2RNSW 模型（多区域可计算一般均衡旅游模型）研究 SARS 对澳大利亚旅游经济的影响，发现 SARS 疫情在减少入境旅游的同时也会减少出境旅游，因此假设出境旅游减少的支出按不同的比例分配给国内旅游、其他商品和服务的购买以及储蓄，进而在模型中模拟三种不同情境的冲击，分析 SARS 疫情对国家经济的影响，得出的结果可能并没有旅游业利益相关者感觉到得那么严重。Jong - Wha Lee 和 Warwick J. McKibbJn（2003）则构建了包括中国大陆、中国香港、韩国、新加坡等国家和地区在内的 G - Cubed（Asia Pacific）全球模型，分析在全球经济相互依赖的背景下 SARS 疫情如何影响一国经济。在世界经济一体化的情况下，与 SARS 疫情相关的医疗支出和人口统计结果通常被认为是微不足道的，对 SARS 的恐惧及病情的不确定性才是导致一国旅游、零售服务需求下降，外国投资减少，预防成本大幅增加的主要原因。结论显示，服务业比重较高的国家或地区所受影响较大，此外，长期风险溢价的持续上升将使持续性的 SARS 冲击影响更大。SARS 疫情过后，值得关注的便是 2009 年年初在北美流行的 H1N1 流感。不难发现，以上研究的焦点都集中于服务业，并侧重于短期影响的说明。Marcus Richard Keogh - Brown 等（2010）则从生产要素的角度进行分析，发现采矿业和采掘业等资本密集型产业受到的影响最小，服务业和食品加工等劳动密集型产业遭受的损失最大。

在对重大突发公共卫生事件的干预措施方面，Beutels、Edmunds 和 Smith（2008）提出了一种可行的替代方案来预测干预措施的成本效益，其具体目的是增强此类突发公共卫生事件再次爆发时疫情控制政策解决问题的能力。除此之外，Sander、Nizam 和 Garrison（2008）等也采取了基于个人水平计算的直接成本估算方法来估算成本，并结合感染模型来估算美国大流感的流行成本以及相关缓解策略的制定，Meltzer（1999）还分析了基于疫苗干预措施的经济影响并且对美国下一次流感大爆发的可能情况进行了预测，得出结论：在所有其他条件相同的情况下，最需要研究的是防止最多死亡人数的干预措施。除此之外，在各国相互联系日益紧密的今天，重大公共卫生事件的突发不再只是单个国家的事情，还需要世界各国合作起来，做出协调一致的反应，共同为全球卫生安全做出努力。Mahmoud 等（2018）通过回顾埃博拉病毒病给西非多个国家带来巨大经济损失及医疗、财政负担的事实，提出国家应该加强医疗基础设施投资，并充分发挥国与国之间应对突发疫情协作机制的作用。Deliana Kostova 等（2019）利用 DID 模型评估了 2005～2016 年因 2014 年西非埃博拉疫情爆发对美国出口和就业的影响，也得出了类似的结论。

最后，还有部分学者从微观个体主观判断和行为倾向的视角对流行病带来的成本进行评估。他们认为，传染病流行模型中的个体不是理性的，当微观主体受到生命威胁与经济中断的双重压力时会采取过度或不必要的预防措施，从而影响整个经济体系的运转。从这样的微观视角出发，Lee 和 Mc Kibbin（2004）认为不应只关注紧急公共卫生事件对卫生部门的影响，其实从现实意义上来说，非卫生部门遭受的经济影响更大。Brahmbhatt 和 Dutta（2008）认为 2003 年 SARS 和 1994 年印度苏拉特（Surat）鼠疫爆发并不符合现有的传染病成本评价模型，巨大经济影响的产生主要与个人行为的不确定性、信息的不对称性及人们对于疾病风险形成主观概率判断的过程有关。微观主体为避免被感染会减少旅游、餐饮等非重要性消费活动，这使得旅游业及消费零售业等需要面对面接触的行业遭受巨大冲击（Pine 和 McKercher，2004；Wilder－Smith，2006；Jaewook Kim 等，2020）。除第三产业外，Dunia Rassy 和 Richard D. smith（2013）还发现 H1N1 对墨西哥的猪肉业也产生了短期影响。另外，在信息不完善时，人们可能会非理性地将他人的行为视为信息的来源，该模式进一步导致大量个体得出相同的错误结论，得出次优决策（Luis 和 Paul，2019）。在这样的情况下，尽管在疫情初始时期政府往往有动机简单地对疾病传播情况“拭目以待”，然而透明的公共信息策略可以大大减少不必要的恐慌，因此他们认为政府面对微观主体时，诚实才是最好的公共政策。

相比国外，国内关于重大突发公共卫生事件对经济影响的研究较少。杨翠红和陈锡康（2003）分析了 SARS 对于中国消费的冲击，结果是影响有限。严清华（2003）、雷家骕（2003）等基于统计数据的观察，研究了 SARS 对中国经济的冲击效应，分析结果显示疫情对以旅游、餐饮等为代表的第三产业影响最大，不过这些影响都是短期效应。张伯伟等（2003）在统计数据的基础上构建了投入产出模型，得出与上述学者一致的结论。刘涛雄和彭宗超（2007）参照国外流感爆发的数据模拟预测了大流感在中国爆发时的经济情形，预测结果表明流感大流行造成的结果虽严重于 SARS 疫情的冲击，但仍然只有短期影响，并不会改变资本、技术、资本积累和制度环境等长期因素的作用机制的力度。李正全（2003）则认为 SARS 对国民经济有短期和长期两方面的影响。对处于转轨时期的中国来说，冲击不仅可以加快对正式制度的改革，提高资源配配置效率，也导致了社会道德等非正式制度的变迁，有利于社会规范的形成。因此，长期来看，SARS 对国民经济有积极的影响。张文斗和祖正虎等（2014）认为突发大规模疫情会在微观、供需和宏观三个层面上影响国民经济发展，各个层面之间的联系性使得经济冲击层层递进。他们在强调疫情短期影响的同时，也表明 SARS 的爆发可以加快中国医疗产业化进程，促进中国医疗体制改革，在电子商务兴起的背景下也会对通信、保险等行业形成拉动作用。所以，大规模疫情爆发对经济发展同样会产生长远甚至结构性的影响。

2020 年新冠肺炎疫情的爆发，是人们面临的一次新的国际公共紧急卫生事件，国内不少学者已对此次疫情可能带来的经济影响提出了自己的观点。陈林（2020）通过梳理重大突发卫生公共事件的相关理论与历史经验，认为经济全球化进程的加快使重大传染病疫情传播速度更快、规模更大，并且重大突发公共卫生事件对于国民经济带来的影响无论是从短期还是长期都是负面的。杨子晖等（2020）首先基于 FAVAR 模型考察 SARS 这一突发公共卫生事件对中国宏观经济与金融市场 16 个部门的冲击影响，发现在短期内其对中国消费、生产价格指数、交通运输等宏观经济部门产生了显著的负面冲击，对消费价格指数、一般公共预算支出产生了显著的正向影响，接着运用风险网络溢出方法，发现此次新冠肺炎疫情引发了国内乃至国际各金融市场大范围的风险联动，新冠肺炎疫情的影响范围更广，持续时间更长久，需要采取更为有效的措施来应对此次重大突发公共卫生事件。

综上所述，国外研究无论是从宏观上测算突发疫情的经济冲击效应，还是从微观上评估疫情带来的成本，抑或是探讨发病率与收入的因果关系，都是基于西方发达国家的经济背景，这些国家大多处于稳定的经济增长阶段，具有相对完善的福利性公共服务体系和成熟的产业结构。与发达国家不同，中国正处于经济高速增长向经济高质量发展的阶段，财政投入尤其是医疗卫生事业等方面的福利性财政投入有所欠缺，产业结构也有待调整。此外，新型冠状病毒引发的肺炎疫情在传染速度、感染人数等方面与之前的疟疾、流感、SARS 等流行病有所不同。国内学者大多利用统计数据进行分析，少有利用模型进行实证的文献。因此，研究新冠肺炎疫情如何影响中国宏观经济运行具有现实迫切性，而现有研究方法不能完全模拟出新冠肺炎疫情对中国经济体系的冲击效应。基于此，本报告拟构建重大突发公共卫生事件冲击的 CGE 模型，重点模拟进出口减少、增值税率降低以及政府支出增加 3 种冲击情形，分析新冠肺炎疫情冲击对中国整体宏观经济和产业结构层面的影响，并识别出促进经济发展的作用机制，以提供相应的政策建议。

3.3 CGE 模型构建及参数设定

新冠肺炎疫情的爆发及在世界范围内的扩散将显著冲击中国进出口贸易，而为了维持经济发展，中国政府出台的财政政策也会影响经济体系的运转。“减税降费”是助力经济恢复的常用措施，对医疗卫生投入的增加将促进中国福利性财政支出水平的提高，有利于经济的可持续发展。由此可见，新冠肺炎疫情通过改变政府、企业和国外等各类主体的行为，对商品生产活动、商品销售活动、要素供给活动造成影响，最终引起产业结构的调整和经济的波动。CGE 模型兼容了投入产出、线性规划等模型的方法，对整个国民经济运行进行模拟，提供了一个总量与结构相结合的均衡分析范式，可识别出外部冲击对经济影响的基本规律。基于此，本报告参考 de Melo，J. 和 David Tarr（1992）、张欣（2010）等的模型构建了新冠肺炎疫情冲击的 CGE 模型。

3.3.1 主要变量介绍

根据新冠肺炎疫情及其应对措施对经济体系的冲击，本报告选择了 5 个重要变量，分别为资本增值税率、劳动增值税率、出口额、进口额以及政府支出。变量解释和疫情冲击逻辑如表 3－1 所示。

表 3－1 主要变量介绍

变量名称	变量符号	疫情冲击的逻辑
资本增值税率	$tuak+\varepsilon_1\ (t)$	税收政策，资本增值税率调减
劳动增值税率	$tual+\varepsilon_2\ (t)$	税收政策，劳动增值税率调减
出口	$QE_\alpha+\varepsilon_3\ (t)$	出口遭受疫情冲击，出口额减少
进口	$QM_c+\varepsilon_4\ (t)$	进口遭受疫情冲击，进口额减少
政府支出	$EG+\varepsilon_5\ (t)$	财政政策，政府财政支出增加

3.3.2 模型构建

CGE 模型是一个相对复杂的宏观理论模型，需要考虑投入与产出、供给与需求等多个平衡关系。为了抓住根本，我们的 CGE 模型分为生产系统、主体机构、系统平衡三个系统。

3.3.2.1 生产系统

生产系统主要引入了投入和产出的平衡关系以及总供给的构成。总投入由要素投入和中间产品投入两部分组成。新冠肺炎疫情的防预政策直接使劳动力的供给减少，而人们为了防范和抵御疫情，急剧增加了对生活必需品、医疗防护用品和互联网产品的需求，对餐饮、娱乐等休闲服务的需求则大量减少。为了在模型中体现新冠肺炎疫情对劳动力和不同产业的影响，我们将要素投入分为资本投入和劳动投入，将生产活动划分为第一、二、三产业的生产活动，与之相对应的商品（中间投入）自然也要划分为农产品、工业品和服务产品。

（1）总投入：

本模型的生产函数为两层嵌套生产函数，第一层总产出（QA_α）的生产函数设定为 CES 函数，由要素投入（QVA_α）和中间投入（$QINTA_\alpha$）两部分构成：

$$QA_a = \alpha_a^q [\delta_a^q QV_a^{\rho_a} + (1 - \delta_a^q) QINTA_a^{\rho_a}]^{\frac{1}{\rho_a}}, \quad a \in A \tag{3-1}$$

为了使企业的利润最大化，生产函数的最优解条件为：

$$\frac{PVA_a}{PINTA_a} = \frac{\delta_a^q}{(1 - \delta_a^q)} \left(\frac{QINTA_a}{QVA_a} \right)^{1-\rho_a}, \quad a \in A \tag{3-2}$$

$$PA_a \cdot QA_a = PVA_a \cdot QVA_a + PINTA_a \cdot QINTA_a, \quad a \in A \tag{3-3}$$

第二层的生产函数则是将要素投入（QVA_a）和中间投入（$QINTA_a$）两部分单独表示出来。要素投入部分的函数仍然设定为 CES 函数形式，由资本投入和劳动投入两部分组成，资本收入和劳动收入的价格分别用 WL 和 WK 表示：

$$QVA_a = \alpha_a^{v_a} [\delta_{La}^{v_a} QLD_a^{\rho^{v_a}} + (1 - \delta_{La}^{va}) QKD_a^{\rho^{v_a}}]^{\frac{1}{\rho_a^{va}}}, \quad a \in A \tag{3-4}$$

$$\frac{WL \cdot (1 + tval)}{WK \cdot (1 + tvak)} = \frac{\delta_{La}^{va}}{(1 - \delta_{La}^{va})} \left(\frac{QKD_a}{QLD_a} \right)^{1-\rho_a}, \quad a \in A \tag{3-5}$$

$$PVA_a \cdot QVA_a = (1 + tval) \cdot WL \cdot QLD_a + (1 + tvak) \cdot WK \cdot QKD_a, \quad a \in A \tag{3-6}$$

其中，$tvak$ 和 $tval$ 为资本和劳动的增值税率，模型中假设两种要素的价格和增值税率在三大产业间是相同的。为应对新冠肺炎疫情出台的“减税降费”政策将影响增值税率，本模型中体现为增值税率的下降。也就是说，此处的资本增值税率 $tvak$ 和劳动增值税率 $tval$ 是作为外生冲击变量存在的，进而表示为 $tvak + \varepsilon_1(t)$ 和 $tval + \varepsilon_2(t)$，式（3－5）、式（3－6）则变为：

$$\frac{WL \cdot \{1 + [tval + \varepsilon_2(t)]\}}{WK \cdot \{1 + [tvak + \varepsilon_1(t)]\}} = \frac{\delta_{La}^{va}}{(1 - \delta_{La}^{va})} \left(\frac{QKD_a}{QLD_a} \right)^{1-\rho_a}, \quad a \in A \tag{3-5'}$$

$$PVA_a \cdot QVA_a = \{1 + [tval + \varepsilon_2(t)]\} \cdot WL \cdot QLD_a + \{[1 + (tvak + \varepsilon_1(t)]\} \cdot WK \cdot QKD_a, \quad a \in A \tag{3-6'}$$

中间投入部分的函数形式为里昂惕夫生产函数，本模型的中间投入品实际上包括国内生产国内销售的商品和进口的商品：

$$QINT_{ca} = ica_{ca} \cdot QINTA_{ca}, \quad a \in A, \; c \in C \tag{3-7}$$

$$PINTA_a = \sum_{c \in C} ica_{ca} \cdot PQ_c \tag{3-8}$$

ica_{ca}为中间投入的直接生产消耗系数。以式（3－1）至式（3－8）等式描述了总投入的构成。

（2）总产出：

考虑到新冠肺炎疫情影响是世界性的，本模型还要考虑进出口因素。在疫情爆发初期，国内停工停产势必会造成出口的减少，而后期国内疫情得到控制，国外疫情日益严重的情形又使得进口产品减少。进出口贸易是直接遭受新冠肺炎疫情冲击的变量，在本报告中作为重要的外生冲击变量，出口额可以表示为$QE_a + \varepsilon_3(t)$。因此，总产出用于国内销售（QDA_a）和出口［$QE_a + \varepsilon_3(t)$］是符合现实经济状况的，二者之间的替代关系由 CET 函数表示：

$$QA_a = a_a^t \{\delta_a^t QDA_a^{\rho_a^t} + (1 - \delta_a^t)[QE_a + \varepsilon_3(t)]^{\rho_a^t}\}^{\frac{1}{\rho_a}}, \quad \rho_a^t > 1, \; \alpha \in A \tag{3-9}$$

为了使生产可能性边界形成凸集的形状，ρ_a^t 要大于 1。

国内生产国内销售的商品（QDA_a）和出口商品［$QE_a + \varepsilon_3(t)$］的价格分别为PDA_a、PE_a，二者的相对价格会影响总产出在国内销售和出口数量的分配，所以与之相对应的一阶优化条件为：

$$\frac{PDA_a}{PE_a} = \frac{\delta_a^t}{(1 - \delta_a^t)} \left(\frac{QE_a + \varepsilon_3 \; (t)}{QDA_a} \right)^{1 - \rho_a^t}, \quad a \in A \tag{3-10}$$

出口价格由国际价格和汇率决定，并假设没有出口税：

$$PE_a = pwe_a \cdot EXR, \quad a \in A \tag{3-11}$$

pwe 为用美元计算的离岸价格，EXR 为汇率。

而生产活动部门的价格（PA_a）则是由国内销售商品价格（PDA_a）和出口商品价格（PE_a）加权而成，经过简单变化得到：

$$PA_a \cdot QA_a = PDA_a \cdot QDA_\alpha + PE_a \cdot [QE_a + \varepsilon_3(t)], \quad a \in A \tag{3-12}$$

由式（3－11）和式（3－12）可知，如给定了 pwe_a 和 EXR，则可以推算出 PE_a 和 PA_a。式（3－9）至式（3－12）描述了总产出的构成，总投入和总产出的数值应该相等。

（3）总供给：

在开放性的系统中，国内市场供给的商品包括国内生产国内销售的部分，也包括从国外进口的部分。国内强有力的疫情防控措施使得国内有序复工复产，但国外情况却不容乐观，尤其是西方国家的疫情愈演愈烈。在这种情况下，中国进口商品很难不受到疫情的冲击。因此，进口额也是本报告关注的重要变量之一。

在等式关系上，国内生产国内销售的商品（QDC_c）和进口商品［$QM_c+\varepsilon_4(t)$］的替代关系由阿明顿条件表示：

$$QQ_c=\alpha_c^q\ \{\delta_c^q QDC_c^{\rho_c^q}+(1-\delta_c^q)[QM_c+\varepsilon_4(t)]^{\rho_c^q}\}^{\frac{1}{\rho_c^q}},\ c\in C \tag{3-13}$$

$$\frac{PDC_c}{PM_c}=\frac{\delta_c^q}{(1-\delta_c^q)}\left(\frac{QM_c+\varepsilon_4\ (t)}{QDC_c}\right)^{1-\rho_c^q},\ c\in C \tag{3-14}$$

QQ_c 为国内市场的总供给，PDC_c 为国内生产国内销售商品的价格，PM_c 为进口商品的价格。

市场上销售商品的价格 PQ_c 为 PDC_c、PM_c 二者的加权平均，进行简单变换得到：

$$PQ_c\cdot QQ_c=PDC_c\cdot QDC_c+PM_c\cdot[QM_c+\varepsilon_4(t)]_c,\ c\in C \tag{3-15}$$

式（3－12）至式（3－15）为阿明顿条件下国内总供给在给定价格下的最优分配条件。进口商品价格 PM_c 由国际商品价格、关税和汇率决定：

$$PM_c=pwm_c(1+tm_c)EXR,\ c\in C \tag{3-16}$$

pwm_c 为以外币计价的商品价格，tm_c 为关税税率。

此外，不难发现，在总产出中（生产活动）国内生产国内销售商品的价格和数量与总供应（商品部分）中的国内生产国内销售商品的价格和数量是相同的（该关系在下文的 SAM 表中也有体现）。因此，它们之间存在着一对一映射关系：

$$QDC_c=\sum_a IDENT_{ac}\cdot QDA_a \tag{3-17}$$

$$PDC_c=\sum_a IDENT_{ac}\cdot PDA_a \tag{3-18}$$

$IDENT_{ac}$为单位矩阵。

3.3.2.2 主体机构

在开放型的 CGE 模型中，主体机构主要有居民、企业、政府和国外。

（1）居民：

就本模型来说，居民的收入来源于资本要素收入、劳动要素收入和政府转移收入，居民的支出用于消费、所得税和储蓄。新冠肺炎疫情一方面使得部分居民失业，劳动要素收入减少，另一方面又使政府增加对居民的补贴，增加转移支付收入。在支出方面，受新冠肺炎疫情影响最明显的应该是消费部分，居民在减少线下产品和服务消费需求的同时会增加对线上产品和服务的需求。

居民收入（YH）等式如下：

$$YH = WL \cdot QLS + WK \cdot shif_{hk} \cdot QKS + transfr_{hgov} \tag{3-19}$$

$shif_{hk}$为资本要素收入分配给居民的份额，$transfr_{hgov}$为政府的转移支付。

居民在扣除所得税之后的消费支出为：

$$PQ \cdot QH_c = shrh_c \cdot mpc \cdot (1 - ti_h) \cdot YH, \ c \in C \tag{3-20}$$

PQ_c 为市场上销售商品的价格；QH_c 为居民对商品的需求；$shrh_c$ 为商品 c 消费的份额，不受价格影响；mpc 为边际消费倾向，决定居民的储蓄；ti_h 为所得税税率，$(1 - ti_h) \cdot YH$ 为居民的可支配收入。

（2）企业：

本模型中企业的收入来源于资本要素收入，企业的支出用于所得税和储蓄。在新冠肺炎疫情冲击下，政府可能会降低企业的所得税率，进而影响到企业的储蓄和投资。

企业的税前收入（$YENT$）如下：

$$YENT = shif_{ent\ k} \cdot WK \cdot QKS \tag{3-21}$$

$shif_{ent\ k}$为资本要素收入分配各企业的份额。企业的储蓄（$ENTSAV$）则为收入减去所得税：

$$ENTSAV = (1 - ti_{ent})YENT \tag{3-22}$$

ti_{ent}为企业所得税率。

就总投资来说，本模型的总投资（$EINV$）指各个部门的投资总额，并假设外生决定：

$$EINV = \sum_c PQ_c \cdot \overline{QINV_c}, c \in C \tag{3-23}$$

（3）政府：

政府的收入来源于各种税收，政府支出用于政府消费、向居民转移支付和储蓄。为使生产活动尽快从疫情中恢复，中国政府已出台了各项税费减免和财政补贴政策。同时，此次疫情将进一步推进中国医疗卫生事业的发展，未来中国政府将加大对医疗卫生事业的公共投入，完善财政支出结构。积极的财政政策虽会减少政府储蓄，但也是提振经济的必要手段。为应对新冠肺炎疫情而增加的财政支出也将作为本报告的重要外生冲击变量，表示为 $EG + \varepsilon_5(t)$。

政府收入（YG）由生产活动的增值税、居民所得税、企业所得税和进口关税构成：

$$YG = \sum_a \{[tval + \varepsilon_2(t)]_a \cdot WL \cdot QLD_a + [tvak + \varepsilon_1(t)]_a \cdot WK \cdot QKD_a\} + ti \cdot YH_h + ti_{ent} \cdot YENT + \sum_a tm_c \cdot pwm_c \cdot [QM_c + \varepsilon_4(t)] \cdot EXR \quad (3-24)$$

政府支出 $[EG + \varepsilon_5(t)]$ 用于政府购买、向居民转移支付，并假设购买外生决定：

$$EG + \varepsilon_5(t) = \sum_a PQ \cdot QG + transf_{hg} EG + \varepsilon_5(t) \quad (3-25)$$

政府收入和支出的差为政府净储蓄（GSAV），净储蓄内生，不强制要求平衡：

$$GSAV = YG - [EG + \varepsilon_5(t)] \quad (3-26)$$

（4）国外：

如前所述，本模型中国外主体的需求量（出口）由总产出中的 CET 函数决定，供应量（进口）由总供给部分的阿明顿条件决定，二者数量都没有限制。

3.3.2.3 系统平衡

在总供给部分，我们已经知道国内市场上销售的商品来自国内生产国内销售和进口两部分。根据商品市场出清条件，本模型中总供给量与总需求量是相等的，总需求由中间投入、居民消费、政府消费和投资构成：

$$QQ_c = \sum_a QINT_{ca} + \sum_a QH_{ch} + \overline{QINV_c} + \overline{QG_c}, c \in C \quad (3-27)$$

在新冠肺炎疫情的冲击下，国内总需求量和总需求结构会受到重大影响。如前所述，居民在疫情期间对医疗防护用品和线上能够购买到的产品会更加偏爱，政府也将在医疗卫生方面支出更多。

在要素市场上，资本要素和劳动要素的需求应该等于供给：

$$\sum_a QLD_a = QLS \quad (3-28)$$

$$\sum_a QKD_a = QKS \quad (3-29)$$

由于本模型为开放型 CGE 模型，所以还涉及外汇收支平衡问题。为简化分析，本模型中只涉及经常性项目，同时设定为固定汇率体制。也就是说，在本模型中，汇率 *EXR* 是固定的，外汇收支一般不会平衡，它的调节表现为国外净储蓄（*FSAV*）的变动：

$$\sum_c pwm_c \cdot [QM_c + \varepsilon_4(t)] = \sum_a pwe_c \cdot [QE_a + \varepsilon_3(t)] + FSAV \quad (3-30)$$

$$EXR = \overline{EXR} \quad (3-31)$$

因此，*FSAV* 国外净储蓄是内生的，*EXR* 而汇率是外生的。

前文已经提及本模型的总投资为各部门投资总和，而从投资与储蓄的平衡关系看，总投资由居民储蓄、企业储蓄、政府储蓄以及国外储蓄构成，我们可以得到：

$$EINV = (1 - mpc)(1 - ti_h) \cdot YH + ENTSAV + GSAV + EXR \cdot FSAV \tag{3-32}$$

最后，为了研究国内生产总值（GDP），我们得到如下两个等式：

$$GDP = \sum_c \{QH_c + \overline{QINV_c} + \overline{QG_c} + [QM_c + \varepsilon_4(t)]\} - \sum_a [QE_a + \varepsilon_3(t)] \tag{3-33}$$

$$PGDP \cdot GDP = \sum_{c \in C} PQ_c(QH_c + \overline{QINV_c} + \overline{QG_c}) + \sum_a PE_a \cdot [QE_a + \varepsilon_3(t)] - \sum_c PM_c \cdot [QM_c + \varepsilon_4(t)] + \sum_c tm_c \cdot pwm_c \cdot EXR \cdot [QM_c + \varepsilon_4(t)] \tag{3-34}$$

$PGDP$ 为 GDP 价格指数。

3.3.3 价格基准和宏观闭合的选择

在新冠肺炎疫情的初期，疫情防控政策使得劳动力不能流动，出现劳动力供应短缺，后期由于国内外部分产业的需求不足，又导致失业增加；同时，在疫情期间，人们的消费需求结构发生了变化，居家办公和学习扩大了人们对互联网产品的消费，也使得旅游服务产品的需求急剧减少。政府为应对疫情冲击对经济产生的影响，出台了一系列的积极财政政策，在受到疫情最直接影响的医疗卫生领域，政府必将加大财政支出。结合现实经济情况分析，本报告认为，新冠肺炎疫情期间的就业是不充分的，本模型更接近于凯恩斯宏观经济体系。鉴于此，本报告选择凯恩斯宏观闭合，得到以下两个等式：

$$WL = \overline{WL} \tag{3-35}$$

$$WK = \overline{WK} \tag{3-36}$$

至此，我们可以看出，式（3-1）至式（3-36）共有36个等式，却只有35个内生变量，为了使等式只有唯一解，我们可以在等式（3-32）中添加一个虚变量（$VBIS$），如果模型设置正确，虚变量（$VBIS$）应该为零，改变之后的等式如下：

$$EINV = (1 - mpc)(1 - ti_h) \cdot YH + ENTSAV + GSAV + EXR \cdot FSAV + VBIS \tag{3-32'}$$

此时，函数组合数量和内生变量数量均为36，模型有唯一解。在这种情况下，不必另外寻找价格基准，只需将资本或劳动的价格设置为价格基准，本报告选择将资本价格设置为价格基准，则有：

$$WK = \overline{WK} = 1 \tag{3-36'}$$

3.3.4 参数设定

根据开放经济 CGE 模型的特点，模型中生产函数、CET 函数以及阿明顿条件中的弹性参数需要外生给定。弹性参数可以由最小二乘法、贝叶斯估计方法等计量方法求解。目前来看，为保证结果的科学性和可检验性，当前学术界针对 CGE 模型问题普遍使用文献引用的方式确定弹性参数数值。因此，本报告的第一层生产函数使用的弹性参数数值引用赵涛和秘翠翠（2011）的参数结果，第二层生产函数则借鉴了郑玉歆和樊明太（1999）的研究结论，CET 函数和阿明顿条件的弹性参数出自 de Melo, J. 和 David Tarr（1993）的研究。此外，模型中涉及的其余份额参数全部依据 SAM 表中的数据以及模型中的函数关系式进行校调得到。

本报告在生产环节将行业细分为农业、工业、服务业三大行业，各个行业的弹性指标如表 3－2 所示：

表 3－2　　弹性参数设置

参数名称	农业	工业	服务业
ρ_a^A 第一层生产函数	－2.333	－2.333	－2.333
ρ_a^{VA} 第二层生产函数	－1.000	－0.042	－1.000
ρ_a^t CET 函数	0.744	0.655	－0.429
ρ_c^q 阿明顿条件	0.296	0.718	0.500

3.4　社会核算矩阵（SAM）的编制及资料来源

社会核算矩阵（SAM）是 CGE 模型的数据基础，其编制结构必须与 CGE 模型相对应。基于此，本报告在 9 部门社会核算矩阵（SAM）的基础上将生产账户、活动账户进行三大产业的拆分，同时将劳动增值税账户、资本增值税账户及关税账户与政府账户相分离，以单独体现税收的影响。因此，本报告最终的社会核算矩阵（SAM）表具有 16 个账户，能充分反映新冠肺炎疫情以及应对措施对于整个经济体系的冲击，如进出口的冲击直接体现在进口和出口账户。

社会核算矩阵（SAM）的资料来源于 2017 年投入产出表、《中国统计年鉴 2019》《中国财政年鉴 2018》以及《中国税务年鉴 2018》。其中，居民资本要素收入来源于《中国统计年鉴 2019》，政府向居民转移支付、居民所得税、企业所得税及关税资料来源于《中国财政年鉴 2018》，增值税资料来源于《中国税务年鉴 2018》，企业资本要素收入、居民储蓄、政府储蓄、国外净储蓄由行列余量计算而来，其余数据均来源于 2017 年投入产出表。需要说明的是，劳动增值税和资本增值税由《中国税务年鉴 2018》国内增值税额按照劳动要素投入比例和资本要素投入比例计算而来。

社会核算矩阵（SAM）能清楚地反映总投入和总产出、总供给和总需求、居民收支、企业收支、政府收支及国外收支的恒等关系，而本报告16个账户的社会核算矩阵还能分别反映三大产业的恒等关系。但由于社会核算矩阵（SAM）的数据具有不同的计算基础，所以直接将各类原始数据进行整理加总仍然会出现不平衡的情况。对于非平衡的社会核算矩阵（SAM），本报告采用手动调平法进行调整，以得到最终平衡的社会核算矩阵（SAM）。调平后的2017社会核算矩阵（SAM）表如表3-3和表3-4所示。

表3-3　　2017社会核算矩阵（SAM）表（调平）

	活动1	活动2	活动3	商品1	商品2	商品3	劳动	资本
活动1				107028.57				
活动2					1184814.06			
活动3						737358.20		
商品1	11550.00	63041.86	6359.83					
商品2	20794.27	758627.56	130799.49					
商品3	9534.82	198702.24	235107.80					
劳动	62924.70	138279.21	222064.11					
资本	3377.71	129200.76	172390.60					
居民							423268.02	30627.80
企业								274341.27
政府								
劳动增值税	38.58	15295.90	14917.17					
资本增值税	2.07	14291.68	11580.35					
关税				146.47	1791.18	1060.21		
储蓄投资								
国外				6015.82	120872.64	22379.92		
汇总	108222.15	1317439.21	793219.35	113190.86	1307477.88	760798.33	423268.02	304969.07

表3-4　　2017社会核算矩阵（SAM）表（调平）—续表

	居民	企业	政府	劳动增值税	资本增值税	关税	储蓄投资	国外	汇总
活动1								1193.58	108222.15
活动2								132625.15	1317439.21
活动3								55861.15	793219.35
商品1	29838.35		0.00				2400.82		113190.86
商品2	123835.07		0.00				273421.49		1307477.88
商品3	137842.01		123750.31				55861.15		760798.33
劳动									423268.02
资本									304969.07
居民			30944.47						484840.29

续表

	居民	企业	政府	劳动增值税	资本增值税	关税	储蓄投资	国外	汇总
企业									274341. 27
政府	11966. 37	32117. 29		30251. 65	25874. 10	2997. 86			103207. 27
劳动增值税									30251. 65
资本增值税									25874. 10
关税									2997. 86
储蓄投资	181358. 49	242223. 98	-51487. 51					-40411. 50	331683. 46
国外									149268. 38
汇总	484840. 29	274341. 27	103207. 27	30251. 65	25874. 10	2997. 86	331683. 46	149268. 38	

注：活动 1、活动 2、活动 3 分别指第一产业、第二产业和第三产业；商品 1、商品 2 和商品 3 分别指农产品、工业品和服务。

3.5 基于 CGE 模型的实证分析

3.5.1 冲击情形设置

在进行数据模拟之前，本报告基于新冠肺炎疫情期间的经济现实设置了三种冲击情形。首先，疫情前期国内疫情严峻，出口企业生产与销售遭受冲击，后期国内形势好转，国外情况却急转直下且至今未有恢复之势，这又给国内进口商品和服务带来阻碍。为减轻新冠肺炎疫情的不利影响，政府相继出台了一系列财政政策。一方面，为帮助企业渡过难关，政府实施了“降费减税”措施；另一方面，为防控疫情，进一步推动医疗卫生事业的发展，政府将持续增加对医疗卫生事业的财政支出。因此，本报告结合模型结构，设置了进出口减少、增值税率降低以及政府购买增加三种冲击情形以反映新冠肺炎疫情给中国经济带来的冲击，具体设定情况如表 3-5 所示。

表 3-5　　冲击情形设置

分类	冲击描述
情形 1：进口	从国外进口商品分别减少 10%、20%、30%
出口	国内生产商品出口额减少 10%、20%、30%
情形 2：资本增值税率	资本增值税率降低 10%、50%
劳动增值税率	劳动增值税率降低 10%、50%
情形 3：政府支出增加	政府支出增加 10%、20%、30%

3.5.2 实证结果分析

在2017年SAM表的数据基础上，本报告将三种冲击情形的变动幅度设置在10%~50%，分别模拟新冠肺炎疫情对宏观经济体系造成的影响。在实证结果中，我们选取了国内生产总值（GDP）、居民收入（YH）、劳动力需求（QLD）、出口额（EX）、进口额（IX）、净出口额（NX）、企业收入（YENT）等具有代表性的宏观经济衡量指标进行分析。

3.5.2.1 进出口冲击对经济的影响

在开放的经济系统中，新冠肺炎疫情在国内外的爆发将显著影响中国进出口贸易。而事实上，疫情给进出口带来的是负面冲击，故本报告将进出口的变动幅度设置在－10%、－20%和－30%，模拟结果如表3－6和表3－7所示。

表3－6　进口冲击对经济的影响

指标	量的变化（亿元）			比例变化（%）		
	－10%	－20%	－30%	－10%	－20%	－30%
国内生产总值	－41417	－84224.3	－128749	－5.28%	－10.74%	－16.41%
居民收入	－45054	－90530.5	－136458	－9.29%	－18.67%	－28.14%
企业收入	－21243	－43121	－65759.9	－7.74%	－15.72%	－23.97%
劳动力需求	－14708	－29292	－43624.5	－3.42%	－6.79%	－10.08%
出口额	－16091	－32405.9	－48992.4	－11.46%	－22.53%	－33.22%
进口额	－15227	－30453.2	－45679.9	－10.00%	－20.00%	－30.00%
净出口额	－864.33	－1952.69	－3312.56	—	—	—

表3－7　出口冲击对经济的影响

指标	量的变化（亿元）			比例变化（%）		
	－10%	－20%	－30%	－10%	－20%	－30%
国内生产总值	－44735.1	－90520.0	－137496.7	－5.70%	－11.54%	－17.53%
居民收入	－16819.7	－34195.9	－52186.4	－3.47%	－7.05%	－10.76%
企业收入	－13082.1	－26481.5	－40235.3	－4.77%	－9.65%	－14.67%
劳动力需求	－27157.7	－54798.7	－83007.2	－5.34%	－10.80%	－16.40%
出口额	－18967.9	－37935.9	－56903.9	－10.00%	－20.00%	－30.00%
进口额	－17877.8	－35377.1	－52458.2	－10.23%	－20.29%	－30.17%
净出口额	－1090.1	－2558.8	－4445.6	—	—	—

总体来看，负向的进口冲击对整个经济体系都会造成打击，无论是绝对量的变化还是比例的变化，全部呈现负向结果。随着进口冲击幅度的增大，各项指标的负向结果也随之增大，如国内生产总值（GDP）在进口变动幅度设置在 –10%、–20% 和 –30% 时，量上分别减少 –41417 亿元、–84224.3 亿元、–128749 亿元，在比例上分别降低 –5.28%、–10.74%、–16.41%。通过图 3–1 可以看出，在绝对量上国内生产总值（GDP）和居民收入减少的幅度明显大于其他指标，而图 3–2 显示出出口比例和居民收入比例的降低幅度较大。同时，也可以看出，各指标的变动幅度基本上低于进口冲击本身的幅度。此外，表 3–7 的数据显示，负向出口冲击的影响效果和负向进口冲击基本一致，在 –10%、–20%、–30% 的冲击幅度下，国内生产总值（GDP）总量分别减少 –44735.123 亿元、–90520.0184 亿元、–137496.7 亿元，比例上分别降低 –5.70%、–11.54%、–17.53%。二者的差异通过图 3–3 和图 3–4 可以看出，与进口冲击相比，出口冲击使国内生产总值（GDP）和劳动力需求的绝对量减少幅度较大，而进口比例的下降幅度最大。

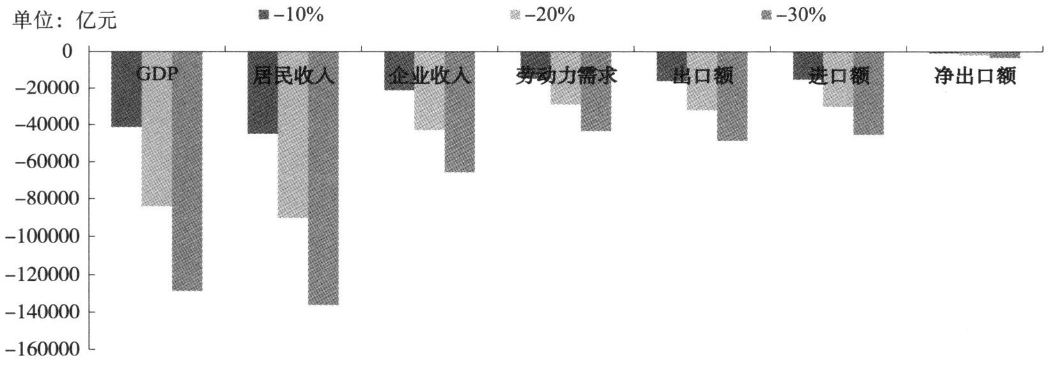

图 3–1　进口冲击对经济的影响—量的变化

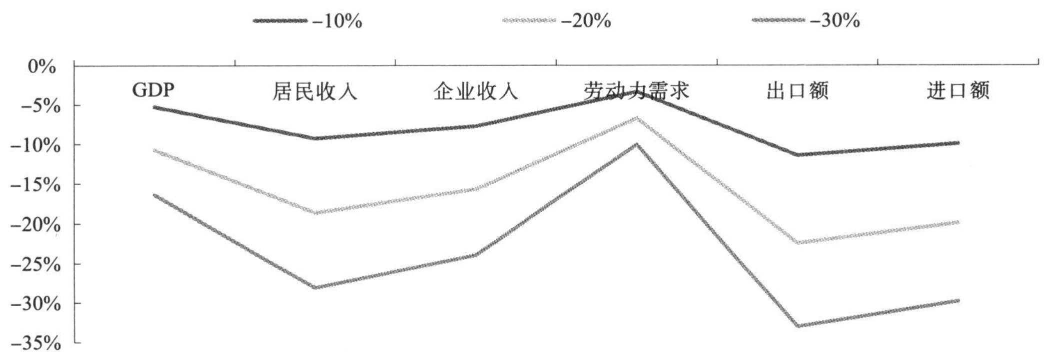

图 3–2　出口冲击对经济的影响—比例的变化

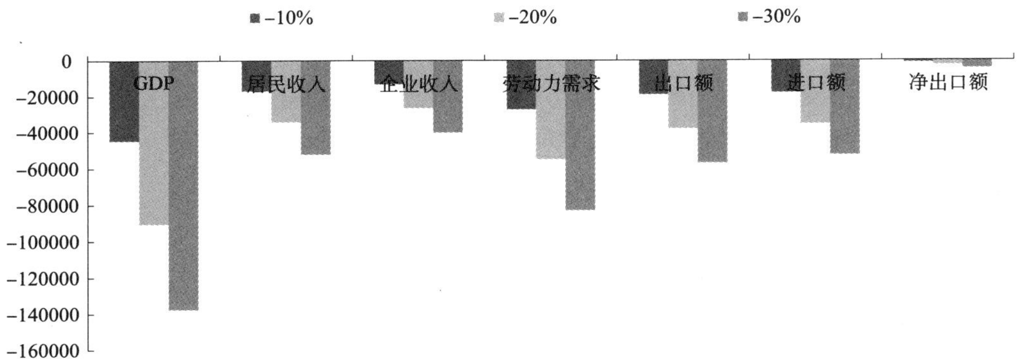

图 3－3　出口冲击对经济的影响—量的影响

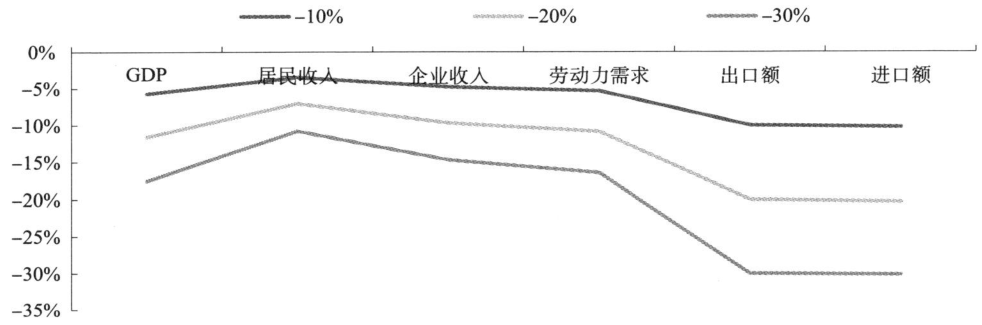

图 3－4　出口冲击对经济的影响—比例的影响

由以上分析可知，由新冠肺炎疫情导致的进出口负向冲击将给中国经济增长带来不利影响。进出口贸易额的减少不仅会降低国内生产总值（GDP），而且也会减少居民收入和企业收入，降低居民福利水平和社会投资水平，甚至会减少企业对于劳动力的需求，进而导致失业的增加。

3.5.2.2　税收政策冲击对经济的影响

税收政策是调控宏观经济的常用财政手段。面对新冠肺炎疫情对经济的冲击，“减税降费”的税收政策意在帮助企业恢复生产，维持经营发展。本报告将资本增值税税率和劳动增值税率的变动幅度设置为－10％和－50％，据此观察税收政策恢复经济的效果。模型模拟结果如表 3－8 和表 3－9 所示。

表 3－8　　资本增值税率降低对经济的影响

指标	量的变化（亿元）		比例变化（%）	
	－10%	－50%	－10%	－50%
国内生产总值	226.0	1062.2	0.03%	0.14%
居民收入	－745.4	－3798.0	－0.15%	－0.78%
企业收入	955.1	4881.7	0.35%	1.78%

续表

指标	量的变化（亿元）		比例变化（%）	
	-10%	-50%	-10%	-50%
劳动力需求	-852.0	-4343.0	-0.20%	-1.00%
出口额	-1566.1	-7817.8	-0.58%	-2.92%
进口额	-1844.8	-9148.7	-0.72%	-3.60%
净出口额	278.6	1330.8	—	—

表 3-9　　劳动增值税率降低对经济的影响

指标	量的变化（亿元）		比例变化（%）	
	-10%	-50%	-10%	-50%
国内生产总值	2161.8	10963.6	0.28%	1.40%
居民收入	2108.3	10812.3	0.43%	2.23%
企业收入	-94.1	-495.7	-0.03%	-0.18%
劳动力需求	2118.8	10867.7	0.47%	2.40%
出口额	-1349.2	-6738.1	-0.41%	-2.05%
进口额	-1753.5	-8699.9	-0.58%	-2.86%
净出口额	404.2	1961.8	—	—

图 3-5 显示，资本增值税率降低对各项宏观经济指标有不同的影响，国内生产总值（GDP）、企业收入和净出口额随资本增值税率的降低而增加，居民收入、劳动力需求、出口额及进口额随资本增值税率的降低而减少。从表 3-8 的具体数据来看，资本增值税率降低 10% 和 50%，国内生产总值（GDP）总量增加 226.0631035 亿元和 1062.225195 亿元，比例提高 0.03% 和 0.14%；企业收入增加 955.1388089 亿元和 4881.702853 亿元，比例提高 0.35% 和 1.78%；净出口额增加 278.6834271 亿元和 1330.894537 亿元。对于居民收入和劳动力需求指标来说，资本增值税率降低 10% 和 50%，总量分别减少 745.4207964 亿元、3798.077075 亿元、852.0536789 亿元和 4343.076443 亿元。无论是正向效应还是负向效应，宏观指标的变化幅度都随着资本增值税率的降低幅度增大而增大，图 3-3 和图 3-4 显示，企业收入、进口额、出口额三项指标尤为明显。

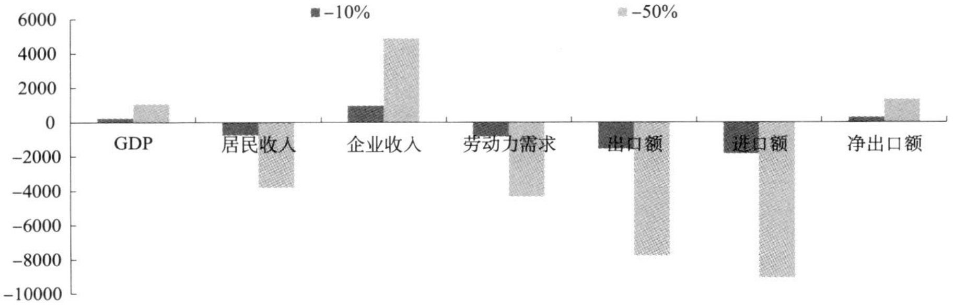

图 3-5　资本增值税率降低对经济的影响—量的影响

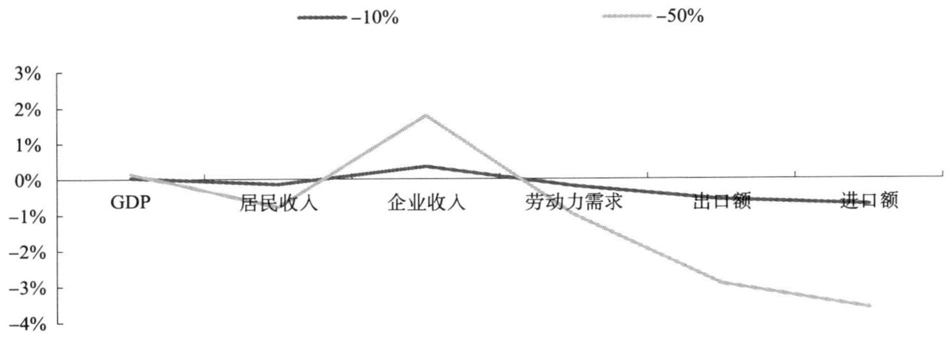

图 3－6　资本增值税率降低对经济的影响—比例的影响

而表 3－9 为劳动增值税率降低的经济结果，该结果与资本增值税率降低带来的结果有明显差异。图 3－7 和图 3－8 显示，劳动增值税率的降低将增加国内生产总值（GDP）、居民收入、劳动力需求以及净出口额，同时减少企业收入、进口额和出口额，具体结果如表 3－9 中数据所示。这些差异是由资本增值税和劳动增值税的性质和征税对象的差异所导致。

整体来讲，税收政策是能够帮助经济恢复和发展的，两种税率的降低都有助于国内生产总值（GDP）和净出口额的增加。然而，我们也要考虑税收的种类和性质，有针对性地实施税收政策，权衡税收政策带来的各种利弊。

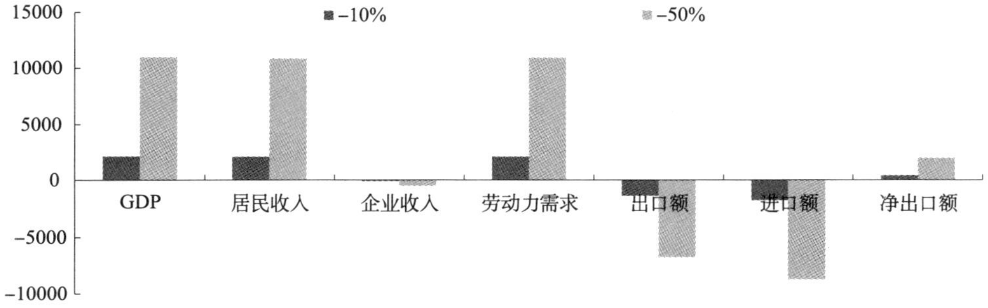

图 3－7　劳动增值税率降低对经济的影响—量的影响

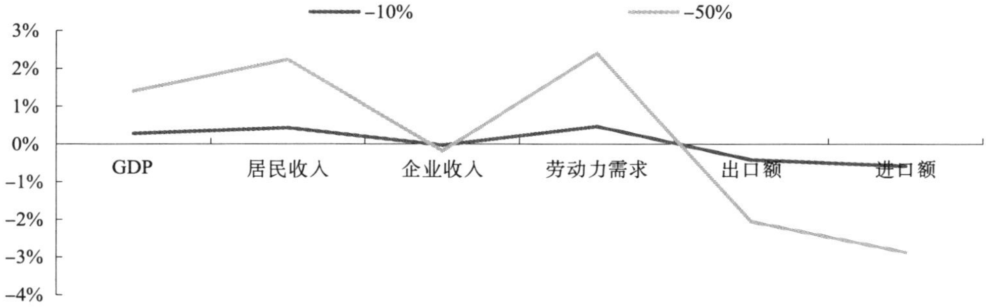

图 3－8　劳动增值税率降低对经济的影响—比例的影响

3.5.2.3 政府支出增加对经济的影响

在应对新冠肺炎疫情的过程中，有效的政府宏观调控是必不可少的。然而，我们也应意识到，当前中国应对重大突发公共卫生事件的体制机制是不完善的，医疗卫生基础设施不足表现尤为明显。为促进医疗卫生事业的发展，并进一步完善重大突发公共卫生事件的应对机制，政府必将加大政府财政投入。本报告将政府支出的变动幅度设置在 10%、20%、30%，模拟结果如表 3-10 所示。

表 3-10　　政府支出增加对经济的影响

指标	量的变化（亿元）			比例变化（%）		
	10%	20%	30%	10%	20%	30%
国内生产总值	26079.9	52159.8	78239.7	3.32%	6.65%	9.97%
居民收入	15101.8	30203.6	45305.4	3.11%	6.23%	9.34%
企业收入	9230.6	18461.2	27691.8	3.36%	6.73%	10.09%
劳动力需求	14071.2	28142.5	42213.8	3.32%	6.65%	9.97%
出口额	5021.0	10042.1	15063.1	2.65%	5.29%	7.94%
进口额	3490.7	6981.4	10472.2	2.29%	4.59%	6.88%
净出口额	1530.3	3060.6	4590.9	—	—	—

由图 3-9 和图 3-10 可见，政府财政支出的增加将显著促进经济的发展，且随着财政支持力度的增大，财政政策效果更加明显。表 3-10 表明，在政府支出变动幅度设置为 10%、20%、30% 时，国内生产总值（GDP）分别增加 26079.92 亿元、52159.83 亿元、78239.75 亿元，居民收入分别增加 15101.8 亿元、30203.61 亿元、45305.41 亿元，企业收入分别增加 9230.622 亿元、18461.24 亿元、27691.87 亿元，劳动力需求分别增加 3.32%、6.65%、9.97%，净出口分别增加 1530.317 亿元、3060.633 亿元、4590.95 亿元。由此可见，政府积极的财政政策可以增加就业，增加居民收入和企业收入，提高消费水平和投资水平，并拉动进出口贸易的增长，最终推动经济的发展。

相对于税收政策，增加对医疗卫生事业的财政支出可能是一个更加长期的过程，其作用于经济的机制也更为间接，但这与当前调整财政支出结构、增加福利性财政支出以促进经济高质量发展的路径相吻合。

3.5.2.4 新冠肺炎疫情冲击对产业结构的影响

新冠肺炎疫情的爆发及其应对措施会给经济体系造成多种冲击，这些外生冲击不

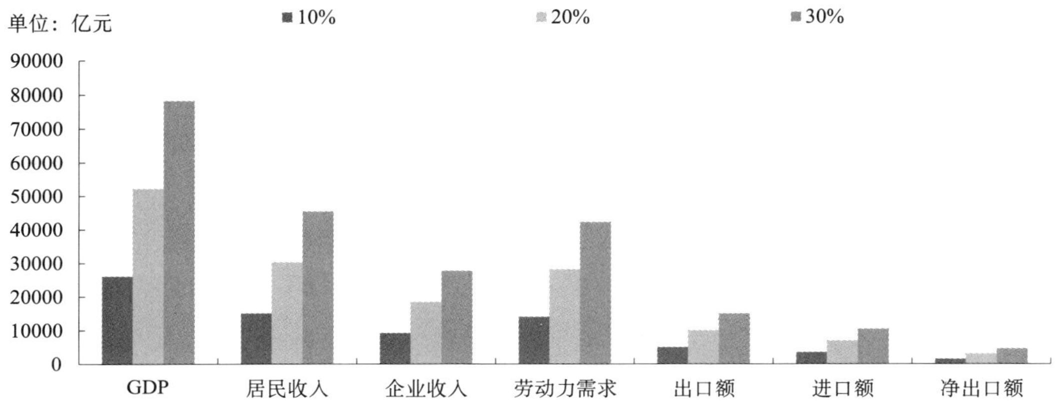

图 3-9　政府支出增加对经济的影响—量的影响

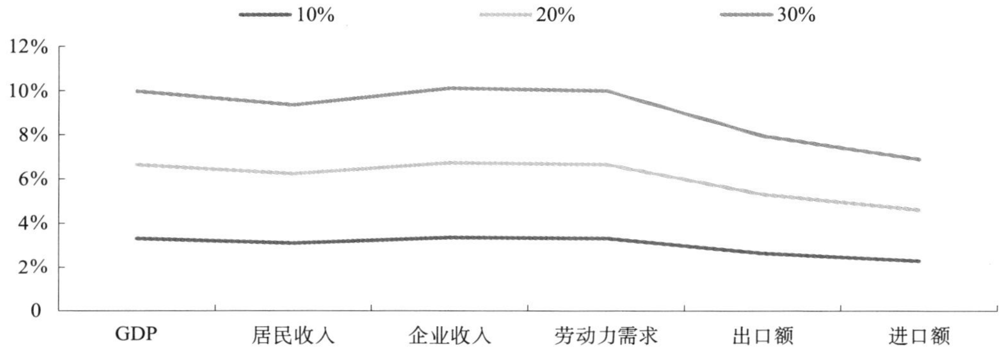

图 3-10　政府支出增加对经济的影响—比例的影响

仅会在总量上影响宏观经济指标，还会对三大产业产生不同的影响。本报告将进口冲击、税收政策冲击、政府支出冲击的变动幅度分别设置为 -10%、-10%、10%，并观察各宏观经济指标绝对量上的变化，结果如表 3-11 所示。

表 3-11　疫情冲击对产业结构的影响

指标	进口幅度变动 -10%			劳动增值税率 -10%			财政支出 10%		
	第一产业	第二产业	第三产业	第一产业	第二产业	第三产业	第一产业	第二产业	第三产业
国内生产总值	-2371.2	-10862	-28183	120.5	814.9	1226.3	812.4	4043.1	21224.3
劳动力需求	-3033.4	-684.3	-10990	160.0	987.3	971.4	1481.2	2580.5	10009.5
中间投入量	-2351.3	-36331	-23731	148.9	2200.1	1169.0	985.8	19041.9	16779.9
出口	-214.6	-11621	-4255	-2.8	-1368.9	22.5	28.0	2475.0	2517.9
进口	-616.2	-12266	-2344	6.3	-1645.4	-114.5	145.0	2289.1	1056.5
净出口	401.5	645	-1911	-9.2	276.4	137.04	-116.9	185.8	1461.3

通过图 3－11～图 3－13 可以看出，第一、二、三产业的 GDP、劳动需求量、中间投入量因进口额减少而减少，因劳动增值税率降低而增加，因财政支出增加而增加，中间投入量的变动最为明显，但总体上仍与总量分析一致。值得注意的是，相比于第一、二产业，第三产业受到冲击影响的程度更大，这说明第三产业在中国当前经济发展中占有重要地位。不难发现，该结果与经济事实也是相符合的。为防控新冠肺炎疫情，最重要的措施就是减少人员流动和聚集，加上此次疫情持续时间长、涉及范围广，旅游业、影视业、餐饮和住宿业等服务业无疑遭受严重打击。更进一步来说，造成这种结果的根本原因在于传统服务业占据主导地位的服务业结构，这意味着，调整第三产业结构，加快现代服务业的发展不仅可以减轻重大突发公共卫生事件对于经济的负面冲击，而且也有利于中国长期的高质量经济发展。新冠肺炎疫情的爆发在一定程度上也给予了产业结构调整的压力和动力。

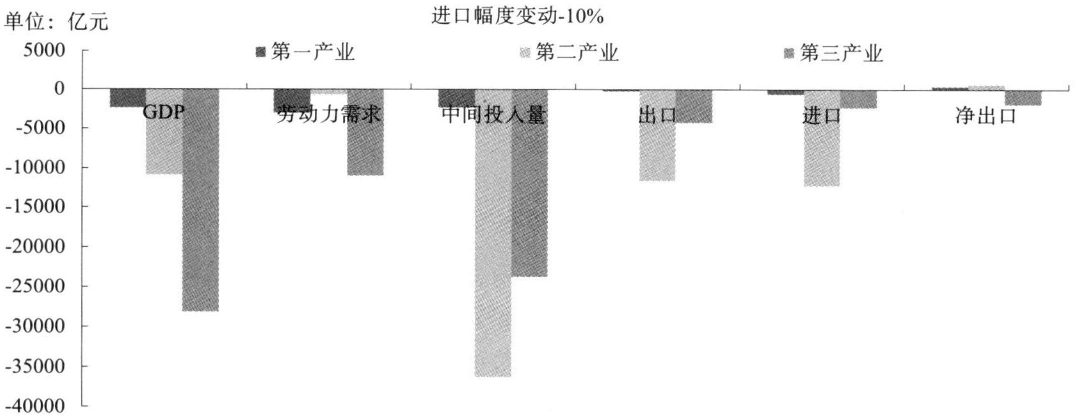

图 3－11　疫情冲击对产业结构的影响—进口冲击

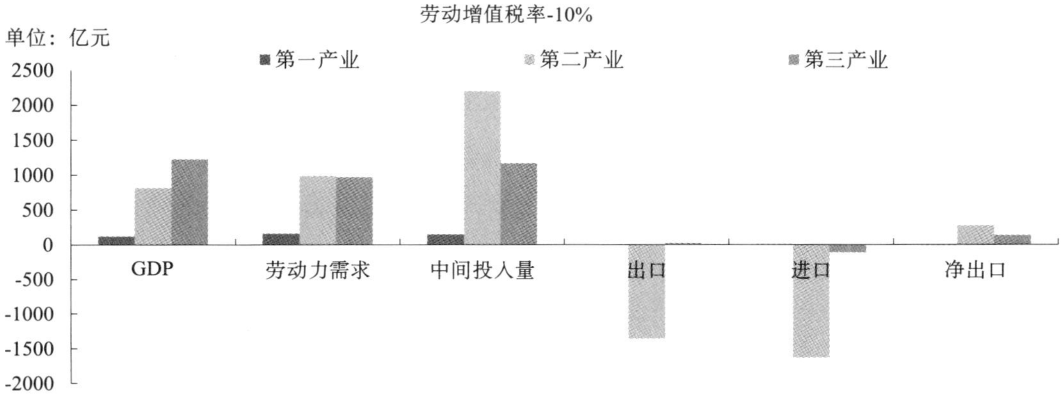

图 3－12　疫情冲击对产业结构的影响—劳动增值税率冲击

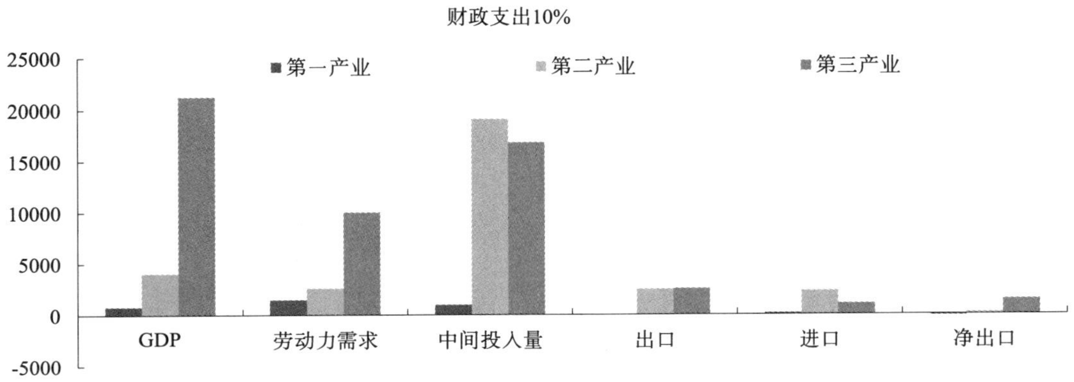

图 3-13　疫情冲击对产业结构的影响—财政支出冲击

3.6　研究结论和启示

重大突发公共卫生事件是学术研究领域的重要难题，此次新冠肺炎疫情爆发带来的经济影响更是不容忽视。本报告设置了进出口冲击（-10%、-20%、-30%）、税收政策冲击（-10%、-50%）、政府支出冲击（10%、20%、30%）三种情形，通过 CGE 模型来模拟新冠肺炎疫情对宏观经济体系带来的影响。研究结果显示，新冠肺炎疫情对经济造成负面影响是不可避免的，在进出口冲击下，包括 GDP 在内的各项宏观经济指标全部为负，进口冲击幅度为-10%时，GDP、居民收入、企业收入、劳动力需求、出口额在量上分别减少 41417 亿元、45054 亿元、21243 亿元、14708 亿元、16091 亿元；出口冲击幅度为-10%时，GDP、居民收入、企业收入、劳动力需求、进口额在量上分别减少 44735.123 亿元、16819.723 亿元、13082.126 亿元、27157.721 亿元、17877.859 亿元，减少幅度分别为 5.7%、3.47%、4.77%、5.34%、10.23%。此外，无论何种冲击，第三产业中各项指标受影响的幅度更为明显，当进口幅度变动-10%时，第三产业 GDP 减少 28183 亿元，减少幅度远大于第一产业的 2371.2 亿元和第二产业的 10862 亿元。另外，为应对新冠肺炎疫情而降低增值税率的税收政策在总体上是有效的，能够减轻企业的负担，有助于经济的恢复，当资本增值税率降低 10%时，GDP 增加 226.0631 亿元、企业收入增加 955.1388 亿元；当劳动增值税率降低 10%时，GDP 增加 2161.8201 亿元、居民收入增加 2108.3048 亿元、劳动力需求增加 2118.8168 亿元，增加幅度分别为 0.28%、0.43%、0.47%。最后，增加财政支出的政策效果显著，当政府支出变动幅度为增加 10%时，GDP、居民收入、企业收入、劳动力需求、出口额、进口额分别增加 26079.92 亿元、15101.8 亿元、9230.622 亿元、14071.29 亿元、5021.057 亿元、3490.74 亿元，增加幅度分别为3.32%、3.11%、3.36%、3.32%、2.65%、2.29%，可见，增加医疗卫生事业的财政投入能够显著推进经济的发展，并提升居民福利水平。

“在危机中育新机，于变局中开新局”。面对新冠肺炎疫情的冲击，在未来制定政策的过程中，中国政府应该借此契机优化中国政府支出结构，逐步提高社会福利性财政支出比重，加强财政对公共卫生应急体系的投入和长期内加大对卫生医疗人才培养的支出，切实提高中国应对突发公共卫生事件的能力。此外，第三产业遭受疫情冲击幅度最大。中国第三产业增加值比重虽已超过50%，但其内部结构仍不合理，以传统服务业占主导的第三产业不仅容易遭受冲击，而且也不利于中国经济的高质量发展。我们必须抓住机会，迎难而上，加快产业结构调整的步伐，不仅在政策上鼓励扶植信息服务业的发展，鼓励引导居民养成线上消费的习惯，从量和质两方面提高第三产业在国民经济中的比重，还要加快云计算、物联网、人工智能、区块链等新兴技术在传统第一产业、第二产业中的应用，进而全面提高三大产业的生产效率，实现中国经济的高质量发展。再次，新冠肺炎疫情在全球的蔓延加剧了国内进出口贸易的不利影响，为进一步巩固经济复苏态势，必须牢牢把握扩大内需这个战略基本点，发挥国内投资和国内消费的双重拉动作用。最后，我们必须有效落实“减税降费”政策，在未来较长一段时间内帮助企业走出困境，并且需要针对不同行业制定差异化的税收扶持政策，比如对于此次因疫情受损较严重的交通运输业、餐饮业和旅游业，应进一步加大税费减免力度，延长税费优惠期限，切实做到为企业减负，增强企业信心，进而激发整体经济发展活力。

参考文献

[1] Gallup, J. L., & Sachs, J. D., 2000. “The economic burden of malaria”, The American journal of tropical medicine and hygiene, 64, 85 – 96.

[2] Sachsand, & J., D., 2002. “A new global effort to control malaria”, Science, 298, 122 – 124.

[3] Sue Bowden, Domna Maria Michailidou, Alvaro Pereira, 2008, “Chasing mosquitoes: an exploration of the relationship between economic growth, poverty and the elimination of malaria in southern in the 20th century”, Journal of International Development, 20, 1080 – 1106.

[4] Barlow, R., 2001, “The economic effects of malaria eradication”, American Eco-

nomic Review, 57, 130 - 148.

[5] Datta, S. C. & Reimer, J. J., 2013, "Malaria and economic development", Review of Development Economics, 17, 1 - 15.

[6] Brainerd, E. & Siegler, M. V., 2003, "The economic effects of the 1918 influenza epidemic", International Macroeconomics.

[7] Garrett, T. A, 2008, "Pandemic Economics: The 1918 Influenza and Its Modern - Day Implications", Federal Reserve Bank of St. Louis Review, 90, 75 - 93.

[8] Keogh - Brown Marcus Richard, & Smith Richard David, 2008, "The economic impact of SARS: how does the reality match the predictions?", Health policy (Amsterdam, Netherlands), 88, 110 - 120.

[9] Marcus Richard Keogh - Brown, Richard D. Smith, John W. Edmunds and Philippe Beutels, 2010, "The macroeconomic impact of pandemic influenza: estimates from models of the United Kingdom, France, Belgium and The Netherlands", European Journal of Health Economics, 11, 543 - 554.

[10] George Verikiosa, James M. McCawbc, Jodie McVernonbc &, HarrisD A H, 2012, "H1N1 influenza and the Australian macroeconomy", Journal of the Asia Pacific Economy, 17, 22 - 51.

[11] Alan Siu, & Y. C. Richard Wong, 2004, "Economic Impact Of SARS: The Case Of Hong Kong", Asian Economic Papers, 3, 62 - 83.

[12] Beutels P, Jia N, Zhou Q Y, et al., 2009, "The economic impact of SARS in Beijing, China", Tropical Medicine & International Health, 14, 85 - 91.

[13] Dwyer L, Forsyth P, Spurr R, et al., 2006, "Economic effects of the world tourism crisis on Australia." Tourism Economics, 12, 171 - 186.

[14] Jong - Wha Lee. & Warwick J. McKibbJn., 2003, " Globalization and disease: the case of SARS", Economic Papers, 3, 113 - 131.

[15] Marcus Richard Keogh - Brown, Richard D. Smith, John W. Edmunds and Philippe Beutels., 2010, "The macroeconomic impact of pandemic influenza: estimates from models of the United Kingdom, France, Belgium and The Netherlands", European Journal of Health Economics, 11, 543 - 554.

[16] Beutels, P., Edmunds, W. J., & Smith, R. D., 2008, "Partially wrong partial equilibrium and the economic analysis of public health emergencies of international concern", Health Economics, 17, 1317 - 1322.

[17] Sander, B. I., Nizam, A., Garrison, L. P., Postma, M. J., & Jr, I. L., 2007, "Economic evaluation of influenza pandemic mitigation strategies in the united states using a stochastic microsimulation transmission model", Value in Health, 12, 226 - 233.

[18] Meltzer, M. I., Cox, N. J., & Keiji, F., 1999, "The economic impact of pandemic influenza in the united states: priorities for intervention", Emerging Infectious Diseases, 5, 659 - 671.

[19] Elmahdawy Mahmoud, Elsisi Gihan H, Carapinha Joao, Lamorde Mohamed, Habib Abdulrazaq, Agyie - Baffour Peter, Soualmi Redouane, Ragab Samah, Udezi Anthony W, Usifoh Cyril, Usifoh Stella, 2017, "Ebola Virus Epidemic in West Africa: Global Health Economic Challenges, Lessons Learned, and Policy Recommendations", Value in health regional issues, 13, 1884 - 1901.

[20] Deliana Kostova, Cynthia H. Cassell, John T. Redd, Desmond E. Williams, Tushar Singh, Lise D. Martel, Rebecca E. Bunnell, 2019, "Long - distance effects of epidemics: Assessing the link between the 2014 West Africa Ebola outbreak and U. S. exports and employment", Health Economics, 28, 1248 - 1261.

[21] Lee, J - W. and McKibbin, W. J., 2004, "Globalization and disease: the case of SARS", Asian economic papers, 3, 113 - 131.

[22] Brahmbhatt, M., & Dutta, A., 2016, "On sars type economic effects during infectious disease outbreaks", Policy Research Working Paper.

[23] Pine R, Mckercher B., 2004, "The impact of SARS on Hong Kong's tourism industry", International Journal of Contemporary Hospitality Management, 16, 139 - 143.

[24] Wilder - Smith, A., 2006, "The severe acute respiratory syndrome: impact on travel and tourism", Travel medicine and infectious disease, 4, 53 - 60.

[25] Jaewook Kim, Jewoo Kim, Seul Ki Lee, Liang (Rebecca) Tang., 2020, "Effects of epidemic disease outbreaks on financial performance of restaurants: Event study method approach", Journal of Hospitality and Tourism Management, 43, 32 - 41.

[26] Dunia Rassy D, Smith R D., 2013, "The economic impact of H1N1 on Mexico's tourist and pork sectors", Health Economics, 22, 824 - 834.

[27] Luis Fernando Gamboa, Paul Rodriguez Lesmes, 2019, "The fertility - inhibiting effect of mosquitoes: Socio - economic differences in response to the Zika crisis in Colombia", Economics and Human Biology, 35, 63 - 72.

[28] de Melo, J. and David Tarr, 1993, "A General Equilibrium Analysis of US For-

eign Trade Policy", Journal of International Economics, 34, 193 – 195.

[29] Achonu, C., Laporte, A., & Gardam, M. A.. (2005). The financial impact of controlling a respiratory virus outbreak in a teaching hospital: lessons learned from sars., 96 (1), 52 – 54.

[30] Barlow, R.. (2001). The economic effects of malaria eradication. American Economic Review, 57, 130 – 148.

[31] Beutels, P., Edmunds, W. J., & Smith, R. D.. (2008). Partially wrong? partial equilibrium and the economic analysis of public health emergencies of international concern. Health Economics, 17 (11), 1317 – 1322.

[32] Brahmbhatt, M., & Dutta, A.. (2016). On sars type economic effects during infectious disease outbreaks. Policy Research Working Paper.

[33] Brainerd, E., & Siegler, M. V.. (2003). The economic effects of the 1918 influenza epidemic. International Macroeconomics.

[34] Chari, V. V., & Kehoe, Patrick J. (2004). Financial crises as herds: overturning the critiques. Journal of Economic Theory, 119.

[35] Datta, S. C., & Reimer, J. J.. (2013). Malaria and economic development. Review of Development Economics, 17 (1), 1 – 15.

[36] Gallup, J. L., & Sachs, J. D.. (2000). The economic burden of malaria. The American journal of tropical medicine and hygiene, 64 (1 – 2 Suppl), 85 – 96.

[37] Garrett, T. A. (2008). Pandemic Economics: The 1918 Influenza and Its Modern – Day Implications. Federal Reserve Bank of St. Louis Review, 90 (2), 75 – 93.

[38] Geoffard Pierre – Yves, & Philipson Tomas. (1995). The empirical content of canonical models of infectious diseases: the proportional hazard specification. Biometrika (1), 1.

[39] Jérôme Adda. (2015). Economic activity and the spread of viral diseases: evidence from high frequency data. Cepr Discussion Papers, 131 (2).

[40] Keogh – Brown, M. R., Smith, R. D., & Beutels, E. P.. (2010). The macroeconomic impact of pandemic influenza: estimates from models of the united kingdom, france, belgium and the netherlands. The European Journal of Health Economics, 11 (6), 543 – 554.

[41] Keogh – Brown, M. R., Wren – Lewis, S., Edmunds, W. J., Beutels, P., & Smith, R. D.. (2010). The possible macroeconomic impact on the uk of an influenza pan-

demic. Health Economics, 19 (11), 1345 - 1360.

[42] Ludkovski, M., & Niemi, J.. (2010). Optimal dynamic policies for influenza management. Statistical Communications in Infectious Diseases, 2 (1).

[43] Meltzer, M. I., Cox, N. J., & Keiji, F.. (1999). The economic impact of pandemic influenza in the united states: priorities for intervention. Emerging Infectious Diseases, 5 (5), 659 - 671.

[44] Orset, & Caroline. (2018). People's perception and cost - effectiveness of home confinement during an influenza pandemic: evidence from the french case. The European Journal of Health Economics.

[45] Sachs, & J., D.. (2002). A new global effort to control malaria. Science, 298 (5591), 122 - 124.

[46] Sander, B. I., Nizam, A., Garrison, L. P., Postma, M. J., & Jr, I. L.. (2007). Economic evaluation of influenza pandemic mitigation strategies in the united states using a stochastic microsimulation transmission model. Value in Health, 10 (3).

[47] 杨翠红，陈锡康. SARS 对中国消费的影响程度分析 [J]. 管理评论，2003 (04).

[48] 严清华. 正确认识 SARS 对中国经济的影响 [J]. 武汉大学学报（哲学社会科学版），2003 (56).

[49] 雷家骕，谈 SARS 对中国经济的影响 [J]. 经济管理，2003 (13).

[50] 柳欣，张伯伟，盛斌. SARS 对中国经济的影响与对策 [J]. 南开学报（哲学社会科学版），2003 (04).

[51] 刘涛雄，彭宗超. 大流感爆发对中国经济的影响预测 [J]. 清华大学学报（哲学社会科学版），2007 (04).

[52] 李正全. SARS 影响国民经济的短期与长期分析 [J]. 经济科学，2003 (03).

[53] 张文斗，祖正虎，许晴. 突发大规模疫情对经济的影响分析 [J]. 军事医学，2014 (02).

[54] 陈林. 重大突发公共卫生事件的经济影响及应对经验——基于文献回顾视角 [J]. 东北财经大学学报，2020 (04).

[55] 杨子晖，陈雨恬，张平淼. 重大突发公共事件下的宏观经济冲击、金融风险传导与治理应对 [J]. 管理世界，2020 (05).

[56] 赵涛，秘翠翠. 碳税 CGE 模型对中国经济影响分析 [J]. 科学技术与工程，

2011（36）.

［57］郑玉歆，樊明太．中国 CGE 模型及政策分析［M］．北京：社会科学文献出版社，1999.

［58］张欣．可计算一般均衡模型的基本原理与编程［M］．上海：格致出版社，2010.

4.

新冠肺炎疫情对中国系统性金融风险的影响[①]

本报告综合运用各类风险溢出测度模型，得出一系列国内和全球新冠肺炎疫情对中国金融市场系统性风险影响和传导的一般性规律。从国内疫情冲击的角度，首先重点探究了新冠肺炎疫情对中国各行业的风险溢出效应，其次分析了中国各类金融市场间的风险传导路径。从全球输入性风险的角度，首先分析了新冠肺炎疫情对全球金融市场产生的中长期影响以及对中国市场的风险输入；其次重点关注了疫情期间脆弱性较高的外汇市场，并提出中国外汇市场风险防控的切入点。研究成果的核心观点与政策建议如下：（1）新冠肺炎疫情冲击产生1~2天内会对中国股票市场产生风险溢出作用。金融行业会首先遭受冲击，随后风险进一步扩散至能源、材料等行业。因此，政策部门应加强对市场情况的预判，加强对易受冲击行业的关注，并提前采取合理的干预措施。（2）新冠肺炎疫情冲击会引发中国股票市场、债券市场、货币市场以及外汇市场之间的风险传染。单个金融市场对外部冲击的反应先于金融市场之间的传染。因此，当冲击发生时，应及时对单个金融市场采取相应的政策，降低由于关联机制存在而导致的风险传染。（3）从防控输入性风险的角度来看，疫情

① 本报告由方意、于渤、邵稚权、贾妍妍撰写。

发生后，中国外汇市场由风险输出方转向风险输入方。欧洲、俄罗斯、印度和澳大利亚与中国的相互风险溢出效应较强，中国应重点关注这几个国家外汇市场风险，以防止其向中国输入风险。（4）中国股票市场风险防控应关注全球股票市场、全球原油市场和全球黄金市场的风险传染作用，中国债券市场风险防控应关注全球债券市场和全球外汇市场的风险传染作用。

4.1 引言

2020 年，新型冠状病毒肺炎（COVID－19）疫情逐步演变成全球性公共卫生危机，对各国的经济与社会生活产生巨大的负面影响。从短期来看，恐慌情绪的蔓延使金融资产与大宗商品价格下跌，金融市场发生极端异常波动。美国股市史无前例地在2020 年 3 月发生四次“熔断”，CME WTI 原油 5 月期货合约在 2020 年 4 月 20 日发生“负油价”事件。从长期来看，新冠肺炎疫情使各国经济基本面受到供给端和需求端的双重打击，产业链中断使得全球经济面临长期衰退。2020 年 2 月 23 日，习近平总书记在统筹推进新冠肺炎疫情防控和经济社会发展工作部署会议上强调，“防止经济运行滑出合理区间，防止短期冲击演变成趋势性变化”[①]。

中国采取严格防控措施有效控制了新冠肺炎疫情在国内的蔓延，经济基本面实现了复苏。但世界经济形势仍然复杂严峻，各国疫情防控以及经济复苏情况不平衡、不稳定，疫情冲击导致的“输入性金融风险”不容忽视。在此背景下，分析新冠肺炎疫情对中国系统性金融风险的影响具有如下意义：（1）2020 年 5 月，李克强总理在政府工作报告中强调：加强金融等领域的重大风险防控，坚决守住不发生系统性风险底线[②]。探究疫情冲击对中国系统性金融风险的短期影响以及作用渠道有助于完善与突发公共事件相适应的宏观治理应对机制及重大风险防范对策。（2）2020 年中央经济工作会议指出：坚持底线思维，提高风险预见预判能力，严密防范各种风险挑战[③]。理解突发公共事件冲击引发的中长期效应与“输入性金融风险”的传染渠道，可以为重大金融风险防控的切入点提供参考，也对后疫情时期金融政策的制定具有重要意义。

综上所述，本项目综合运用各类风险溢出测度模型得出一系列基于国内和全球新冠肺炎疫情对中国金融市场的系统性风险影响和传导的一般性规律，并给出翔实的政策建议，研究框架如图 4－1 所示。

4.2 文献综述

本研究主要与三类文献紧密相关。首先，与新冠肺炎疫情对金融市场影响的研究

① 参见新华社：“习近平：在统筹推进新冠肺炎疫情防控和经济社会发展工作部署会议上的讲话”，http://www.xinhuanet.com/politics/leaders/2020－02/23/c_1125616016.htm。

② 参见中国政府网：《政府工作报告》：http://www.gov.cn/guowuyuan/2020zfgzbg.htm。

③ 参见新华社：“中央经济工作会议在北京举行，习近平李克强作重要讲话，栗战书汪洋王沪宁赵乐际韩正出席会议”，http://www.xinhuanet.com/2020－12/18/c_1126879325.htm。

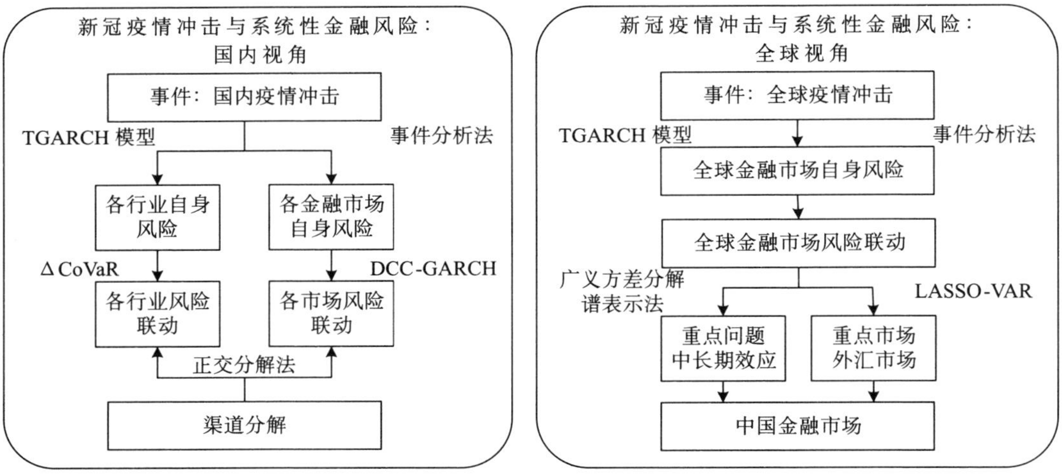

图 4－1　新冠肺炎疫情对中国系统性金融风险的影响研究框架

相关。其次，与外部冲击对金融市场影响的研究相关。这些研究阐述了单一外部冲击对金融市场的影响以及对比分析不同外部冲击对金融市场的影响。最后，与各市场风险传导的研究紧密相关。其中，包括各国对中国各市场的风险传导渠道及中国各主要金融市场之间的风险传导。

4.2.1　新冠肺炎疫情的影响

学术界对于新冠肺炎疫情的研究主要包括其对实体经济及金融市场的影响。从实体经济出发，首先，从疫情对经济造成的冲击来看。Baldwin（2020）认为新冠肺炎疫情将影响生产循环和消费循环。从供给端看，新冠肺炎疫情与随之产生的遏制政策（The Containment Policies），如旅行禁令、办公室关闭等将导致流向企业的劳动力减少，从而导致商品和服务产出骤然减少。从需求端看，遏制政策也将导致人们收入下降、购买力下降、消费降低。Mann（2020）认为新冠肺炎疫情主要影响实体经济的三个方面：一是由于工厂关闭，将影响制造业供应链渠道；二是疫情对旅游、运输服务带来冲击，且这部分冲击取决于政府、企业和消费者的反应；三是能源和商品的需求和价格，需求的下降将带来价格的下跌，从而进一步影响相关行业的投资和 GDP 增长。其次，从疫情对经济冲击的传染渠道来看。Baldwin（2020）分别从银行、非银机构以及贸易等角度分析了新冠肺炎疫情对经济冲击的传播。最后，一些研究对预防疫情对经济的冲击提出了一些政策建议，Ettmeier 等（2020）认为，目前欧洲的货币和财政政策还应该继续扩大规模，以适应新冠肺炎疫情长期的负面影响冲击。

另一部分文献，主要就新冠肺炎疫情对金融市场的影响进行探讨。Alfaro 等

（2020）发现新冠肺炎疫情感染轨迹的未预期变化可以实时预测美国股票收益。总体而言，新冠肺炎疫情的蔓延导致股票市场价值出现下降。Ramelli 和 Wagner（2020）发现新冠肺炎疫情已逐渐由局部的健康危机演变成全球性金融危机。由此可看出，学者们已发现新冠肺炎疫情会对金融市场产生影响。但学者们大多关注新冠肺炎疫情对单一国家金融市场产生的影响，在新冠肺炎疫情对全球金融市场，尤其是交易量最为活跃的外汇市场上的关注较少。本报告将对此进行补充，以更全面地评估新冠肺炎疫情对金融市场的影响。

4.2.2 关于外部冲击对金融市场影响的研究述评

学者们已考察重大自然灾难、社会安全事件、公共卫生事件和金融危机等外部冲击对金融市场产生的影响。部分学者考察了单一外部冲击对金融市场的影响。Kruttli 等（2019）分析了飓风登陆对经济和股票市场的影响，发现灾难的不确定性导致受灾地区企业净资产收益率和保险行业的隐含波动率增加。Drakos（2004）探讨了 9·11 恐怖袭击事件的影响，发现该事件后航空业系统性风险增加至原来的 2 倍，个股的非系统性风险也明显提高。Nippani 和 Washer（2004）研究了 SARS 疫情对股票市场的影响，发现其对受影响国家的股市没有显著的负面影响。

部分学者对比分析不同外部冲击对金融市场影响的异同。Gregorio 和 Valdés（2001）探讨了 1982 年债务危机、1994 年墨西哥货币危机和 1997 年亚洲金融危机期间各国外汇市场之间的风险传导，发现各国之间的贸易联系和经济相似性越强，其外汇市场压力相互溢出效应越强，且债务结构和汇率灵活性对危机传染有一定抑制作用。万蕤叶和陆静（2018）研究了金融危机期间的汇率风险传染效应，发现次贷危机和欧洲主权债务危机爆发后，样本国家的金融市场均出现大幅震荡，但主要表现为样本国家外汇市场之间的相互依存关系。综上所述，对于不同外部冲击对金融市场影响的比较研究已十分丰富，但关于新冠肺炎疫情与全球金融危机、欧债危机等重大冲击对金融市场影响的比较研究较为罕见。

4.2.3 各市场间的风险传导

4.2.3.1 国外市场对中国金融市场的风险传导

首先，根据对已有文献的梳理，我们发现一个国家的金融市场发生波动，会通过投资者情绪、金融溢出和国际贸易三个渠道传导至另一个国家（刘晓星等，2011；梁琪等，2015；何德旭和苗文龙，2015；李政等，2019；李政等，2020）。以本项目重点研究的风险在外汇市场的传导为例进行阐述。（1）投资者情绪。一国汇率发生波动后，投资者对其他类似国家心理预期的变动、投资者信心的变动会引发投资者情绪的变动，最终引发其他国家外汇市场发生相应的波动。（2）金融溢出。一个国家外汇市场发生波动，可能造成其市场的流动性不足。这会迫使金融中介清算其在其他市场上的资产，从而通过直接投资、银行贷款或资本市场渠道导致另一个与其有密切金融关系市场的流动性不足，引发另一个国家大规模的资本抽逃行为。（3）国际贸易。货币危机倾向于发生在有紧密贸易联系的地区，贸易联系可以解释危机期间汇率市场的相关性。国家之间会通过金融或贸易联系产生相互依赖。国家之间的金融或贸易联系使得风险由一个国家传播至其他国家（Glick 和 Rose，1999）。

4.2.3.2 中国金融市场内部之间的风险传导

理论而言，新冠肺炎疫情的爆发作为一种负向外部冲击，会对金融体系产生巨大影响。根据方意等（2019）提出的系统性风险框架，系统性风险包括风险源头（冲击）及放大机制。作为外部冲击，新冠肺炎疫情冲击不仅可能增大某一金融市场的风险，还会增大各个金融市场之间的风险溢出。金融市场的风险上升，是实际客观情况与投资者主观行为叠加的结果。也即，在新冠肺炎疫情冲击下，各市场资产出现对应的波动一定程度是供需收缩、实体经济下滑造成的，也有可能很大程度上是市场参与者理性或非理性的投资行为造成的。新冠肺炎疫情冲击对金融市场风险和跨市场金融风险传染主要基于三个机制：

第一，投资者情绪机制。该机制贯穿风险发生和放大的各个环节，旨在考察投资者面对突发事件时的非理性反应对市场造成的影响。面对新冠肺炎疫情，投资者可能会产生恐慌情绪，进而对未来产生过度悲观的预期，各个市场也会随着投资者情绪的变化而产生相应的波动。

第二，共同风险敞口机制（Fleming 等，1998；方意等，2019）。该机制主要从宏观视角出发，考察各市场面临共同外部冲击而带来市场之间的联动关系。当风险事件尤其是像新冠肺炎疫情事件这种大的外部冲击发生时，会使整个金融体系都暴露于风险之下，产生同步共振。这实际上也是系统性风险承担（Benoit 等，2016）。

第三，资产配置调整机制（Goyenko 和 Ukhov，2009）。该机制主要从微观视角出发，考察投资者在风险事件下，对不同市场资产进行理性配置而引发市场之间的联动现象。当冲击使某个市场的波动加剧时，投资者通常会调整资产配置，将该市场的投资转移至低风险市场。面对不确定性因素，单个投资者调整资产是理性的，但若市场上众多投资者都做出相同的判断及操作，则会引起市场波动率的增大，增加整个金融体系的风险。

4.3 研究方法

本部分主要介绍该项目运用的研究方法及主要应用的数据。本项目研究过程中主要用到事件分析法、LASSO－VAR 模型和广义方差分解谱表示法等。

4.3.1 事件分析法

事件分析法类似于微观政策评估的双重差分法（DID），将外部冲击发生后的窗口期作为处理组，其他时期作为控制组。处理组与控制组回归结果的差异，即为外部冲击对目标变量的影响。事件分析法从两个方面上优于双重差分方法：（1）利用处理组窗口期的变化，事件分析法可得到外部冲击事件发生对目标变量的动态影响；（2）事件分析法采用连续多次同类冲击纳入分析，可在很大程度上缓解双重差分内生性问题。

事件分析法回归模型如式（4－1）所示。

$$y_t = \alpha + \sum_{s=0}^{m} \beta_s D_s^- + \sum_{s=0}^{m} \gamma_s D_s^+ + \varepsilon_t \qquad (4-1)$$

其中，y_t 表示目标变量时间序列。s 表示外部事件冲击后的窗口期（用交易日数计量），其取值范围为［0，m］，表示从外部冲击发生当日及之后 m 个窗口期。$D^-{}_s$ 与 $D^+{}_s$ 是构成事件分析法中的最重要变量，将其称为事件虚拟变量。本项目中分别考虑了国内疫情爆发冲击事件和复工复产（或金融支持）政策事件。式（4－1）的被解释变量为各个市场（或行业）的波动率以及各类风险溢出类型的指数，两类事件冲击的影响便由 β_s 和 γ_s 得到。

关于事件分析法还需要指出两点。第一，模型中未加入宏观经济变量等作为控制变量，原因在于该模型侧重于分析短期内某一类冲击事件发生对被解释变量的影响，而这期间宏观经济变量难以有大幅度的变化。第二，Gourinchas 和 Obstfeld（2012）、Schularick 和 Taylor（2012）提出的事件分析法可用于以下两种情景的分析。一是考察备择的解释因素（或者解释变量）在某一同类事件（如危机事件）发生之前的累积变化趋势，进而量化分析该类事件发生的原因。二是考察某一类外生冲击发生后，被解释变量的连续变化，进而分析外生冲击事件对被解释变量造成的动态影响。本项目主要分析外部冲击对实体经济和各金融市场风险的直接影响及间接传染渠道，本质上是对事件分析法第二个使用场景的应用。因此，本项目事件分析法中仅加入外部冲击发生后的虚拟变量。

4.3.2 TGARCH 模型

对于各类金融市场（或行业）自身风险的测算均采用 TGARCH 模型计算得到的日间动态波动率（Glosten 等，1993）：

$$\sigma^2_{M,t} = \omega_M + \alpha_M R^2_{M,t-1} + \gamma_M R^2_{M,t-1} I^-_{M,t-1} + \beta_M \sigma^2_{M,t-1} \tag{4-2}$$

$$\sigma^2_{i,t} = \omega_i + \alpha_i R^2_{i,t-1} + \gamma_i R^2_{i,t-1} I^-_{i,t-1} + \beta_i \sigma^2_{i,t-1} \tag{4-3}$$

其中 $I^-_{i,t-1} = \begin{cases} 1 & R_{i,t-1} < 0 \\ 0 & R_{i,t-1} \geqslant 0 \end{cases}$、$I^-_{M,t-1} = \begin{cases} 1 & R_{M,t-1} < 0 \\ 0 & R_{M,t-1} \geqslant 0 \end{cases}$。

利用 TGARCH 模型可以考察波动率的杠杆效应，即相对于正面消息，负面消息更能导致波动率增加的现象。建立 TGARCH 模型有利于更好地预测动态波动率。需要说明的是，各市场（行业）的收益率均先进行去均值处理。

4.3.3 LASSO－VAR 的广义方差分解

借鉴 Diebold 和 Yilmaz（2014）的方法，利用 VAR 模型的广义预测误差方差分解结果构建变量之间的关联矩阵，并用以计算各市场两两之间的风险溢出矩阵。

具体而言，N 元 P 阶的 VAR 模型可以写作 Z_t，其中纳入 VAR 模型的变量为测算的各市场波动率：

$$Z_t = \sum_{p=1}^{P} \Phi_p Z_{t-p} + \varepsilon_t, \varepsilon_t \sim N(0, \textstyle\sum) \tag{4-4}$$

超前 H 步预测的广义方差分解中，第 j 个变量对第 i 个变量方差的贡献度表达式为：

$$\theta_{ij}(h) = \frac{\sigma_{jj}^{-1} \sum_{h=0}^{H-1} (e_i' A_h \sum e_j)^2}{\sum_{h=0}^{H-1} (e_i' \sum A_h' e_i)} \tag{4-5}$$

其中，A_h 表示超前 h 步 $VMA(\infty)$ 的系数矩阵，$\sum$ 是误差项 ε_t 的方差—协方差矩阵，σ_{jj}^{-1} 是第 j 个冲击变量误差项的标准差，向量 e_j 中第 j 项的值为 1，其他项为 0。由于广义方差分解所有内生变量的贡献度加总不为 1，因此需要对每一行数据进行标准化处理，并定义变量之间的溢出程度：

$$Pairspill_{ij} = \tilde{\theta}_{ij}(H) = \frac{\theta_{ij}(H)}{\sum_{j=1}^{N} \theta_{ij}(H)} \tag{4-6}$$

由于 VAR 模型中放入的行业数量较多，采用 LASSO－VAR 的估计方法，即式

(4 -6) 在回归参数中施加一个惩罚项的最小二乘方法，其可以同时实现估计参数和选择变量，LASSO - VAR 模型的估计表达式如下所示：

$$\min \sum_{t=1}^{T} \| Z_t - \sum_{p=1}^{P} \Phi_p Z_{t-p} \|_F^2 + \lambda_i \| \Phi_i \|_1 \tag{4-7}$$

$$\| \Phi_i \|_1 = \sum_{j=1}^{N} | \Phi_{ij} | \tag{4-8}$$

其中，$\| A \|_F$ 为矩阵 A 的 Frobenius 范数，即矩阵 A 各项元素的绝对值平方的总和。λ_i 是惩罚参数，其通过连续交叉验证进行估计。$\| \Phi_i \|_1$ 表示 l_1 惩罚项，即向量中各个元素绝对值之和。惩罚项可以通过将最不显著元素赋值为 0，减少横截面系数的估计个数。

4.3.4 DCC - GARCH 模型

在单变量 TGARCH 模型的基础上，利用其标准化残差建立 DCC - GARCH 模型，从而使用极大似然法估计得到动态相关性 $\rho_{i,t}$。首先，假设以上两变量的时变协方差矩阵如下：

$$Var_{t-1}\begin{pmatrix} R_{i,t} \\ R_{M,t} \end{pmatrix} = D_t P_t D_t = \begin{bmatrix} \sigma_{i,t} & 0 \\ 0 & \sigma_{M,t} \end{bmatrix} \begin{bmatrix} 1 & \rho_{i,t} \\ \rho_{i,t} & 1 \end{bmatrix} \begin{bmatrix} \sigma_{i,t} & 0 \\ 0 & \sigma_{M,t} \end{bmatrix} \tag{4-9}$$

对时变相关矩阵 P_t，做如下变换：

$$P_t = diag(Q_t)^{-1/2} Q_t diag(Q_t)^{-1/2} \tag{4-10}$$

其中，$diag(Q_t)$ 是以 A 中对角线元素为其对角线元素的对角矩阵。我们对 Q_t 建立以下回归模型：

$$Q_t = (1 - \alpha_C - \beta_C) S + \alpha_C \varepsilon_{t-1}^{*} \varepsilon_{t-1}^{*\prime} + \beta_C Q_{t-1} 。\tag{4-11}$$

其中，$\varepsilon_{t-1}^{*} = diag(Q_t)^{-1/2} \varepsilon_{t-1}$，而 ε_{t-1} 为建立单变量 TGARCH 模型得到的标准化残差。因此，构建的准条件相关系数矩阵 Q_t 是 ε_{t-1}^{*} 的指数加权移动平均过程（Exponentially Weighted Moving Average，EWMA）。Q_t 正定的充要条件为 $\alpha_C > 0$、$\beta_C > 0$、$\alpha_C + \beta_C < 1$ 及矩阵 S 为正定的。在 $\alpha_C + \beta_C < 1$ 的条件下，S 为 ε_t^{*} 的无条件协方差矩阵，也即，$S = E(\varepsilon_t^{*} \varepsilon_t^{*\prime})$。

4.3.5 LASSO - ΔCoVaR 模型

使用 LASSO - ΔCoVaR 模型计算全球各国家（地区）金融市场之间的风险传染指数。具体而言，以全球股票市场为例，首先将国家（地区）i 的股指收益率 R_t^i 对代表全球宏观金融周期的状态变量 M_t 以及除了 i 以外其他 19 个国家（地区）的股指收益

率 R_t^{-i} 进行 LASSO 分位数回归。

$$R_t^i = \alpha_q^i + \beta_q^{i|-i} \times R_t^{-i} + \gamma_q^i \times M_t + \varepsilon_{q,t}^i \quad (4-12)$$

国家（地区）i（$i = 1,2,\cdots,20; i \neq j$）对 j 的系统性风险传染水平表示为：

$$\Delta CoVaR_t^{j|i} = \beta_q^{j|i} \times (R_{q,t}^i - R_{50,t}^i \quad (4-13)$$

对每个国家（地区）重复上述过程，可以构建出全球金融市场两两之间的风险传染网络。

4.3.6 正交分解法

正交分解法的功能是对被解释变量的影响因素进行逐个分解（Adrian 等，2010）。具体做法是：首先，将被解释变量随机地与其中一个可能的影响因素做最小二乘法（OLS）回归，回归系数即为该因素对被解释变量的影响程度。其次，提取上一步回归残差项作为被解释变量剔除第一个影响因素之后那些未被解释的部分。未被解释的部分作为下一轮的被解释变量，与另外一个可能的影响因素做 OLS 回归。以此类推，可得到每一个影响因素对被解释变量的影响程度。相对直接对全部影响因素进行 OLS 回归，当解释变量过多而样本容量不足时，正交分解法可以在较大程度上降低多重共线性，从而增加估计精度。

进一步来讲，将事件分析法应用到正交分解当中，可逐一分解每个国家（地区）金融市场总波动风险 $\sigma_{i,t}$ 的风险来源：即来自本国疫情冲击的直接影响以及其他金融市场受其自身疫情冲击而产生的跨市场间接传染的调节效应。对于这种调节效应的识别，具体方法是在回归模型中加入各自国家疫情事件的虚拟变量 D_s^i 和风险传染指数 $\Delta CoVaR_t^{j|i}$ 之间的交乘项。回归模型如式（4－14）~式（4－17）所示。

$$\sigma_{i,t} = \beta_i \Delta CoVaR_t^{i|j} + \sum_{s=0}^{m} \gamma_{i,s} \Delta CoVaR_t^{i|j} \times D_s^j + \varepsilon_{i-j,t},\ j \neq i \quad (4-14)$$

$$\varepsilon_{i-j,t} = \phi_i \Delta CoVaR_t^{i|k} + \sum_{s=0}^{m} \varphi_{i,s} \Delta CoVaR_t^{i|k} \times D_s^k + \varepsilon_{i-j-k,t},k \neq i \quad (4-15)$$

$$\varepsilon_{i-j-k,t} = \mu_i \Delta CoVaR_t^{i|h} + \sum_{s=0}^{m} \nu_{i,s} \Delta CoVaR_t^{i|h} \times D_s^h + \varepsilon_{i-j-k-h,t},h \neq i \quad (4-16)$$

……

$$\varepsilon_{i-all,t} = \alpha_i + \sum_{s=0}^{m} \omega_{i,s} D_s^i + \varepsilon_{i,t} \quad (4-17)$$

基于上述模型，以中国（i）为例，中国金融市场的总风险 $\sigma_{i,t}$ 可以分解为中国国内疫情的冲击的直接影响 $\sum_{s=0}^{m} \omega_{i,s} D_s^i$、第 j 个金融市场自身疫情冲击带来的 j 市场对

中国市场间接传染的调节效应 $\sum_{s=0}^{m}\gamma_{i,s}\Delta CoVaR_t^{i|j}\times D_s^j$、第 k 个金融市场自身疫情冲击带来的 k 市场对中国市场间接传染的调节效应 $\sum_{s=0}^{m}\gamma_{i,s}\Delta CoVaR_t^{i|k}\times D_s^k$，以此类推。

4.3.7 广义方差分解谱表示法

广义方差分解谱（Baruník 和 Křehlík，2018）可用于研究疫情冲击带来的中长周期影响。该方法基于 Diebold 和 Yilmaz（2014）的研究成果改进并发展。

相对于传统方法，广义方差分解谱表示法考虑了金融市场对冲击的异质性频率响应。这种以异质性频率响应为基础分解的好处在于，可以考虑溢出的短周期和中长周期影响。异质性频率响应的逻辑基础为：对于不同类型的冲击，市场参与者会对其形成不同持续期的预期，进而引发具有短期或长期效应的资产配置行为。故而，在金融市场之间形成不同持续期的风险关联。具体表现在，高频域上的溢出发生在短周期波段之间，金融市场对冲击做出的反应较为迅速。低频域上的冲击则主要发生在具有高度不确定性的动荡时期，投资者预期会发生永久性改变，进而引发长周期波段之间产生关联性（Balke 和 Wohar，2002）。由此可知，相对于短周期溢出，长周期溢出的影响更加具有持续性，因此也更加值得关注。

广义方差分解谱表示法的思路如图 4－2 所示。

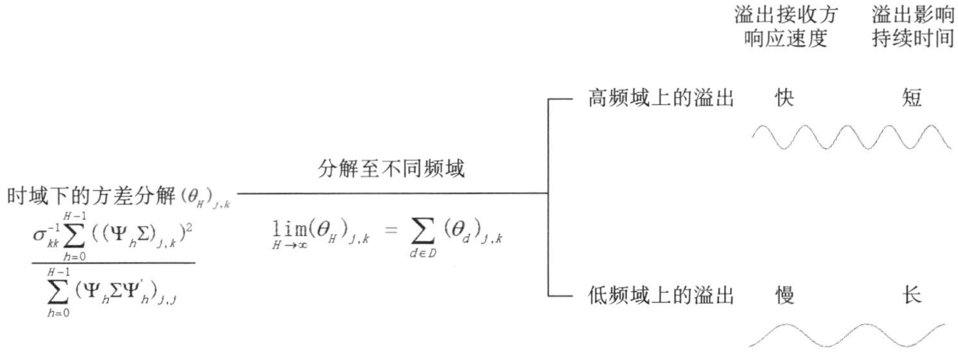

图 4－2 广义方差分解谱表示法思路

（1）将时域上定义的溢出基于异质性频率响应分解为不同的部分，分别得到短周期波段、中周期波段和长周期波段的溢出。也即，利用 Diebold 和 Yilmaz（2014）给出的 Diebold & Yilmaz 溢出指数可以分解为三个周期波段的溢出，且满足可加性。

（2）高频域上的溢出（也即短周期溢出）占主导，表示此时金融市场会迅速对信息做出响应，冲击影响的持续时间较短；低频域上的溢出（也即长周期溢出）占主导，则表示此时冲击产生的影响具有持续性，会传播较长的时间。

4.4 新冠肺炎疫情影响下的中国金融市场风险度量与防控研究

本部分基于前沿的带有动态窗口期的事件分析法，量化分析新冠肺炎疫情冲击对货币市场、股票市场、债券市场和外汇市场的自身风险及风险溢出的影响。本部分以银存间7日质押式回购收益率、沪深300指数、中证全债价格指数、美元兑人民币的即期汇率的日频数据分别作为货币市场、股票市场、债券市场和外汇市场的基准变量。样本的时间区间为2017年1月4日至2020年4月10日。

4.4.1 新冠肺炎疫情对中国单个主要金融市场的影响

本部分采用事件分析法，分析新冠肺炎疫情冲击发生对单个金融市场产生的影响。

图4－3展示了运用事件分析法得到的新冠肺炎疫情冲击对货币市场、股票市场、债券市场以及外汇市场风险的溢出效应。其中，事件分析法采用的参数为前后各8期。

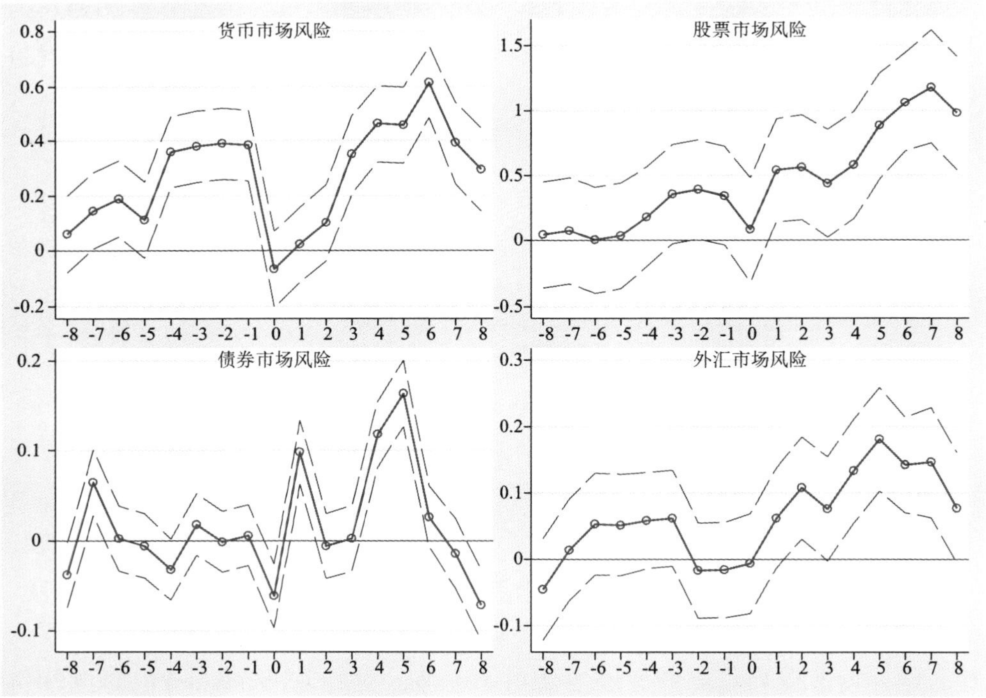

图4－3 新冠肺炎疫情对金融市场的影响

注：（1）横坐标轴为事件发生前后期数，单位为天。纵坐标轴对应使用事件分析法的回归系数；（2）图中实线为单个市场金融风险与事件变量的回归系数，上下两条虚线分别为回归系数加减两个标准差，两条虚线间为95%置信区间。

首先，新冠肺炎疫情冲击的发生对各个金融市场都产生了显著的影响。由图4－3中各市场与风险事件的回归系数大小可知，股票市场受到疫情冲击影响最大，而债券市场受到新冠肺炎疫情冲击影响最小。具体而言，货币市场、外汇市场、股票市场、债券市场在受到冲击1～2天后，其风险均出现了不同程度的增大，并在之后的3～5个交易日持续上升。

其次，新冠肺炎疫情冲击对各市场波动性的影响具有短期效应。如图4－3所示，各市场在受到新冠肺炎疫情冲击的5～6天后受到的影响达到峰值。在这之后，新冠肺炎疫情冲击对其产生的影响逐渐降低。由此可以推断，新冠肺炎疫情冲击影响的更多是投资者情绪的因素。当新冠肺炎疫情冲击发生一段时间之后，投资者情绪逐渐平息，各个金融市场受到的影响逐渐变小。

最后，债券市场受到影响的演进路径与其他市场存在一定的差异。与其他市场不同的是，债券市场风险所受到的影响并非持续上升，而是间歇性的上升。这说明，债券市场受到的影响更小。本报告认为，债券市场受到的这种影响结果由以下2个原因造成。第一，债券市场的稳定性相较其他市场更好。这是由资产价格的决定因素所造成的。理论而言，某项资产的价格是由该项资产一系列未来现金流的贴现值决定。由于债券未来的现金流相对于股票等其他金融资产更加稳定，因此债券价格的波动幅度较小。这会导致债券市场相比其他市场的稳定性更强。在疫情期间，经济环境不确定性增加，投资者更倾向于持有债券这类风险较低的资产。这实际上是一种追逐安全资产（Flight－to－quality）效应。第二，债券市场的投资者结构与其他市场上的投资者不同。债券市场的投资结构以机构投资者为主，而机构投资者的存在对市场起着稳定的作用。在受到冲击后，债券市场能够更快地恢复到正常的水平。因此，由于机构投资者的存在以及投资者规避风险的需要，债券市场在受到影响后能够更快地恢复到低风险的水平。

4.4.2 新冠肺炎疫情冲击对跨市场风险溢出的影响

本部分采用事件分析法，分析新冠肺炎疫情冲击发生对金融市场间的风险传染产生的影响。

图4－4展示了运用事件分析法得到的新冠肺炎疫情冲击对货币市场、股票市场、债券市场以及外汇市场两两之间的风险溢出效应的影响。其中，事件分析法采用的参数与上一部分相同，均为前后8期。

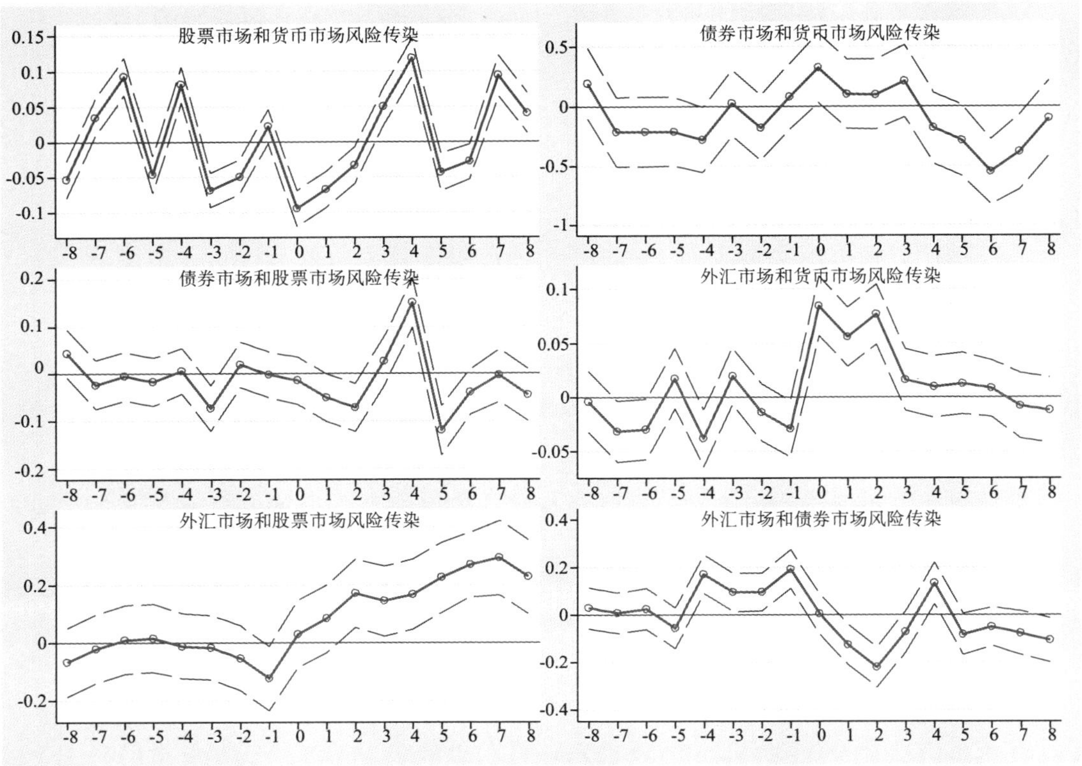

图 4－4　新冠肺炎疫情冲击下金融市场间的风险传染

注：（1）横坐标轴为事件发生前后期数，单位为天。纵坐标轴对应使用事件分析法的回归系数；（2）图中实线为金融市场间风险传染与事件变量的回归系数，上下两条虚线分别为回归系数加减两个标准差，两条虚线间为 95% 置信区间。

由图 4－4 可以得到以下结论。首先，与新冠肺炎疫情冲击对单个市场的影响不同，大多数市场之间的风险溢出显著变化出现在疫情事件发生后 2～4 个交易日。本报告认为这种情况是因为新冠肺炎疫情冲击会立即作用于各个金融市场，在各个金融市场对新冠肺炎疫情冲击做出反应之后，才会逐渐产生市场之间的溢出。与单个市场在疫情发生当期就做出反应不同，市场之间的溢出会有一定的滞后效应。

其次，与新冠肺炎疫情发生前相比，各市场之间的风险溢出均发生了显著的变化，但新冠肺炎疫情冲击导致市场间的风险溢出变化方向不同。具体而言，债券市场和货币市场之间的风险传染在疫情发展的前期不显著，在疫情发生 5～6 天后出现了显著的降低。与此同时，新冠肺炎疫情冲击也并未改变所有市场之间原有的风险传染的趋势。例如，事件发生前股票市场和货币市场之间的风险传染趋势与事件发生之后并未有较大的变化。二者之间的相关系数均在上升到峰值后再显著下降。然而，新冠肺炎疫情冲击的发生导致出现了更大的溢出峰值。

此外，除外汇市场与股票市场、外汇市场与货币市场外，其余各个市场之间的传染主要呈现出“跷跷板”的效应，即二者风险波动呈现相反的状态。当新冠肺炎疫情冲击降低了市场之间的动态相关性时，实际上是增加了这种“跷跷板”效应。如股票市场和货币市场之间的风险传染在新冠肺炎疫情冲击刚刚发生后出现了显著的下降，二者间的跷跷板效应增强。事实上，在新冠肺炎疫情冲击发生时，对于风险传染呈现“跷跷板”效应的市场，这种效应都倾向于增加，即各市场间的替代效应上升。然而，外汇市场与股票市场、外汇市场与货币市场在未遭遇冲击时呈现出正相关性，而新冠肺炎疫情冲击的发生则增大了这种正相关性，即两个市场间的同步风险共振上升。接下来，本部分将详细分析这种情况出现的原因及理论基础。

首先，基于市场之间的关系，使用共同风险敞口机制进行解释。即各金融市场处于同一宏观经济环境，受到相似的新冠肺炎疫情冲击，从而导致各市场之间发生联动。

其次，基于投资者的资产配置行为进行解释。当冲击发生时，出于避险的需求，投资者通常会选择改变其资产配置，选择风险较低的资产。需要指出的是，共同风险敞口机制导致两个市场动态相关性上升，即风险溢出增大，两个市场间的风险共振上升；投资者的资产配置机制则会导致两个市场的动态相关性降低，即风险溢出降低，两个市场的替代效应增强。以债券市场为例，当新冠肺炎疫情冲击刚刚发生时，基于对疫情事件的持续时间和冲击程度的担忧，投资者情绪产生较大的波动，会更倾向于选择债券这类风险较低的资产，投资者资产配置机制其主要作用。因此在疫情初期 1 ~3 天，各市场与债券市场的风险溢出均呈现下降的趋势或未发生显著变化，即市场间的替代效应上升。在疫情发生 2 ~ 4 天后，投资者对疫情及市场形势有了一定了解，投资者非理性情绪逐渐平息。从而，在此时，共同风险敞口的影响开始在市场上起到主要的作用。因此，在新冠肺炎疫情冲击后 2 ~ 5 天，各市场与债券市场之间的风险溢出开始呈现出上升的趋势。

最后，值得注意的是，外汇市场和股票市场以及外汇市场和货币市场之间的风险溢出在新冠肺炎疫情冲击下均出现了显著的上升，这可用投资者情绪机制予以解释。外汇市场与股票市场、外汇市场与货币市场之间以正向溢出为主，而新冠肺炎疫情的冲击更是加剧了这种正向溢出。同时，由图 4 - 4 中的回归系数可知，股票市场和外汇市场间的风险传染受新冠肺炎疫情冲击影响最大。这主要是因为外汇市场和股票市场本身即是波动率较高的市场。股票市场更容易受到投资者情绪的影响，而外汇市场在受到投资者情绪影响的基础之上，还受到其他与国际因素相关的其他因素的影响。由于在疫情发生后期，国外疫情形势逐渐发展，外汇市场相较于其他市场更容易受到来自国外的影响，股票市场和外汇市场之间的风险溢出倾向于持续增加。

此外，外汇市场和货币市场之间的风险溢出则在2~3天内收敛到零。这主要是因为，在新冠肺炎疫情冲击发生后导致货币市场风险上升，但由于中国及时实施了宽松的货币政策，降低了货币市场风险。与此同时，外汇市场风险持续上升，货币市场则仅在疫情发生时其风险出现短期的增长，因此两个市场的风险溢出只受新冠肺炎疫情冲击影响而短暂的上升。

综上所述，各市场之间的风险因素受到共同风险敞口、投资者资产配置、投资者情绪及政策环境多种因素的影响，呈现出各自不同的特点。总体而言，新冠肺炎疫情冲击倾向于增大市场间原有的关系。即，当市场间原本呈现替代关系时，新冠肺炎疫情冲击会增强两个市场间的替代关系；而当市场间原本呈现风险共振关系时，新冠肺炎疫情冲击则会增强两个市场间的互补关系。与此同时，在冲击发生2~4天后，各个市场之间的风险溢出均有所增加，这说明疫情的发生确实造成了各个市场风险的上升。

4.5 新冠肺炎疫情冲击下中国股市风险溢出效应与政策应对

本部分基于动态窗口期的事件分析法和正交分解法，量化分析新冠肺炎疫情冲击对中国股票市场以及各行业的风险溢出。其中，在股票市场部分，股票指数采用上证综合指数。同时，各行业采用Wind一级行业分类指数，其包含11个行业，具体为能源、材料、工业、可选消费、日常消费、医疗保健、金融、信息技术、电信服务、公用事业、房地产。在实体经济方面，为了获得日频数据，本部分采用六大发电集团的日均耗煤量增速作为GDP增速的代理变量。

4.5.1 新冠肺炎疫情冲击对股票市场及各个行业风险的影响

本部分以新冠肺炎疫情发展的关键时点作为事件分析法的事件，将关键时点设置为事件虚拟变量。在所选样本区间内，有3个关键时点，如表4-1所示。事件虚拟变量设置方法见模型设定部分所示。

表4-1　　新冠肺炎疫情重大事件概览

时间	事件主要内容
2020年1月20日	首次公布疫情统计人数
2020年2月4日	新增确诊病例最多的两天（2月12日为新增确诊病例最多的一天，但因该日计算口径调整，因此剔除）
2020年2月13日	
2020年3月16日	海外新冠肺炎确诊病例超过中国

图 4－5 展示了基于事件分析法得到的新冠肺炎疫情冲击对股票市场各行业风险溢出效应结果，其中，事件分析法中参数 m（也即窗口期）选取为事件前 2 期，事件后 18 期。

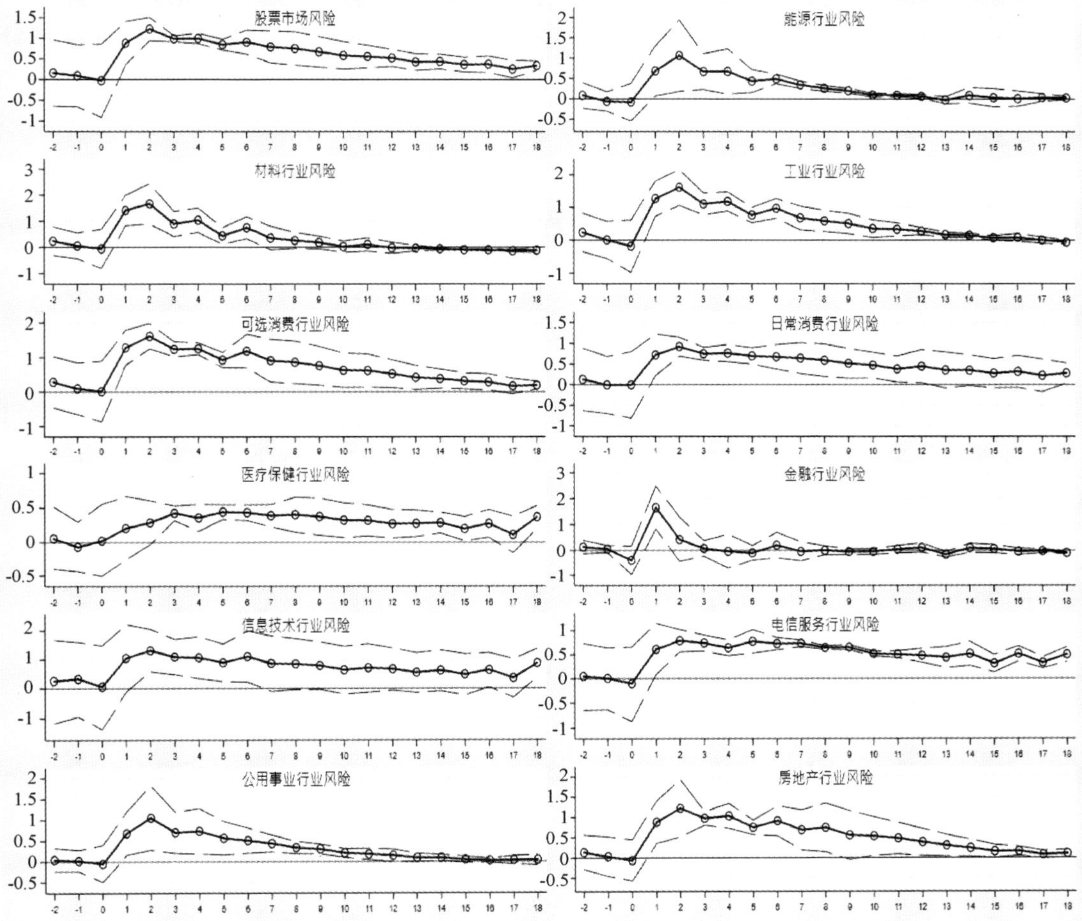

图 4－5　新冠肺炎疫情对股票市场及各个行业风险的冲击

注：(1) 横轴表示距离新冠肺炎疫情事件的时间距离（单位是交易日），纵轴表示事件虚拟变量 δ_s 的回归系数；(2) 实线表示事件虚拟变量 δ_s（$-2 \leqslant s \leqslant 18$）的回归系数，虚线表示回归系数 95% 的置信区间。

由图 4－5 可以得到如下结论。首先，总体来看，新冠肺炎疫情对股票市场风险具有显著的正向溢出效应。此外，溢出效应存在一定的滞后性，即并非新冠肺炎疫情冲击发生之后立即增加了风险，而是滞后 1 天才增加。新冠肺炎疫情冲击第 2 天，股票市场风险达到最高值。此后，溢出逐渐减弱，到疫情冲击之后的第 17 天接近不显著。

其次，分行业看，新冠肺炎疫情冲击对所有行业风险都有显著的正向溢出效应，且溢出效应同样均存在一定的滞后性。新冠肺炎疫情事件发生后的1~2个交易日，各行业风险均出现不同程度的显著增大。

再次，新冠肺炎疫情对大部分行业风险的溢出具有短期效应。这种短期效应可能源于投资者情绪驱动以及监管政策的有效应对。具体而言，短期效应体现在部分行业风险受新冠肺炎疫情冲击的影响在新冠肺炎疫情事件后8天内收敛到0值，绝大部分行业风险受新冠肺炎疫情冲击的影响在新冠肺炎疫情事件发生后的18日内收敛到0值。这种短期效应来源于两点：（1）投资者情绪的短期驱动。各行业短期内的风险上升可能来自投资者对新冠肺炎疫情事件过度反应，即由投资者情绪导致。投资者盲目跟风的羊群行为导致其行为趋同，进而导致盲目追涨杀跌的过度反应现象，使股票市场价格大大高于或低于其实际价值。从市场信息传递的角度来看，所有羊群行为的发生基础都是信息的不完整性，因而一旦市场信息状态发生变化（如新信息到来），羊群行为就会瓦解，从而使股票价格回到其实际价格。经过实证分析，Indars等（2019）发现在新兴经济体中这一投资者情绪短期现象更为明显。（2）央行货币政策的有效应对。央行在新冠肺炎疫情期间，明确表态“宏观政策的空间和工具储备是充足的”，并出台了一系列灵活适度的应对措施。总量上，央行通过降准、加大公开市场操作力度等投放流动性。价格上，央行引导公开市场逆回购操作利率、中期借贷便利（MLF）利率、贷款市场报价利率（LPR）分别下行。结构上，央行积极运用3000亿元专项优惠再贷款、1.5万亿元普惠性再贷款再贴现、6000亿元新增政策性银行贷款额度等方式，更加突出向中小微企业倾斜。时间上，政策出台均较为及时，与表4-1的疫情重大事件发生时间相比，绝大多数政策在其18天内出台，两次政策出台甚至就在事件发生当天。央行施行适当的宽松政策，有利于防止出现大量投资者受信贷不足约束一致抛售股票现象，有利于减少股票暴跌风险（代冰彬等，2015），进而对冲新冠肺炎疫情冲击带来的股价下跌压力，平抑股票市场风险。Krokida等（2020）的实证表明，当美联储进行宽松性货币政策时，将有效降低市场的羊群效应，从而可以抑制市场的波动性。

值得注意的是，医疗保健、信息技术和电信服务行业在第17日后风险溢出又出现明显的上升，这些均属于新冠肺炎疫情中需求下降和上升并行存在的行业，说明投资者情绪的变化在这些行业存在反复。

最后，金融行业风险明显上升较快且下降较快，此现象与陈建青等（2015）等的研究结论相一致。金融机构之间存在较多的交叉业务，外部冲击到来时，金融机构之间的风险溢出相互叠加，导致行业总体风险溢出加大。冲击发生后，由于金融机构之间业务的快速收缩，能够较快地影响市场预期，行业的风险溢出能够很快得到抑制，从而使行业风险溢出快速下降。同时，疫情期间，金融机构行动迅速，尤其是险资增加了对股票市场的投资，且主要加仓银行等金融股，这也对快速平抑金融行业风险提供了支撑①。

4.5.2 新冠肺炎疫情对中国股票市场风险溢出的传导路径

本部分将结合已有结论，分析新冠肺炎疫情影响中国股市稳定的传导路径，具体如图 4 -6 和图 4 -7 所示。

由图 4 -6 可知，在新冠肺炎疫情冲击下，1 ~2 个交易日后实体经济对股票市场的风险溢出显著上升，且一直维持在较高水平，而且在第 17 天略有下降后继续上行。这说明，受阶段性停工停产、出行限制等因素影响，实体经济在供给端和需求端的双重压力下，自身受到冲击的影响较大且时间较长。一季度 GDP 增速创有记录以来最低即说明了这一点。在这种情况下，股票市场受到的实体经济的风险溢出也同样在长期处于高位，同时，随着时间的推进，溢出出现进一步上升。

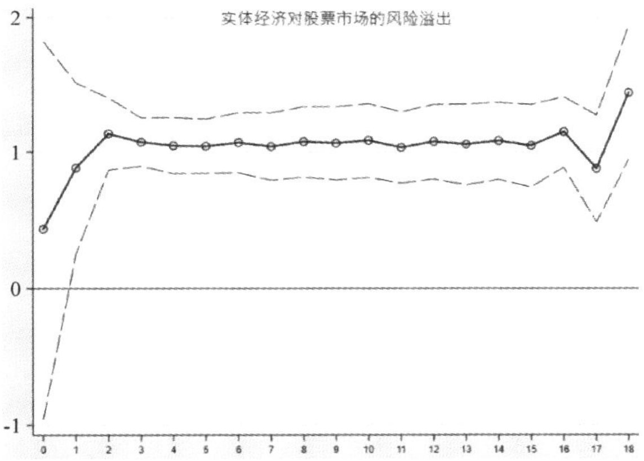

图 4 -6　疫情对实体经济和股票市场各行业风险的冲击

图 4 -7 和图 4 -8 分别是新冠肺炎疫情对股票市场各行业自身的风险溢出和各行业间的风险溢出，图 4 -7 主要描述的是投资者情绪机制所造成的风险溢出，图 4 -8 主要描述的是共同风险敞口和资产配置调整机制影响下，行业间的风险溢出。

由图 4 -7 可以得出如下结论：从溢出先后顺序看，最先受到冲击的是金融行业，其次再传导到能源、材料、工业、可选消费、日常消费、信息技术、公用事业、房地产行业，最后传导到医疗保健和电信服务行业。本报告认为导致这一现象出现的主要

① 苏向杲．险资最新持股市值八成为金融地产股，年内持续增持银行股［N/OL］．和讯网，http：//insurance. hexun. com/2020 -04 -15/201023527. html，［2020 -04 -15］．

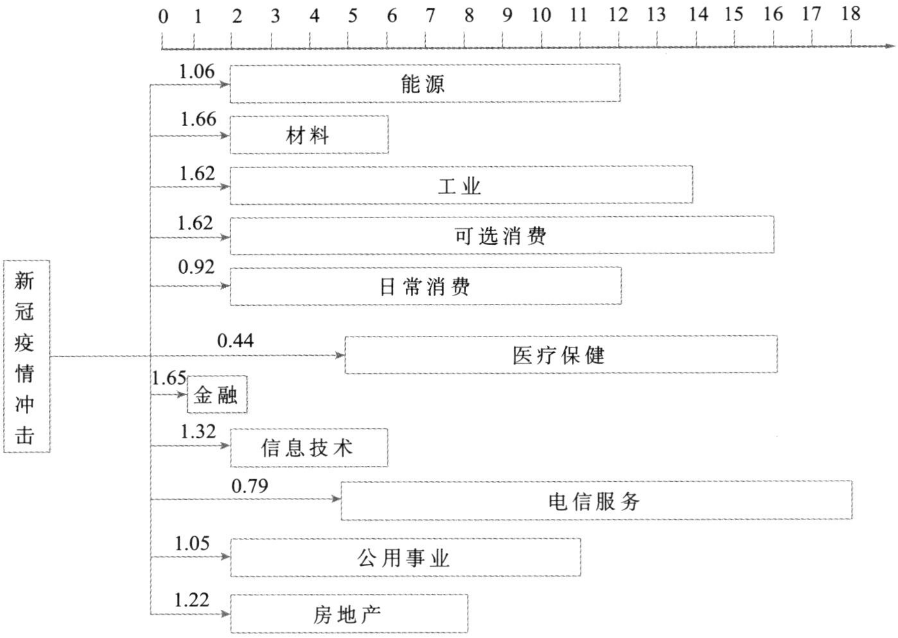

图 4－7　疫情对各行业波动率的冲击

注：（1）单向箭头表示新冠肺炎疫情对箭头底部变量的溢出效应；（2）箭头上的数字表示溢出的峰值；（3）顶端数字刻度代表新冠肺炎疫情后交易日数。

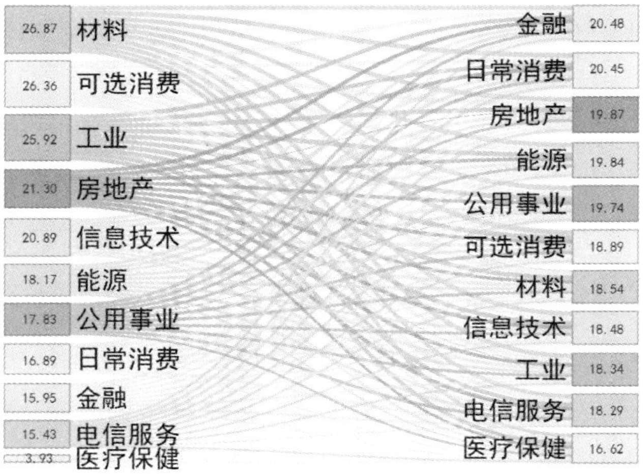

图 4－8　行业间的风险溢出（$\Delta CoVaR$）

注：（1）图左表示风险溢出的输出行业，图右表示风险溢出的输入行业；（2）框中的数字表示净溢出的峰值。

原因在于：（1）金融行业在金融市场上有较强的信息优势，因此更为敏感；（2）医疗保健和电信服务受到新冠肺炎疫情需求增加的反向对冲。从溢出峰值大小看，新冠肺炎疫情冲击影响最大的行业为材料、金融、工业和可选消费，除金融行业外，均是与疫情停工停产和限制出行相关的行业。从持续时间看，可选消费最长。疫情以来，对影视、旅游等可选消费行业限制严格，到目前还未完全解禁，因此受影响时间最长。金融行业的持续时间最短，因为金融行业可以通过投资等手段，快速缓解由于新冠肺炎疫情冲击造成的影响。

由图 4-8 可以得到如下结论：从行业间风险溢出的输出和输入值看，材料、可选消费、工业是最大的输出行业，金融、日常消费、房地产行业是最大的输入行业。由此，我们可以发现：首先，在疫情事件影响下，资金有避险趋势，从与受新冠肺炎疫情直接影响或影响严重的相关行业流出，流入受新冠肺炎疫情影响较小的行业，不同行业之间风险的这种溢出趋势体现了资金向安全资产转移（Flight-to-quality）的特点。其次，风险溢出输入和输出总量是相等的，但是输入更均匀，说明避险资金的流出行业是明确的，主要是受新冠肺炎疫情影响较大的行业，但是避险资产的选择相对而言较为模糊。

综上所述，对于单个行业风险溢出，新冠肺炎疫情首先冲击金融行业，然后进一步扩散至能源、材料、工业、可选消费、日常消费、公用事业、房地产等与停工停产、出现限制关联度较大的行业，最后进入医疗保健、电信服务行业。这两个行业在新冠肺炎疫情中需求量有一定增加，因此风险溢出最高值出现最迟。对于跨行业风险溢出，新冠肺炎疫情冲击下，风险溢出重要的输出方为材料、可选消费、工业，重要输入方为金融、日常消费和房地产，这主要体现了投资者对风险资产和安全资产的判断和认识。

4.5.3 外部冲击对股票市场风险溢出的传导机制

本节将逐一分解外部冲击引起股票市场风险溢出变化的渠道，并分析渠道的动态变化过程。其中，外部冲击引起股票市场风险溢出变化的渠道，可以分为直接冲击和间接冲击。量化各渠道对股票市场的风险溢出，可以系统地把握风险溢出的传导机制，更进一步认识风险溢出的内在规律。

股票市场的风险溢出主要可分为两个渠道，一是直接冲击渠道，二是间接冲击渠道。间接渠道即为新冠肺炎疫情冲击实体经济和金融市场后，再传导至股票市场，直接渠道为新冠肺炎疫情冲击对股票市场的直接影响。本节利用正交分解法，量化分解新冠肺炎疫情对股票市场整体风险溢出的渠道。其中，正交分解法的整体时间跨度选为 18 个交易日，即对新冠肺炎疫情重大事件发生后的 18 个交易日内引起的股票市场风险溢出上升渠道进行动态分析。

图 4-9 展示了新冠肺炎疫情冲击对股票市场总风险的溢出效应，以及各渠道对股票市场的风险溢出动态变化。图 4-9 横轴表示距离新冠肺炎疫情重大事件发生后交易

日天数，横轴为 0 表示事件发生当天，横轴为 18 表示事件发生后的第 18 天。纵轴表示外部冲击发生后股票市场总风险的量值（第一行左侧），各渠道的风险溢出数值（其余各子图）。正交分解顺序，依次为实体经济、流动性、情绪指数和北向资金，最后从剩余残差项中提取外部冲击直接影响渠道对股票市场的风险溢出，股票市场总风险由 TGARCH 计算得到的波动率表示，情绪指数选取摩根史丹利 A 股情绪指数（MSASI），实体经济选取六大发电集团日耗煤量环比，流动性选取银行间质押式回购 7 天期限利率（DR007），北向资金选取每日沪股通、深股通合并净流入量环比。

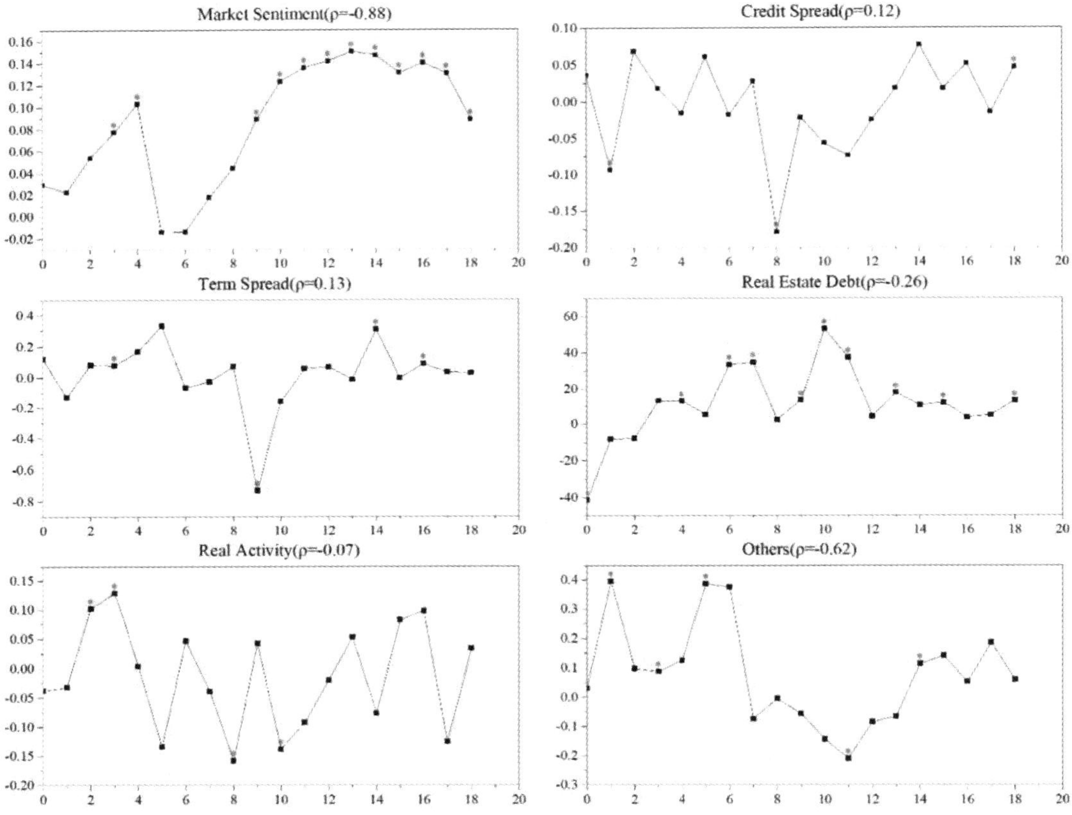

图 4－9　新冠肺炎疫情冲击对股票市场风险溢出渠道

注：（1）横轴表示窗口期 *s* 取值，表示新冠肺炎疫情事件当天及之后 18 个交易日；（2）除总风险动态变化外，其他图形标题所示相关系数是指：新冠肺炎疫情后，股票市场总风险动态变化与各影响渠道的相关性；（3）“*”表示回归结果在 10% 显著性水平下显著。

图 4－9 中各图标题中直接标明了各渠道对股票市场风险的动态影响与总风险的动态变化之间的相关系数。相关系数数值表明了该渠道整体上对股票市场风险的影响程度。相关系数越接近于 1，说明该渠道对股票市场的风险溢出作用越大。相关系数越接近 0，则说明渠道对股票市场风险影响程度越小。

由图 4－9 可得到如下结论：情绪是对股票市场风险的最主要渠道，然后是房地产、期限利差和信用利差。具体而言，市场情绪与股票市场风险溢出之间的相关系数为－0.88，风险溢出的值在大多数时间都显著，投资者的恐慌情绪对股票市场风险的溢出作用明显。信用利差与股市总风险溢出之间的相关系数为 0.12，对风险的影响在第 1 天和第 8 天显著为负。期限利差与股市总风险溢出之间的相关系数为 0.13，对风险的影响在第 9 天显著为负，在第 14、第 16 天显著为正。房地产与股市总风险溢出之间的相关系数为－0.26，风险溢出在第 4、第 7、第 9、第 14、第 15 天显著为正。Real Activity 与股市总风险溢出之间的相关系数为－0.07，对风险的影响在第 2、第 3 天显著为正，在第 8 和第 10 天显著为负。

4.6 新冠肺炎疫情冲击下全球外汇市场风险传染与中国金融风险防控

本部分考察了疫情发生前后全球外汇市场风险网络变化，疫情冲击对全球和中国外汇市场风险的影响，以及基本面和政策等因素对该影响的增强或缓释作用。本部分选取各国名义广义有效汇率指数作为各国外汇市场的代表。鉴于本部分需要对比疫情前与疫情后全球外汇市场的风险，且采用滚动窗口方法来计算动态的全球外汇市场风险溢出水平会消耗样本期，本部分最终选择的样本期间为 2018 年 1 月 1 日至 2020 年 4 月 28 日。其中，2020 年 1 月 19 日以前没有疫情数据披露（本部分列示为疫情前）；2020 年 1 月 20 日至 2020 年 3 月 14 日为中国疫情爆发区间（本部分列示为疫情第一阶段）；2020 年 3 月 15 日，中国之外新冠肺炎疫情确诊病例的累积数目（88950 例）超过中国新冠肺炎疫情确诊病例的累积数目（80860 例），疫情重灾区转向全球（本部分列示为疫情第二阶段）。本部分将对数收益率采用两日取平均来解决时区问题。VAR 模型中，本报告选择的滚动窗口为 260 个交易日（约 1 年），预测期为 20 个交易日（约 1 个月）。

在进行全球外汇市场的风险分析之前，有必要先了解一下全球外汇市场在疫情期间的运行情况。各国有效汇率指数在疫情期间的变化情况如图 4－10 所示。整体而言，发达国家的货币汇率在疫情期间表现较好。其中，日本、美国和欧元区的货币汇率有所提高，其余发达国家先降低，随后立即反弹。这表明，在疫情期间，投资者对这些货币的需求上升，发达国家的货币在疫情期间更多地表现为避险货币。相对而言，新兴市场国家的货币汇率表现较差，除中国、沙特阿拉伯和阿根廷的货币有所升值外，其余国家货币贬值幅度较大。这表明，在疫情期间，新兴市场国家的货币更多地表现为风险资产。这可能是因为，疫情引发全球市场流动性、不确定性大幅提升，全球尤其是新兴市场国家的美元流动性趋紧。此外，疫情引致的原油和股指大幅下跌造成市

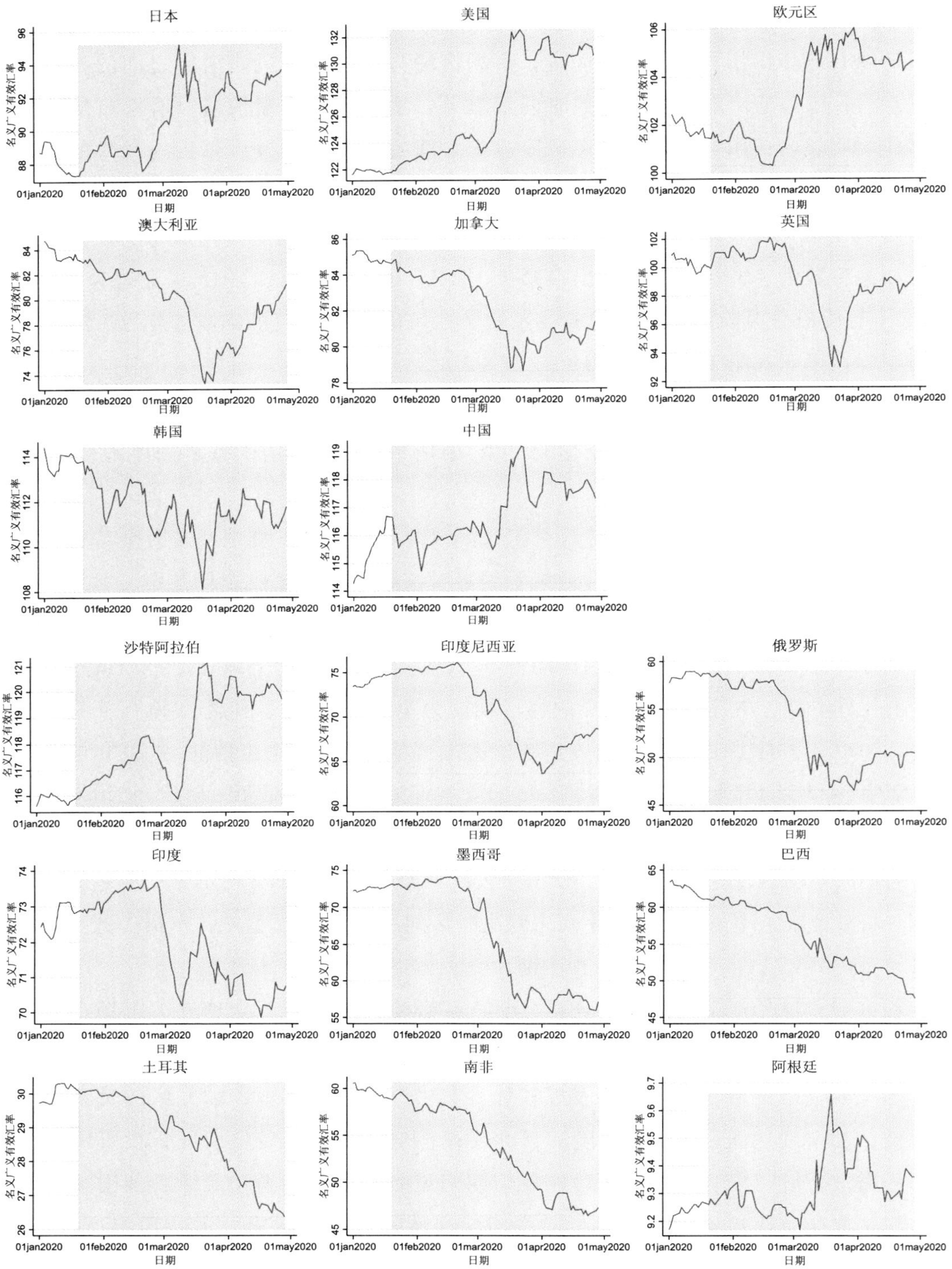

图 4－10　各国有效汇率指数

注：图中阴影区域表示新冠肺炎疫情期间。

场风险偏好快速下降、避险情绪大幅提升，投资者抛售这些风险资产货币，使得国际资本更多地从新兴市场流出。

4.6.1 新冠肺炎疫情前后各国汇率波动变化

各国货币汇率波动率在疫情前后的描述性统计结果如表 4 - 2 和表 4 - 3 所示。其中，发达国家数据是将各个发达国家的数据按照简单算术平均计算所得。新兴市场国家数据是将各个新兴市场国家的数据按照简单算术平均计算所得。

表 4 - 2　　各个国家/地区的货币汇率波动率

国家类型	国家/地区	疫情前（1）	疫情第一阶段（2）	疫情第二阶段（3）	（2）-（1）	（3）-（2）
发达国家	日本	0. 294	0. 356	0. 350	0. 062	-0. 006
	美国	0. 222	0. 212	0. 301	-0. 009	0. 089
	欧元区	0. 171	0. 218	0. 200	0. 047	-0. 018
	澳大利亚	0. 262	0. 336	0. 535	0. 074	0. 199
	加拿大	0. 239	0. 246	0. 338	0. 007	0. 092
	英国	0. 282	0. 307	0. 399	0. 026	0. 092
	韩国	0. 246	0. 266	0. 288	0. 020	0. 022
新兴市场国家	中国	0. 190	0. 195	0. 233	0. 005	0. 038
	沙特阿拉伯	0. 152	0. 149	0. 200	-0. 003	0. 050
	印度尼西亚	0. 200	0. 407	0. 675	0. 206	0. 269
	俄罗斯	0. 442	0. 724	0. 729	0. 281	0. 006
	巴西	0. 666	0. 602	0. 855	-0. 064	0. 253
	印度	0. 239	0. 239	0. 312	-0. 001	0. 073
	墨西哥	0. 447	0. 633	1. 083	0. 186	0. 450
	土耳其	0. 711	0. 371	0. 650	-0. 340	0. 279
	南非	0. 565	0. 670	0. 762	0. 105	0. 092
	阿根廷	1. 364	0. 445	0. 669	-0. 920	0. 224

表 4 - 3　　不同类型国家的货币汇率波动率

国家类型	疫情前（1）	疫情第一阶段（2）	疫情第二阶段（3）	（2）-（1）	（3）-（2）
发达国家	0. 245	0. 277	0. 344	0. 032	0. 067
新兴市场国家	0. 498	0. 444	0. 617	-0. 054	0. 173

首先，新冠肺炎疫情引起各国货币的汇率波动。进一步来看，相对于国内疫情阶段，全球新冠肺炎疫情蔓延阶段全球外汇市场的波动增加幅度更大。相比于疫情前，大部分国家在疫情第一阶段的波动率有所增加，但增加幅度较小，更有部分国家的外汇市场波动率有所下降。这主要是因为，中国采取了非常有效的疫情防控政策，使得疫情得到快速有效控制。除此之外，中国还采取了强有力的货币财政政策使得疫情对

国内的经济金融影响得以缓解。这使中国的经济金融对各个国家的货币汇率的影响较小。相比疫情第一阶段，在疫情第二阶段，各地区外汇市场的波动率剧增。这是因为在疫情第二阶段，各个国家没有采取协调且有效的疫情防控政策，导致全球疫情快速蔓延，进而造成各个国家的货币汇率产生了较大波动。

其次，从三个阶段来看，中国外汇市场的波动率也呈递增态势。相比其他国家，中国货币汇率风险较低。在疫情第一阶段，受国内疫情影响，投资者情绪有所波动。然而，鉴于中国政府采取有效的防疫措施，阻断了疫情的全国蔓延，投资者信心上涨。此外，国内疫情严重时期（疫情第一阶段），正值春节假期，对于生产经营的影响较小，因此汇率风险较小。在疫情第二阶段，疫情在全球蔓延，各国陆续采取封城、封国措施，这严重阻碍了国家之间的贸易联系。

最后，整体而言，相比于发达国家，新兴市场国家的货币汇率风险更高，新冠肺炎疫情冲击下的新兴市场国家货币汇率风险增加幅度更大。这进一步证实了新兴市场国家货币的风险属性更强。相比疫情前，发达国家的货币汇率在疫情第一阶段波动性增强，在疫情第二阶段波动性更加明显。与发达国家不同，新兴市场国家在疫情第一阶段的波动率有所下降。这可能是因为，在此阶段新兴市场国家中除中国疫情较为严重外，疫情严重地区主要为日本和欧元区等发达国家。然而，在疫情第二阶段，新兴市场国家汇率波动率增加明显，远超发达国家波动率增幅。疫情之下，新兴市场国家面临三重危机。第一重危机为资金外流危机。疫情发生以来，疫情对于全球经济的冲击加速升级，恐慌情绪使资金普遍流出新兴市场，汇率贬值压力加大。第二重危机为经济危机。疫情引发全球经济衰退，鉴于石油减产并不能匹配需求端萎缩程度，导致油价下跌，这对于俄罗斯和墨西哥等主要原油出口国影响较大，导致其汇率风险上升。此外，疫情使许多国家采取人员限制流动措施，这将对旅游、文娱等服务业带来较大冲击，如巴西和南非等国受影响较大。第三重危机为主权信用危机。疫情导致全球经济陷入低迷，大宗商品需求走弱，使得巴西、南非、印度尼西亚和印度等国经常项目恶化程度增加。新冠肺炎疫情使全球恐慌情绪飙升，外资持续流出新兴市场，导致其资本项目不断恶化，经常项目和资本项目双向恶化，外汇储备减少，本币币值大幅波动，导致新兴市场国家偿债能力下降，主权信用风险增加。

4.6.2 新冠肺炎疫情前后各国汇率溢出变化

4.6.2.1 各国受全球因子的影响

各国外汇市场受其他国家外汇市场的风险输入情况如表 4－4 和表 4－5 所示。其中，发达国家和新兴市场国家的构建方式同上。

表 4－4　　各国/地区受全球因子的影响　　单位：%

国家类型	国家/地区	疫情前（1）	疫情第一阶段（2）	疫情第二阶段（3）	（2）－（1）	（3）－（2）
发达国家	日本	31.604	35.165	50.418	3.561	15.253
	美国	59.013	49.967	73.148	－9.046	23.181
	欧元区	51.682	53.832	73.247	2.150	19.415
	澳大利亚	38.217	32.647	74.937	－5.570	42.291
	加拿大	27.488	22.310	70.468	－5.178	48.158
	韩国	12.994	27.368	42.991	14.375	15.623
	英国	6.478	9.875	53.059	3.397	43.185
新兴市场国家	中国	60.436	41.930	52.114	－18.506	10.184
	沙特阿拉伯	41.515	47.662	71.208	6.147	23.546
	印度尼西亚	31.691	38.600	80.032	6.909	41.432
	俄罗斯	31.566	52.114	77.657	20.548	25.543
	巴西	54.893	21.709	70.749	－33.184	49.040
	印度	19.432	39.701	67.817	20.270	28.115
	墨西哥	44.005	34.720	81.442	－9.285	46.722
	土耳其	18.279	19.491	28.877	1.212	9.386
	南非	41.758	41.264	67.762	－0.494	26.498
	阿根廷	34.725	5.770	3.281	－28.955	－2.489

表 4－5　　不同类型国家受全球因子的影响　　单位：%

国家类型	疫情前（1）	疫情第一阶段（2）	疫情第二阶段（3）	（2）－（1）	（3）－（2）
发达国家	32.497	33.023	62.610	0.527	29.586
新兴市场国家	37.830	34.296	60.094	－3.534	25.798

首先，全球疫情期间，在决定各国货币汇率风险方面，全球因子比国内因子更重要。无论是发达国家，还是新兴市场国家，在全球疫情之前，各国货币的汇率风险主要由自身因素驱动。它们受全球因子影响的比例均低于 38%。然而，自全球疫情蔓延以来，全球因子对各国（地区）外汇市场风险的影响增强。发达国家和新兴市场国家受全球因子影响的比例均超过 60%。但发达国家受全球因子的影响程度更大，增长幅度也更高。

其次，相比新兴市场国家，发达国家对疫情的敏感性更强。相比疫情前，在疫情第一阶段，发达国家受全球因子的影响程度就开始增加，而新兴市场国家对疫情的反应较弱。这可能是因为此阶段除中国外，发达国家的疫情相对更为严重。此外，在全球疫情时期，发达国家受全球因子影响的增幅也高于新兴市场国家。这表明，在受到外部冲击时，发达国家更易受全球因子影响。

最后，中国受全球因子的影响程度先下降再提高。疫情前，受中美贸易摩擦影响，中国外汇市场受全球因子的影响程度较大。疫情第一阶段，鉴于国内疫情较为严重，国内宏观经济的不确定性更强。因此，中国外汇市场受自身因素的影响要高于全球因子。在疫情第二阶段，随着中国国内疫情的缓解以及全球疫情的爆发，国外经济不确定性高于国内，严重影响中国对外贸易。因此，中国外汇市场受国外因子影响更大，中国面临的输入型风险增强。

4.6.2.2 各国对全球因子的影响

各国对其他国家外汇市场的风险输出情况如表4－6和表4－7所示。其中，发达国家和新兴市场国家的构建方式同上。

表4－6　各国/地区对全球因子的影响　单位:%

国家类型	国家和地区	疫情前（1）	疫情第一阶段（2）	疫情第二阶段（3）	（2）－（1）	（3）－（2）
发达国家	日本	28.185	30.251	29.558	2.067	－0.694
	美国	77.484	56.844	77.710	－20.64	20.87
	欧元区	56.963	67.843	81.065	10.880	13.22
	澳大利亚	43.592	28.734	88.382	－14.86	59.65
	加拿大	25.304	15.534	64.546	－9.770	49.01
	韩国	9.589	20.849	21.756	11.260	0.906
	英国	4.758	7.132	33.576	2.375	26.444
新兴市场国家	中国	69.246	39.509	31.612	－29.74	－7.90
	沙特阿拉伯	39.649	49.663	70.910	10.014	21.25
	印度尼西亚	29.605	41.462	112.216	11.86	70.76
	俄罗斯	28.565	65.280	97.018	36.716	31.74
	巴西	47.398	17.355	68.627	－30.04	51.27
	印度	16.965	36.751	62.972	19.79	26.22
	墨西哥	36.206	35.288	124.718	－0.92	89.43
	土耳其	17.176	16.637	14.118	－0.54	－2.52
	南非	41.680	40.578	58.361	－1.10	17.78
	阿根廷	33.411	4.413	2.060	－28.99	－2.353

表4－7　不同类型国家对全球因子的影响　单位:%

国家类型	疫情前（1）	疫情第一阶段（2）	疫情第二阶段（3）	（2）－（1）	（3）－（2）
发达国家	35.125	32.455	56.656	－2.669	24.201
新兴市场国家	35.990	34.693	64.261	－1.297	29.568

首先，全球疫情期间，大部分国家对全球因子的影响程度增强。一方面，全球疫情期间，疫情在全球范围内加速蔓延，涉及的国家和人员数目不断增加。另一方面，疫情引致全球经济陷入确定性衰退，各国的国内经济以及对外经济均有所下滑，疫情引致的经济、政治和主权信用风险等问题逐渐暴露。这使各国货币的汇率风险上升，其对其他国家汇率风险的输出能力增强。

其次，新兴市场国家是全球外汇市场中主要的风险输出方，发达国家对全球外汇市场风险的影响相对较小。在全球疫情期间，新兴市场国家风险输出作用更加明显。这是因为新兴市场国家的外汇市场自身风险程度较高，所以对其他国家的风险溢出能力较强。在全球疫情期间，新兴市场国家的外汇市场风险增加较多，因而其对全球因子的影响增加较大。一方面，由于新兴市场国家在医疗卫生条件、平均收入水平较发达国家都更低，同时人口密度相对较高，其面临的疫情扩散风险更大。另一方面，受汇率贬值、资本外流影响，部分新兴市场国家面临主权信用危机，带动贬值预期进一步升温，从而加大新兴市场国家外汇市场风险。例如，2020 年 4 月 6 日，阿根廷政府宣布延期偿还 100 亿美元债务，市场对新兴市场主权信用风险关注度提升，可能导致其贬值预期提升。

在三个阶段中，中国对其他国家外汇市场的风险输出能力递减。在疫情前，中国对全球因子的影响程度超过 69%，仅次于美国，对全球因子的影响排名第二位；在疫情第一阶段，中国对全球因子的影响程度下降到 39%，对全球因子的影响排名第七位；在疫情第二阶段，中国对全球因子的影响程度进一步下降，不足 32%，对全球因子的影响排名第十三位。

4.7 新冠肺炎疫情冲击下全球金融市场风险溢出路径演变

本部分析新冠肺炎疫情冲击下全球主要金融市场的短期风险生成路径、风险溢出的中长周期效应以及全球金融风险溢出对中国的反馈效应。本部分选取股票市场、大宗商品市场、债券市场和外汇市场作为代表性全球金融市场。考虑大宗商品市场的重要性以及在新冠肺炎疫情期间价格的大幅下跌，本部分将着重考虑以下两个市场：金融属性较强的原油市场和黄金市场。其中，原油作为重要的工业原料，其价格能反映工业活动的需求；黄金作为重要的避险资产，其价格能反映市场的恐慌程度。此外，本部分以 MSCI 全球指数、纽约商品交易所轻质原油（WTI）期货结算价、伦敦国际黄金现货价格、美国 10 年期国债收益率以及美元指数等分别作为各市场的代理变量。样本期为 2019 年 1 月 3 日至 2020 年 4 月 17 日，并将样本期分为新冠肺炎疫情冲击的三个阶段（疫情前、高风险、非常高风险），数据频率为日频。美国10年期国债收益率数据来自Bloomberg数据库，其余数据均来源于Wind数据库。

4.7.1 溢出水平

本部分从总体溢出水平、方向性溢出水平、单市场净溢出水平和成对净溢出水平4个方面来测度金融市场风险溢出强度。其中，总体溢出水平揭示了跨市场风险溢出的总体规模，反映了整个金融系统的风险关联程度。方向性溢出水平揭示了单个金融市场接受其他市场风险溢出以及对其他市场风险溢出的大小，反映了单个市场与其他市场之间的风险关联程度。单市场净溢出水平揭示了金融市场风险输入与输出之间的关系，反映了单个市场在关联网络中扮演的角色。成对净溢出水平揭示了金融市场两两之间的风险溢出关系，反映了两市场之间溢出的不对称性。

表4－8揭示了2019年1月1日至2020年4月17日不同阶段金融市场之间的风险溢出总体水平。从总溢出强度看，2020年1月27日新冠肺炎疫情全球风险级别达到“高”以后，金融市场在各频域上的风险溢出总体水平都高于疫情前水平。其中，短周期波段风险总溢出水平的增大程度较小。新冠肺炎疫情全球风险级别达到“非常高”以后，中长期波段风险的总溢出水平达到了疫情爆发前的3倍以上。这反映了随着疫情不断蔓延，整个金融系统的短期、中期与长期风险关联程度均增大，尤其是中长期风险关联的大幅增加。进一步结合前述模型分析部分可知，疫情爆发后金融市场处于不确定性极高的动荡时期，从而风险容易在金融市场之间形成长期关联性。

第Ⅱ阶段（高风险）相对于第Ⅲ阶段（非常高风险），金融市场风险的短期总关联程度略有降低（从11.83下降到11.66），但第Ⅲ阶段中长期风险总关联程度是第Ⅱ阶段的2倍以上。这说明，新冠肺炎疫情在全球范围的风险级别达到非常高以后，金融市场更加剧烈动荡，形成的风险关联性从短期转向中长期。

表4－8　　金融市场之间风险溢出总体水平描述性统计

阶段	统计量	短周期波段	中周期波段	长周期波段	时域
第Ⅰ阶段（疫情前）2019年1月1日至2020年1月24日	均值	9.089	10.644	2.754	22.488
	标准差	1.548	1.571	2.165	4.197
第Ⅱ阶段（高风险）2020年1月27日至2020年2月27日	均值	11.833	13.463	3.503	28.800
	标准差	0.511	0.557	0.118	0.763
第Ⅲ阶段（非常高风险）2020年2月28日至2020年4月17日	均值	11.662	39.808	15.094	66.564
	标准差	8.116	14.026	15.381	12.388
全样本2019年1月1日至2020年4月17日	均值	9.557	13.941	4.118	27.615
	标准差	3.135	10.133	6.538	14.622

从风险溢出总水平的波动程度来看，新冠第Ⅰ阶段（疫情前）金融市场时域和频域总溢出指数的波动较小，标准差低于疫情爆发前的水平。当疫情全球风险级别达到“非常高”以后，短期与中长期总体风险溢出水平的波动都显著增加，标准差分别达到了 8.12、14.03 和 15.38，远高于前两个阶段。

图 4－11 的上半部分描绘了时域总溢出指数与 VIX 恐慌指数的变化特征。VIX 恐慌指数由芝加哥期权交易所（CBOE）将指数期权隐含波动率加权平均后获得。VIX 指数越高，代表市场参与者预期市场波动程度将会越激烈，进而恐慌和避险情绪越强。由图 4－11 可知，时域总溢出指数和 VIX 恐慌指数的变化趋势高度一致。具体来看，这两个指数之间的相关系数在 2019 年 1 月 1 日至 2020 年 4 月 17 日期间达到了 0.90，反映出金融市场投资者恐慌情绪引发了全球各金融市场之间的风险联动。在美股熔断期间，时域总溢出指数和 VIX 恐慌指数均达到了阶段性顶点。之后 VIX 恐慌指数逐渐回落，但总溢出指数依然维持在高位。这说明，由新冠肺炎疫情诱发全球风险联动的持续性要高于全球金融市场恐慌情绪，溢出一旦形成，比恐慌情绪更难消散。

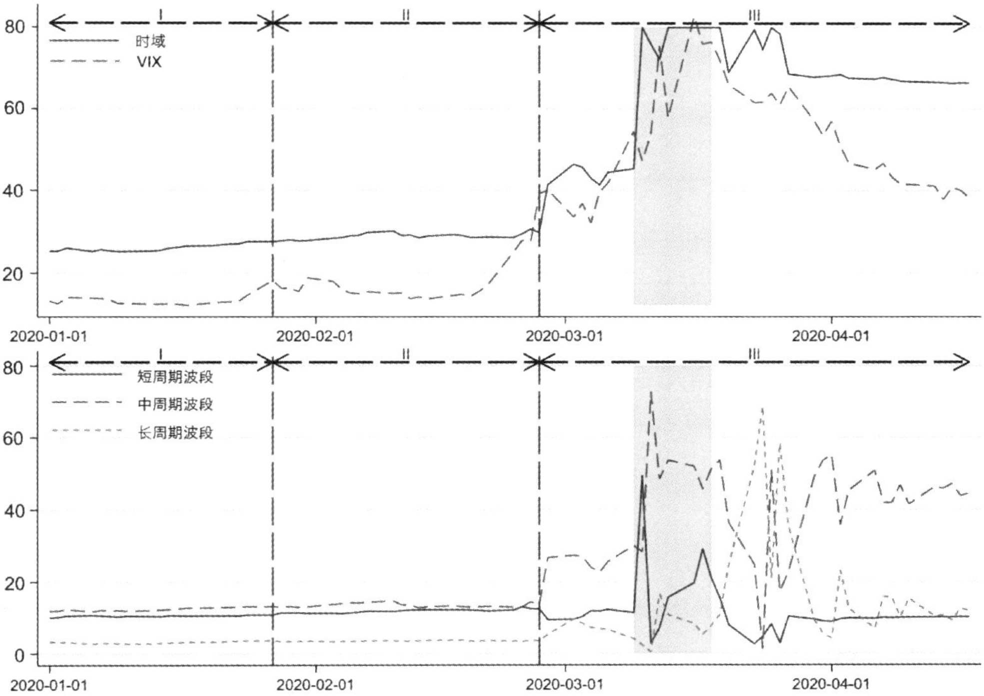

图 4－11　时域总溢出指数、VIX 恐慌指数（上）与各频域总溢出指数（下）

注：（1）横轴表示日期变量，频率是日度，纵轴表示总溢出指数或 VIX 指数；（2）阶段Ⅰ、Ⅱ、Ⅲ分别代表新冠肺炎疫情爆发前期、疫情 WHO 全球风险级别为“高风险”和“非常高风险”3 个阶段；（3）阴影部分表示 2020 年 3 月 9 日至 2020 年 3 月 18 日，期间美股分别于 3 月 9 日、3 月 12 日、3 月 16 日和 3 月 18 日发生 4 次熔断。

将时域下的关联性分解至不同周期波段，考察金融市场风险的短期、中期和长期风险关联性的变动结果可以发现：2019 年 1 月 1 日至 2020 年 4 月 17 日期间，短周期波段、中周期波段和长周期波段总溢出指数和 VIX 恐慌指数之间的相关系数分别为 0.26、0.83 和 0.60。这说明，由新冠肺炎疫情诱发中长期风险联动大小与全球金融市场恐慌程度之间的相关性更高。但从图 4－11 中可以看出，中周期风险联动的持续性要高于全球金融市场恐慌情绪，中周期溢出一旦形成，比恐慌情绪更难消散。

4.7.2 全球金融市场对中国金融市场风险的溢出效应

新冠肺炎疫情在引起全球各金融市场产生风险联动的同时，也同样使中国金融市场发生剧烈的震动。上文主要分析新冠肺炎疫情冲击下，全球金融市场的风险演变，而全球金融市场发生风险联动时也会对中国金融市场产生溢出效应。“防控输入性风险”是中国监管当局的密切关注对象。因此，考察全球金融市场对中国金融市场风险的短期和中长期溢出效应，将为健全中国风险防范体系、“阻断风险跨市场、跨区域的扩散与传染”提供思路。本部分的研究思路如下：首先，借鉴 Adrian and Brunnermeier（2016）提出的 $\Delta CoVaR$ 方法计算全球金融市场对中国股票市场、债券市场和外汇市场的风险溢出。其次，基于上文得到的总溢出指数，以全球金融市场发生较强风险联动为事件，量化分析全球金融市场对中国三大金融市场风险的短期和中长期溢出效应。

表 4－9　　中国金融市场波动率描述性统计

阶段	统计量	股票市场	债券市场	外汇市场
新冠肺炎疫情爆发前期	均值	1.102	0.064	0.213
（2019 年 1 月 2 日至 2020 年 1 月 23 日）	标准差	0.402	0.024	0.067
新冠肺炎疫情爆发第一阶段（2020 年 2 月 3 日至 2020 年 2 月 27 日）	均值	2.183	0.090	0.284
	变化率	（98.18%）	（41.47%）	（33.61%）
	标准差	0.632	0.138	0.101
新冠肺炎疫情爆发第二阶段（2020 年 2 月 28 日至 2020 年 4 月 17 日）	均值	1.785	0.099	0.282
	变化率	（62.02%）	（54.62%）	（32.52%）
	标准差	0.302	0.092	0.062
全样本	均值	1.243	0.069	0.225
（2019 年 1 月 2 日至 2020 年 4 月 17 日）	标准差	0.519	0.051	0.074

注：括号内“变化率”计算方式为（该阶段日度波动率均值－第Ⅰ阶段日度波动率均值）/第Ⅰ阶段日度波动率均值。

本部分采用上海证券综合指数、中债综合净价指数和人民币指数代表中国股票市场、债券市场和外汇市场，资料来源于 Wind 数据库。如表 4－9 所示，在第Ⅱ阶段

（高风险）和第Ⅲ阶段（非常高风险），中国金融市场波动率的均值都高于第Ⅰ阶段（新冠肺炎疫情爆发前）。其中，股票市场的波动率在第Ⅱ阶段的增幅高于第Ⅲ阶段，相较第Ⅰ阶段均值上升了98.18%。债券市场的波动率在第Ⅲ阶段的增幅高于第Ⅱ阶段，变化率从41.47%上升到54.62%。外汇市场的波动率在第Ⅱ阶段和第Ⅲ阶段增幅相近，波动率均值相对于第Ⅰ阶段分别上升了33.61%和35.52%。

下文将进一步探究全球金融市场发生较强风险联动时对中国金融市场的短期和中长期风险溢出渠道。首先，计算全球各金融市场对中国股票市场、债券市场和外汇市场的风险溢出。关于全球金融市场的指标选取，本部分的全球股票市场选用不包含沪深成份股的MSCI发达地区指数[①]作为代理变量。其余指标选取同上文，采用纽约商品交易所轻质原油（WTI）期货结算价、伦敦国际黄金现货价格、美国10年期国债收益率以及美元指数分别作为全球原油市场、全球黄金市场、全球债券市场和全球外汇市场的代理变量。计算 $\Delta CoVaR$ 时，考虑到压力状态下美元会由于流动性不足而发生升值，因此对美元指数的收益率采用取相反数处理，其他市场采用原始收益率数值进行计算。以50个交易日为窗口期，通过计算 $CoVaR^{i|VaR_{5\%}^{j}} - CoVaR^{i|VaR_{50\%}^{j}}$ 得到 $\Delta CoVaR_{5\%}^{i|j}$ 表示市场 j 处于压力状态时对市场 i 的尾部风险溢出。最终，获得2019年1月3日至2020年4月17日期间全球金融市场对中国金融市场的风险溢出水平。

其中，$\Delta CoVaR_{5\%}^{i|j}$ 为正值，意味着金融市场 j 处于压力状态时中国金融市场 i 的在险价值增大，代表金融市场 j 对金融市场 i 具有风险传染作用；而 $\Delta CoVaR_{5\%}^{i|j}$ 为负值，意味着金融市场 j 处于压力状态时，中国金融市场 i 的在险价值减小，代表金融市场 j 对金融市场 i 具有风险分担作用。

其次，以全球金融市场发生较强风险联动为事件，量化分析全球金融市场对中国三大金融市场风险的短期和中长期溢出效应。

回归系数 β_i 为正值，意味着全球金融市场产生风险联动时，金融市场 j 对金融市场 i 具有加剧尾部风险的作用。具体而言，加剧尾部风险的作用表现为三种情况：（1）当全球风险联动时期和平常时期，金融市场 j 对金融市场 i 均为风险传染时，回归系数为正，表明在全球风险联动时期市场 j 对市场 i 的风险传染作用增强。（2）当全球风险联动时期和平常时期，金融市场 j 对金融市场 i 均为风险分担时，回归系数为正，表明在全球风险联动时期市场 j 对市场 i 的风险分担作用减弱。（3）当平常时期金融市场 j 对金融市场 i 为风险分担，而在全球风险联动时期表现为风险传染时，回归

---

① 该指数成分包括加拿大、美国、奥地利、比利时、丹麦、芬兰、法国、德国、爱尔兰、以色列、意大利、荷兰、挪威、葡萄牙、西班牙、瑞士、瑞典、英国、澳大利亚、中国香港、日本、新西兰、新加坡国家或地区股票。

系数为正，表明在全球风险联动期市场 j 对市场 i 由风险分担转变为风险传染作用。同理，回归系数 β_i 为负值时，金融市场 j 对金融市场 i 具有缓解尾部风险的作用。这种缓解作用也表现为三种情况：金融市场 j 对金融市场 i 可能表现为风险传染作用减弱、风险分担作用增强、由风险传染转变为风险分担作用三种情况。

全球金融市场对中国金融市场的风险溢出机制如图 4－12 所示。首先，新冠肺炎疫情冲击产生后，由于各国采取的防控措施以及经济贸易条件各不相同，疫情爆发后各国金融市场所处环境的经济贸易情况、疫情控制程度和投资者情绪有所差异。在这些因素的驱动下，全球金融市场通过不同作用渠道对中国金融市场产生风险溢出，表现为风险传染或风险分担作用。从作用渠道的角度看，全球金融市场主要通过共同风险敞口机制和资产配置调整机制向中国金融市场发生风险溢出。风险传染作用，主要发生在具有相似风险属性的金融市场之间，表现为“风险共振”，即风险同向变动。风险分担作用，主要发生在具有替代性的金融市场之间，表现为“跷跷板效应”，即风险的反向变动（Rungcharoenkitkul，2012）。

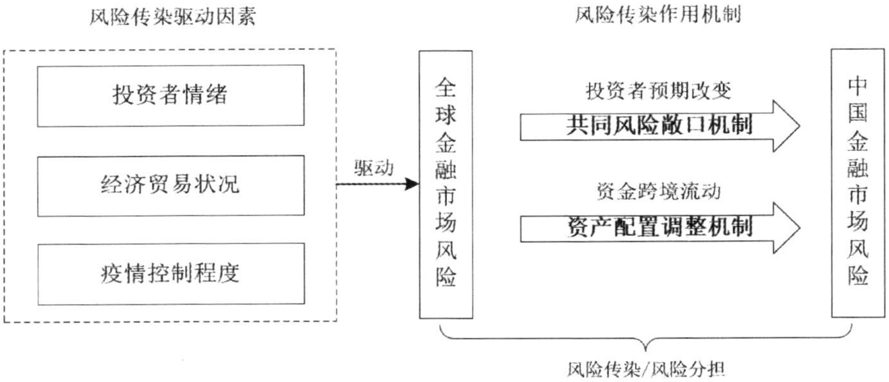

图 4－12　全球金融市场对中国金融市场风险溢出机制

根据统计显著性，将全球风险联动较强时期可对中国金融市场溢出渠道总结如表 4－10 所示。为防止短期冲击演变形成中长期趋势，需要重点关注中长期波段加剧中国金融市场尾部风险的影响渠道。在全球金融市场发生中长期联动时，对中国金融市场尾部风险具有加剧作用的渠道如下。（1）对于中国股票市场，应关注全球股票市场、全球原油市场和全球黄金市场对其风险传染作用的增强。（2）对于中国债券市场，应关注全球债券市场和全球外汇市场对其风险传染作用的增强。（3）对于中国外汇市场，应关注全球股票市场和全球原油市场对其风险传染作用的增强。

表 4-10　　全球金融市场风险联动较强时期对中国金融市场风险溢出渠道

	中国股票市场			中国债券市场			中国外汇市场		
	短周期联动	中周期联动	长周期联动	短周期联动	中周期联动	长周期联动	短周期联动	中周期联动	长周期联动
全球股票市场	× 传染↑		× 传染↑				× 传染↑	× 传染↑ –	× 传染↑ –
全球原油市场	× 传染↑		× 传染↑	○ 传染→分担		○ 传染→分担	× 传染↑	× 传染↑	× 传染↑
全球黄金市场	× 分担→传染	× 分担→传染	× 分担→传染	○ 传染↓			○ 分担↑	○ 分担↑	○ 分担↑
全球债券市场	○ 分担↑	○ 分担↑			× 传染↑	× 传染↑	○ 分担↑	○ 分担↑	○ 分担↑
全球外汇市场		○ 分担↑	○ 分担↑		× 传染↑	× 传染↑	× 分担↓	○ 分担↑	○ 分担↑

注："×"号表示加剧尾部风险的渠道，表现为风险传染增强、风险分担减弱或由风险分担转变为风险传染；"○"号表示缓解尾部风险的渠道，表现为风险传染减弱、风险分担增强或由风险传染转变为风险分担。

4.8　主要结论

2020 年爆发的新冠肺炎疫情对中国及全球金融市场造成了巨大的冲击。在中国，新冠肺炎疫情早已被控制，全球疫情仍然在蔓延。后疫情时期，全球疫情引发全球金融市场风险，进而可能对中国金融市场产生溢出。对 2020 年新冠肺炎疫情爆发时期的金融市场系统性风险进行研究，有两点重要意义：（1）厘清重大冲击下的风险传导机制，为后续中国可能遇到类似重大冲击下的风险防范提供借鉴。（2）全球疫情并未结束，全球疫情引发的全球金融市场风险可能会对中国产生金融风险溢出，防范输入性金融风险仍然非常重要。

本报告从新冠肺炎疫情对中国股票市场的风险溢出效应、新冠肺炎疫情对中国各类金融市场的风险传导路径以及全球金融市场对中国金融市场的输入性风险三个层面，综合运用各类风险溢出测度模型得出一系列基于国内和全球新冠肺炎疫情对中国系统性金融风险影响和传导的一般性规律。本部分总结的主要内容如下：

第一，从中国单个金融市场以及单个行业来看，新冠肺炎疫情冲击在短期内会造成金融市场风险的上升。其中，股票市场受到新冠肺炎疫情冲击的影响最大，债券市场受到新冠肺炎疫情冲击的影响最小。在时间维度上，货币市场、股票市场和外汇市场的风险均在疫情发生当期或疫情发生 1 ~ 2 天产生显著增加，且疫情对其影响持续上升，在 3 ~ 5 天后达到峰值，后逐渐降低。债券市场所受影响与其他市场类似，但其受到的影响与其他市场相比，演进路径更为复杂。这体现了投资者结构及投资者情绪机制在市场风险中的重要作用。进一步地，从股票市场单个行业看，新冠肺炎疫情冲击实体经济后，实体经济对信息技术、电信服务、可选消费行业的风险溢出较大，这些行业的指数风险也出现较大增长。产生这种现象的主要原因是，疫情期间，人们不能自由出行，线上办公需求提升，旅游娱乐需求大幅下降，投资者对实体经济的负面预期的主要为信息技术等行业。而由于医疗和网上办公需求的急剧增加，正面预期低于部分负面冲击，这导致医疗保健和电信服务行业的风险溢出峰值时间延迟较多，到第 5 天才上升到峰值。值得注意的是，金融行业较为特殊，其风险上升、下降均较快，这一现象的原因解释之一在于金融机构间存在较多的交叉业务。当外部冲击到来时，金融机构的风险溢出相互叠加，导致行业总体风险溢出加大。冲击发生之后，由于金融机构间关联业务的快速收缩，能够较快改变投资者预期，行业的风险溢出能够很快得到抑制，使得金融行业的风险溢出快速下降。

第二，从中国跨市场以及跨行业风险角度来看，股票市场和外汇市场之间的风险溢出受到新冠肺炎疫情冲击影响最大，而债券市场和外汇市场之间的风险溢出受到新冠肺炎疫情冲击的影响最小。在时间维度上，跨市场风险传染受新冠肺炎疫情冲击的影响较单个金融市场有所滞后。在风险传染受事件影响的方向上，在新冠肺炎疫情冲击发生初期倾向于增大市场间原有的关系。如债券市场作为风险较低的市场，与其他市场之间主要呈替代效应，新冠肺炎疫情冲击增大了这种替代效应；而股票市场与外汇市场之间主要呈现风险共振的关系，在新冠肺炎疫情冲击下，二者风险共振关系增强。而在新冠肺炎疫情发生后5 ~ 7 天，各市场之间的动态相关性有增大的趋势，即新冠肺炎疫情冲击造成了各市场风险共振上升。在新冠肺炎疫情冲击发生后 6 ~ 8 天，各市场受新冠肺炎疫情冲击影响逐渐开始收敛。此外，从跨行业风险角度看。材料、可选消费、工业是风险溢出的主要输出行业，金融、日常消费、房地产是风险溢出的主要输入行业。其中，材料、可选消费、工业也是受新冠肺炎疫情冲击最为严重三种行业，而日常消费是受冲击较小的行业，金融和房地产行业是货币宽松政策的直接受益行业。风险主要从受负面影响较大的行业溢出至受一定正面影响或疫情影响较小的行业，不同行业之间风险的这种溢出趋势体现了资金向安全资产转移（Flight - to - quality）的特点。对股票市场内部的风险传染进行渠道分解可以发现，投资者情绪是对股票市场风险的最主要渠道。

第三，从全球外汇市场风险来看，首先，新兴市场国家是全球外汇市场中主要的风险输出者。在新冠肺炎疫情冲击下，新兴市场国家货币主要表现为风险货币属性，新兴市场国家货币汇率波动率高于发达国家，新兴市场国家对其他国家外汇市场风险溢出效应较强。其次，疫情前后，中国外汇市场的波动率也呈递增态势，且中国由风险输出方逐渐转为风险输入方。欧元区始终与中国存在较高的风险溢出效应。新冠肺炎疫情发生后，俄罗斯、印度和澳大利亚与中国外汇市场风险的联动性增强。对比全球金融危机、欧债危机和新冠肺炎疫情，大部分国家货币汇率波动风险在全球金融危机时期最高，其次是新冠肺炎疫情期间，最低为欧债危机时期。而且，危机时期，大部分国家货币汇率风险主要来源于外部输入。此外，中国面临的输入性金融风险也较高，且在欧债危机时期最大，在全球金融危机和正常时期次之，在新冠肺炎疫情时期最小。

第四，从全球金融市场风险来看，首先，从全球金融市场的风险演进来看，新冠肺炎疫情恶化在短期内会使全球股票市场、原油市场、债券市场和外汇市场的风险加剧。从短期风险生成路径来看，疫情恶化当日，股票市场和债券市场的风险即显著上升；随之在疫情恶化冲击发生 4 ~ 5 个交易日后，原油市场和外汇市场的风险显著提高。从溢出峰值来看，受新冠肺炎疫情恶化事件冲击影响从大到小依次为股票市场、债券市场、原油市场、黄金市场和外汇市场。

美联储宽松货币政策生效后缓解金融市场风险恶化效果从大到小依次是股票市场、原油市场、债券市场、外汇市场和黄金市场。从反应速度来看，除黄金市场以外，宽松货币政策在生效当天即起到了缓解风险恶化的作用。政策生效 4 ~ 5 个交易日后，对风险恶化的缓解作用失效，疫情对各金融市场风险的恶化程度继续不断加剧。其次，从风险溢出的中长周期效应来看，新冠肺炎疫情诱发全球金融市场之间产生风险联动，且风险联动大小与全球金融市场恐慌程度高度相关。风险联动的持续性要高于全球金融市场恐慌情绪，且中周期波段的溢出一旦形成，其比恐慌情绪更难消散。从风险传染渠道来看，当疫情在世卫组织的全球风险等级达到“非常高”以后，股票市场和原油市场充当风险的“扩散者”，黄金市场和外汇市场则充当风险的“接受者”，债券市场充当风险的“中转站”并具有较强的中长期风险传递性。最后，从全球金融市场对中国金融市场风险的作用来看，全球金融市场出现较强的风险联动时对中国金融市场产生了显著的溢出效应。

第五，从风险传导机制来看，首先，风险传染受到多重机制的影响，即投资者情绪机制、共同风险敞口机制和投资者资产配置机制。在疫情发生后的不同时期，三种机制中起主导作用的机制不同，会导致不同市场风险传染的演进路径不同。在新冠肺炎疫情冲击初期，受投资者情绪机制的影响，各市场风险上升；在各市场刚刚受到冲击后，投资者资产配置机制起主导作用，这导致了风险较低市场与风险较高市场间的替代效应增强；在新冠肺炎疫情冲击后期，共同风险敞口机制起主导作用，各市场间的风险传染均有所上升。同时，政策措施在阻断风险溢出上起了有效作用。其次，新冠肺炎疫情病例状况也会影响金融市场风险，具体而言，确诊病例增多的不利消息显著增加了外汇市场的风险水平，且影响效果高于治愈率提高这一有利消息的风险缓释作用。进一步来看，其他金融市场的风险共振效应会放大疫情冲击对外汇市场风险的影响，实体经济和政策的风险分散效应会减弱疫情冲击的影响效果。

4.9 政策建议

根据上述的主要研究结论，得出的政策建议如下：

第一，引导正面预期，减少投资者情绪负面冲击。在重大公共事件等风险事件发生时，短期内投资者情绪机制将迅速发酵，此时不加以控制任由负面情绪传导，极易造成风险资产的大量抛售（Fire - sales），进入“价格下跌—进一步抛售”的负面螺旋，从而形成股票市场整体的系统性风险。因此，短时间内应利用权威机构和公众媒体做好宣传工作，加强正向预期引导。此外，在重大风险事件发生时，短时间内应该对投资者情绪加以稳定，在平时则应加强投资者教育。在重大事件发生的初期，投资者资产配置机制和投资者情绪机制占主导地位。而在此时如果不对投资者过度反应的情绪加以稳定，很容易造成对风险资产的大量抛售和对安全资产的过度需求，进而导致“跷跷板”效应的增强，造成金融系统性风险。

第二，出台相关行业扶持政策，减少实体经济风险对相关行业的溢出传导。新冠肺炎疫情期间，停工停产、出行限制等措施，对工业、材料、可选消费等行业造成了直接重大影响，其在需求和供给端均受到较为严重的损失。为防止实体经济向股票市场的持续风险溢出，应出台有针对性的财政政策，如有针对性的减税降费和财政补贴政策。此次新冠肺炎疫情期间，财政部及时出台下调增值税税率和企业养老保险费率等制度，并采取了诸如发行债券等非常规财政政策等措施，这些政策为减少股市相关行业波动提供了有利条件。

第三，要加强货币政策逆周期调节。充裕的货币流动性对于缓解股票市场冲击程度具有重要作用，应在重大公共事件发生时，加强货币政策的逆周期调节，释放合理充裕的流动性，维护股票市场稳定。在四个主要金融市场中，外汇市场和股票市场更容易受到外部影响而导致波动性上升，且二者之间的风险溢出也更大。因此，在出现风险事件时，相关政策机构对外汇市场和股票市场应多加关注并及时采取相关措施，例如，可以重启逆周期因子来应对重大风险事件对外汇市场造成的冲击，对冲非理性因素；当预计风险事件在市场上造成恐慌时，可以提前进行窗口指导，引导投资者行为。

第四，当冲击发生时，应及时对单个金融市场采取相应的政策，降低由于关联机制存在而导致的风险传染。本研究发现，单个金融市场对外部冲击的反应先于金融市场间的传染。在冲击较小的时候，关联机制以风险分担效应为主；在冲击较大的时候，关联机制以风险传染效应为主。本报告对货币市场的分析发现，在冲击发生时，针对单个金融市场制定的政策可以有效降低单个市场风险，进而减轻市场之间的风险传染。其他金融市场与外汇市场之间存在风险共振效应。因此，当其他金融市场风险增大时，应提前对外汇市场进行实时监测，从而及时研判外汇市场形势，预防其他市场风险诱发外汇市场风险共振，进一步完善金融风险预警体系，切实维护金融安全与稳定。从新冠肺炎疫情中长周期效应的角度看，应针对金融市场在风险传染过程中扮演的角色切断风险传播路径。除降低金融市场之间的关联性以外，针对风险扩散作用较强的股票市场和原油市场，应降低其风险放大机制。针对接受风险溢出较多的黄金市场和外汇市场，应提升其风险抵御能力。此外，针对风险的“中转站”——债券市场，需要同时关注其风险的对外溢出以及自身的脆弱性。

第五，监管当局应在系统性风险形成的各个环节进行有效监管。在未发生冲击时，相关政策机构应时刻关注各个市场的关联性，将不同市场的参与者纳入统一监管框架之下，增强金融系统对风险的抵抗力；在冲击发生之后，应及时采取措施降低各金融市场在面对冲击时的异常波动和风险传染。同时，应更加关注容易受到影响的市场，以减轻由于某个市场风险增加给金融系统整体带来的不确定性。危机爆发时，不仅要关注危机爆发地，而且也要关注高风险地区。全球金融危机虽然主要发生于美国且目前新冠肺炎疫情最严重的国家也是美国，但是在这两次危机中，美国并非是主要风险输出方，而巴西和墨西哥等高风险国家对其他国家的溢出效应较高。高风险地区在危机时期应重点关注。

第六，应重点防范输入性金融风险。中国外汇市场风险主要受全球因子的影响，国内金融市场风险对其影响不明显。因此，对于中国外汇市场风险防范，应重点关注全球其他市场风险。此外，疫情发生后，中国由风险输出方转向风险输入方。欧元区、俄罗斯、印度和澳大利亚与中国的相互风险溢出效应较强，中国应重点关注这几个国家和地区的外汇市场风险，以防其对中国风险输出。无论是危机时期，还是正常时期，中国汇率风险中外部输入风险占比较高。因此，应特别关注外部输入风险。同时，巴西和墨西哥等新兴市场国家的波动风险和溢出风险均较强，中国应高度警惕此类国家风险。从中国防控“输入性金融风险”的角度看，应关注全球金融市场风险联动较强时期对中国金融市场的溢出作用。在全球金融市场发生中长期联动时，中国监管机构应关注全球股票市场、全球原油市场和全球黄金市场对中国股票市场的风险传染，全球债券市场和全球外汇市场对中国债券市场的风险传染，以及全球股票市场和全球原油市场对中国外汇市场的风险传染。由此，可降低“输入性风险”给中国金融系统带来的不确定性，坚决守住不发生系统性风险底线。

第七，应加强国际合作，提高治愈率。治愈率的提高有利于降低全球外汇市场风险。因此，应加大国际科技合作，加速攻克新冠肺炎疫情难题。只有团结与合作才是战胜新冠肺炎疫情的唯一途径，尤其要持续加强全球科技合作与合作体系建设。世界各国应该以此为契机，更广泛地加强科技合作与交流，激励人才、激发新思路，应对全球公共卫生挑战。从疫情防控和货币政策实施角度看，降低金融市场风险应把控制疫情蔓延作为第一要务，降低疫情带来的不确定性。美联储缓解疫情影响的货币政策的效果不佳，流动性投放政策生效后并没有实现风险的有效缓解。政策生效 4～5 个交易日后，对风险恶化的缓解作用失效，疫情对各金融市场风险的恶化程度继续不断加剧。因此，应首先确保病毒的传播得到有效控制，提振信心和实体经济，再辅之以扩张性政策降低金融市场风险。

参考文献

[1] Adrian, T. and Brunnermeier, M. K., 2016, “CoVaR”, American Economic Review, 106, 1705－1741.

[2] Alfaro, L., Chari, A., Greenland, A. N., 2020, “Aggregate and Firm－Level Stock Returns During Pandemics, in Real Time”. NBER Working Paper No. 26950.

[3] Baldwin, R. & Weder di Mauro, B., 2020, “Introduction”, Economics in the Time of COVID－19, pp. 1～30.

[4] Balke, N. S. & Wohar, M. E., 2002, “Low－frequency movements in stock prices: A state－space decomposition”, Review of Economics and Statistics, 84 (4), 649－667.

[5] Baruník, J. & Křehlík, T., 2018, “Measuring the Frequency Dynamics of Financial Connectedness and Systemic Risk”, Journal of Financial Econometrics, 16 (2), 271－296.

[6] Benoit, S., Colliard, J. E., Hurlin C., 2015. Where the Risks Lie: A Survey on Systemic Risk. Working paper.

[7] Catherine, L., Mann, C. L., 2020, "Real and Financial lenses to assess the economic consequences of COVID - 19", a VoxEU. org eBook, CEPR Press. Economics in the Time of COVID - 19, 2020: 81 - 86.

[8] Diebold, F. X. &Yilmaz, K., 2009, "Measuring financial asset return and volatility spillovers, with application to global equity markets". The Economic Journal. 119 (1): 158 - 171.

[9] Drakos, K., 2004, "Terrorism - induced structural shifts in financial risk: airline stocks in the aftermath of the September 11th terror attacks". European Journal of Political Economy, (2): 435 - 446.

[10] Fleming, J., Kirby, C., Ostdiek, B., 1998, "Information and volatility linkages in the stock, bond, and money markets". Journal of Financial Economics, 49 (1): 111 - 137.

[11] Glick, R. & Rose, A. K., 1999, "Contagion and trade: Why are currency crises regional?" . Journal of International Money & Finance.

[12] Glosten, L. R., Jagannathan, R. & Runkle, D. E., 1993, " On the Relation between the Expected Value and the Volatility of the Nominal Excess Return on Stocks", The Journal of Finance, 48 (5), 1779 - 1801.

[13] Gourinchas, P. O. & M. Obstfeld, 2012, "Stories of the Twentieth Century for the Twenty - First", American Economic Journal: Macroeconomics, 4 (1) 226 - 265.

[14] Goyenko, R. Y. & Ukhov, A. D., 2009, "Stock and Bond Market Liquidity: A Long - Run Empirical Analysis". Journal of Financial & Quantitative Analysis, 189 - 212.

[15] Gregorio, J. D., &Valdés, R. O., 2001, "Crisis Transmission: Evidence from the Debt, Tequila, and Asian Flu Crises". World Bank Economic Review, (2): 289 - 314.

[16] Indars, E. R., Savin, A., Lublóy, Ágnes. 2019. Herding behaviour in an emerging market: Evidence from the Moscow Exchange [J]. Corvinus Economics Working Papers,

[17] Krokida, S. I., Makrychoriti, P., Spyrou. S., 2020, Monetary policy and herd behavior: International evidence [J]. Journal of Economic Behavior & Organization, 170.

[18] Kruttli, Mathias, S., Brigitte, R. T., Sumudu, W. Watugala, 2019, "Pricing Poseidon: Extreme Weather Uncertainty and Firm Return Dynamics" Finance and Economics Discussion Series 2019 - 054. Washington: Board of Governors of the Federal Reserve System, https: //doi. org/10. 17016/FEDS. 2019. 054.

［19］ Nippani，S. & Washer，K. M.，2004，“SARS：a non – event for affected countries’ stock markets?”. Applied Financial Economics，(15)：1105 – 1110.

［20］ Ramelli，S. & Wagner，A. F.，2020. “Feverish Stock Price Reactions to COVID – 19”. The Review of Corporate Finance Studies

［21］ Richard Baldwin. “Keeping the lights on：Economic medicine for a medical shock”.［EB/OL］.［2020 – 05 – 20］. https：//voxeu. org/content/mitigating – covid – economic – crisis – act – fast – and – do – whatever – it – takes.

［22］ Schularick，M. & Taylor，A. M.，2012，“Credit Booms Gone Bust：Monetary Policy，Leverage Cycles，and Financial Crises，1870 – 2008”，The American Economic Review，102 (2)，1029 – 1061.

［23］ Ettmeier，S. Kim，C. H，，Kriwoluzky，A.，“Economic policy and financial market expectations during COVID – 19”.

［24］ 陈建青，王擎，许韶辉．金融行业间的系统性金融风险溢出效应研究［J］. 数量经济技术经济研究，2015 (09)：90 – 101.

［25］ 代冰彬，岳衡．货币政策、流动性不足与个股暴跌风险［J］. 金融研究，2015，000 (007)：135 – 151.

［26］ 方意，和文佳，荆中博．中美贸易摩擦对中国金融市场的溢出效应研究［J］. 财贸经济，2019，40 (06)：55 – 69.

［27］ 方意，王晏如，黄丽灵，和文佳．宏观审慎与货币政策双支柱框架研究——基于系统性风险视角［J］. 金融研究，2019 (12).

［28］ 何德旭，苗文龙．国际金融市场波动溢出效应与动态相关性［J］. 数量经济技术经济研究，2015 (11)：23 – 40.

［29］ 李政，刘淇，周莹莹，余峰燕．全球主权债务风险溢出的水平、结构与机制研究［J］. 国际金融研究，2019 (10)：42 – 52.

［30］ 李政，孙丽玲，王子美．基于关联网络的经济政策不确定性全球溢出效应研究［J］. 国际金融研究，2020 (04)：54 – 64.

［31］ 梁琪，李政，郝项超．中国股票市场国际化研究：基于信息溢出的视角［J］. 经济研究，2015 (04)：150 – 164.

［32］ 刘晓星，段斌，谢福座．股票市场风险溢出效应研究：基于 EVT – Copula – CoVaR 模型的分析［J］. 世界经济，2011 (11)：145 – 159.

［33］ 万蕤叶，陆静．金融危机期间汇率风险传染研究［J］. 管理科学学报，2018 (6)：12 – 28.

5.

新冠肺炎疫情冲击下的信贷配给与小微经营者信心[1]

2020年伊始，突如其来的新冠肺炎疫情冲击对世界各国经济都产生了不可估量的负面影响。对于“规模小、资金少”的小微经营者来说，这种负面冲击最直观的表现是营业收入将出现短期断崖式下跌。本报告采用全国工商联和蚂蚁金服研究院共同开展的小微企业联合调查数据，研究发现：（1）在新冠肺炎疫情爆发之前，中国小微经营者在预期营收、预期雇用员工和预期融资需求等方面的信心总体向好，但是小微经营者却面临不同程度的信贷配给约束，即仍然存在融资难和融资贵现象。自新冠肺炎疫情爆发以后，小微经营者的营业收入在短期内出现悬崖式下跌，亏损比例高达90%。虽然各级政府连续出台一系列政策措施，但是受到时间滞后性的影响，政策效果尚未完全显现。（2）新冠肺炎疫情冲击对中国小微经营者的盈利能力、融资需求和雇用员工规模均具有明显的负面影响，加上问卷调查抽样比例在新冠肺炎疫情前后的变化，使得这种负面影响更为突出。当然，我们也发现，新冠肺炎疫情冲击对不同规模小微经营者的负面影响具有异质性特征。（3）弱信贷配给和强信贷配给均会提高小微经营者丧失未来经济发展信心的可能性，而且强信贷配给的影响程度要明显大于弱信贷配给。换而言之，融资难和融资贵对小微经营者未来预期有显著的负面影响。

① 本报告由俞剑、苏治、莫璇撰写。

5.1 调研的基本情况及数据介绍

2019 年第一季度调查对象的选择标准有两个：一是支付宝码商（使用二维码收款的线下商户）和淘系电商（天猫和淘宝等平台上的电商）；二是最近一周有登录过支付宝页面的活跃商户。本次调查主要采用线上调研方式，问卷系统为蚂蚁调研问卷平台，投放渠道包括：支付宝首页、支付宝网商贷页面和网商银行 APP。投放时间为 2019 年 3 月 16 日 14:00 到 3 月 26 日 14:00，时长共 10 天，共回收有效问卷 27845 份。从年龄分布来看，被调研小微经营者年龄主要集中在 18 ~ 45 岁（占比为 96.3%）。其中，过半（占比为 53.28%）小微经营者年龄在 25 ~ 35 岁，其次是 35 ~ 45 岁年龄段，其占比为 27.05%，45 岁以上占比仅为 3.7%。

与 2019 年第一季度调查一样，2019 年第二季度调查对象的选择标准仍有两类：一是支付宝码商（使用二维码收款的线下商户）和淘系电商（天猫和淘宝等平台上的电商）；二是最近一周有登录过支付宝页面的活跃商户。本次调查主要采用线上调研方式，问卷系统为蚂蚁调研问卷平台，投放渠道包括：支付宝首页、支付宝网商贷页面和网商银行 APP。投放时间为 2019 年 6 月 23 日 ~7 月 14 日，共回收有效问卷 21909 份。从年龄分布来看，被调研小微经营者年龄主要集中在 25 ~ 45 岁（占比为 83.5%）。其中，过半（占比为 51.6%）小微经营者年龄在 25 ~ 35 岁，其次是 35 ~ 45 岁年龄段，占比为 31.9%，25 岁以下和 45 岁以上占比分别为 7.1% 和 9.5%。

2019 年第三季度调查对象的选择标准为支付宝体系的商户，包括线下使用支付宝收付款的小微企业和个人商户，以及淘宝、天猫平台上的线上小微企业和个人商户。此次调查主要采用线上调研方式，问卷系统为蚂蚁调研问卷平台，投放渠道主要为支付宝首页，投放时间为 2019 年 10 月 27 日 ~ 10 月 31 日，共回收有效问卷 25332 份，其中 11884 份来自个体工商户和个人经营者，占比约 46.9%，13448 份来自小微企业，占比约 53.1%。从年龄分布来看，被调研小微经营者年龄主要集中在 26 ~ 45 岁（占比为 89.4%）。其中，超过一半的（占比为 64.3%）小微经营者年龄在 31 ~ 40 岁。

2019 年年度调查对象的选择标准为支付宝体系的商户，覆盖线上（淘宝、天猫平台）与线下使用支付宝收付款的小微企业、个体工商户和个人经营者。此次调查仍然采用线上调研方式，问卷系统为蚂蚁调研问卷平台，投放渠道为支付宝 APP、网商银行 APP 和网商银行官网，投放时间为 2020 年 1 月 17 日 ~ 2020 年 2 月 1 日，共回收有效问卷 81761 份。

2020 年 2 月调查对象的选择标准为网商银行和支付宝体系的商户，覆盖线上（淘宝、天猫平台）与线下使用支付宝或者网商银行小微信贷的经营者，包含工商登记的小微企业、个体工商户和未登记但实际从事经营性活动的个体经营者。本次调查仍然采用线上调研方式，问卷系统为蚂蚁调研问卷平台，投放渠道为支付宝首页、网商银行APP和网商银行官网，投放时间为2020年2月2日~2月3日，共回收有效问卷20165份，其中小微企业占比约39.7%，个体工商户占比37.3%，个人经营者占比约23.0%。从被调查对象的年龄分布来看，被调研小微经营者年龄主要集中在26~45岁（占82.3%），其中，一半左右的（占50.2%）小微经营者年龄在26~35岁。不难发现，小微企业和个人商户吸纳了大量劳动人口，尤其是青壮年劳动人口的就业。

2020年3月调查对象的选择标准为网商银行和支付宝体系的商户，覆盖线上（淘宝、天猫平台）与线下使用支付宝或者网商银行小微信贷的经营者，包含工商登记的小微企业、个体工商户和未登记但实际从事经营性活动的个体经营者。本次调研主要采用线上调研方式，投放渠道为支付宝首页、网商银行APP和网商银行官网，投放对象为线上和线下的小微经营者。投放时间为2020年3月12日~3月14日，共回收有效问卷25205份。从调查样本的结构分布来看，33.2%的被调查小微经营者2019年营业收入在10万元以下，62.9%的调查对象在30万元以下，84.9%在100万元以下，仅有15.1%的调查对象营业收入超过100万元。从雇用员工数来看，88.2%的被调查雇用员工数在10人以下，76.0%的小微经营者雇用员工数在5人以下，33.4%没有雇用员工。由此可见，本次调研样本中绝大部分是经营规模较小的个体工商户、个人经营者，包括小店、摊位和流动经营的商贩等，仅有少量小微企业。

5.1.1 新冠肺炎疫情冲击前的数据基本情况

本报告主要关注信贷配给对小微经营者（包含工商登记的小微企业、个体工商户和未登记但实际从事经营性活动的个体经营者）信心的影响，基于调查问卷的数据可获得性，新冠肺炎疫情冲击前的调查时间主要限定为2019年第二季度、第三季度，以及2019年年度调查。新冠肺炎疫情冲击后的时间段限定为2020年2月和2020年3月。

5.1.1.1 2019年第二季度至第三季度，小微经营者在预期营收、预期雇用规模、预期融资等方面的信心总体向好

图5-1从预期收入的视角反映了小微经营者的信心变化。图5-1（a）是2019年第二季度的调查分布，图5-1（b）是2019年第三季度的调查情况。从小微经营者的预期销售收入分布来看，在2019年第二季度和第三季度调查中，预期下一季度销售收入保持增长的小微经营者占比是所有选项中最高的。其中，2019年第二季度占

40%，第三季度占35%。预期下一季度销售收入明显减少和减少的小微经营者占比明显低于其他三种情况（即变化不大、增加和明显增加）。可能需要注意的一点是，由于2019年第二季度和第三季度的调查对象和调查数量并不相同，所以无法直接通过比较预期收入增加或者明显增加的小微经营者占比来反映整体趋势的变化。但可以肯定的一点是，无论是2019年第二季度调查，还是2019年第三季度调查，被调查者关于预期收入的信心总体较为乐观。

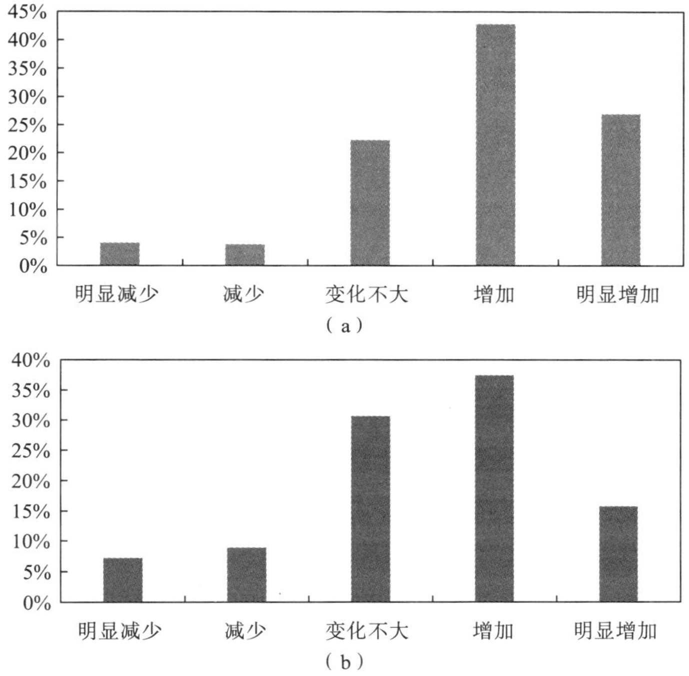

图5-1 中国小微经营者的预期销售收入变化

资料来源：(a) 2019年第二季度调查，(b) 2019年第三季度调查。

图5-2从预期雇用人数的角度反映了2019年第二季度小微经营者的信心分布。从调查数据的分布情况来看，截至2019年6月，预期下一季度雇用人数明显减少和减少的小微经营者占比均不足5%，约40%的小微经营者预期第三季度雇用人数与第二季度持平。与此同时，约38%的小微经营者较为乐观，认为2019年第三季度雇用人数将比上一季度有所增加。此外，还有约10%的小微经营者持有非常乐观的态度，他们认为2019年第三季度雇用人数将比上一季度明显增加。

图5-3从预期融资需求的视角反映了2019年第二季度小微经营者的信心分布情况。从调查情况来看，小微经营者对未来的融资需求较为旺盛，对未来经济发展也持有较为乐观的信心。这是因为企业发展，特别是小微企业发展需要更多的外部融资支

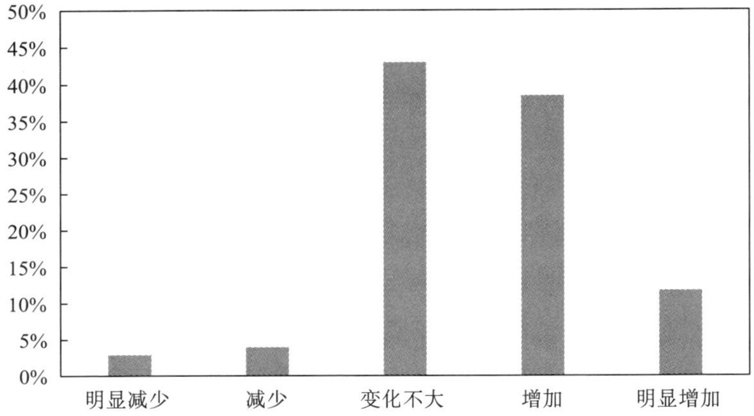

图5-2 中国小微经营者的预期雇用人数变化

资料来源：2019年第二季度问卷调查。

持，企业预期融资需求越多，表明小微经营者对未来经济发展越有信心。从调查对象的分布特征来看，融资需求在3.72万~4.96万元的小微经营者占比最高，达到38%；其次是融资需求为2.48万~3.72万元的小微经营者，占比约为27%。排在第三位的是融资需求在4.96万~6.2万元的小微经营者。相比之下，融资需求在2.48万元以下的小微经营者占比仅为10%。

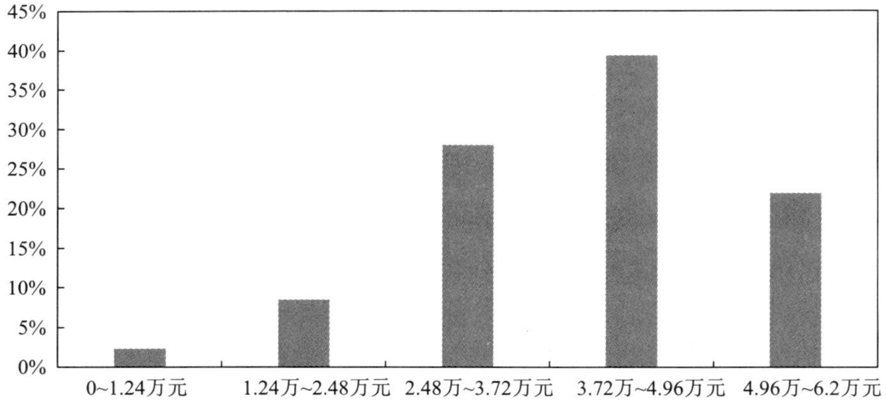

图5-3 中国小微经营者的预期融资需求变化

资料来源：2019年第二季度问卷调查。

5.1.1.2 2019年第二季度至第三季度，小微经营者普遍存在不同程度的信贷配给约束

信贷配给是本研究报告的重要研究对象，在本报告中，我们将小微经营者所面临的信贷配给区分为弱信贷配给和强信贷配给两种。其中，弱信贷配给定义如下：与上

一季度相比，如果贵企业融资的难易程度有所增加（包括增加和明显增加），则定义为弱信贷配给（也可以理解为面临融资难的企业）。强信贷配给的定义则更加严格：与上一季度相比，如果贵企业融资的难易程度有所增加（包括增加和明显增加），且融资利率上升，则定义为强信贷配给（即遭受融资难且融资贵的企业）。在这种情况下，强信贷配给对小微经营者的负面影响理应更大。这是因为强信贷配给的小微经营者不仅存在融资难的问题，而且也面临着融资成本上升的问题。

考虑到调查问卷的数据可获得性，图 5－4 中只展示出 2019 年第二季度和第三季度小微经营者所面临的信贷配给分布情况。从调查数据的结果来看，在 2019 年第二季度中，受到弱信贷配给的小微经营者占比约为 45%，其中受到强信贷配给的小微经营者占比为 25%。2019 年第三季度，受到弱信贷配给和强信贷配给的小微经营者占比分别为 45% 和 20%。这一结果表明，中国小微经营者中普遍存在着不同程度的融资难和融资贵现象。

由于 2019 年第二季度和第三季度的调查对象和调查数量并不相同，所以无法直接通过比较弱信贷配给和强信贷配给的小微经营者占比来反映中国小微经营者整体信贷配给的趋势性变化。但有一点可以肯定的是，中国小微经营者对于外部信贷融资的需求是非常迫切的，当前的政策扶持力度并不能完全满足中国小微经营者的发展需求，融资难、融资贵的问题并没有得到完全解决。这一现象也为继续扩大对小微经营者的信贷融资规模提供了较为有利的现实支撑。

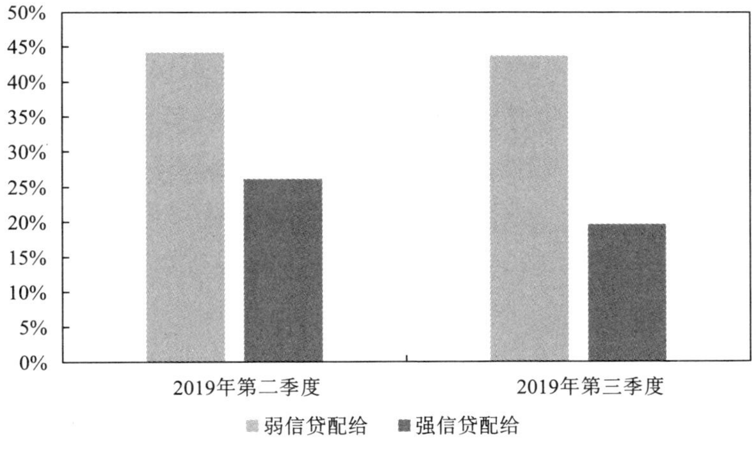

图 5－4　小微经营者所面临的信贷配给约束

资料来源：2019 年第二季度和 2019 年第三季度的调查问卷。

5.1.2　新冠肺炎疫情冲击后的数据基本情况

2020 年年初，一场突如其来的新冠肺炎疫情给全球经济造成了巨大的负面冲击，同时也在很多方面影响着中国小微经营者的生存环境，最直接的表现是小微经营者的营业收入出现断崖式下跌。相比规模较大、资金实力雄厚的国有企业和外资企业，作为中国民营经济的主体构成部分，小微经营者所遭受到的负面冲击更大，如果政府不加以救助，那么极有可能引发大批小微经营者的倒闭和破产。

5.1.2.1　新冠肺炎疫情爆发之后，亏损的小微经营者占比超过90%，但大部分亏损保持在日均5000元以内

由2020年2月的调查数据显示，受此次疫情影响，超过90%的小微经营者出现明显亏损。图5-5反映了新冠肺炎疫情冲击下小微经营者每日亏损情况。我们发现，没有出现亏损的小微经营者占比只有约10%。超过50%的小微经营者每日亏损在5000元以内，超过10%的小微经营者每日亏损在5000～10000元。此外，约有10%的小微经营者每日亏损在1万元以上。由此可见，新冠肺炎疫情冲击对中国小微经营者的日常生产与发展已经造成了非常明显的负面影响。考虑到此次调查时间是2020年2月2日至2月3日，正处于新冠肺炎疫情冲击的早期阶段，因此，新冠肺炎疫情对小微经营者的负面影响有可能比图5-5所展示的情况更为严重。

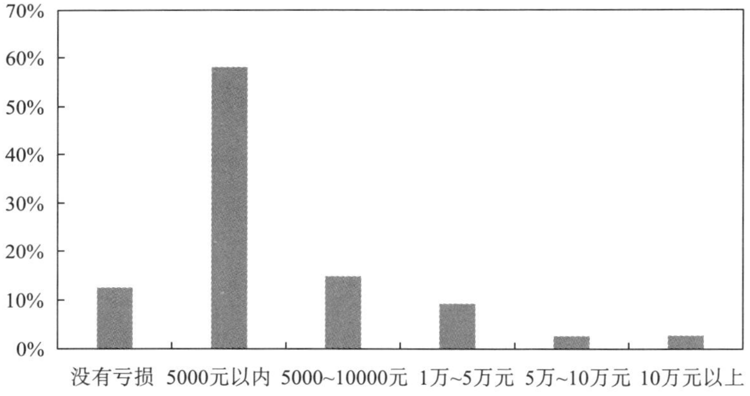

图5-5　新冠肺炎疫情冲击下小微经营者的每日亏损情况

资料来源：2020年2月问卷调查。

5.1.2.2　新冠肺炎疫情之后，虽然超过90%的小微经营者出现亏损，但是从2020年全年来看，半数以上小微经营者认为营业收入仍将保持增长

虽然新冠肺炎疫情爆发后，超过90%的被调查者（小微经营者）认为近期将出现不同程度的亏损。但是从2020年全年来看，半数以上的小微经营者认为营业收入仍将保持一定程度的增加。换言之，大多数小微经营者认为，新冠肺炎疫情对小微经营者

营业收入的负面影响是相对短暂的，一旦疫情结束，营业收入自然会迅速反弹，甚至还将出现不同程度的增长。由图 5－6 可知，与 2019 年全年相比，只有约 10% 的小微经营者认为，2020 年全年营业收入将出现大幅下降。持有适度下降观点的小微经营者占比为 25%，约有 10% 的小微经营者认为，虽然新冠肺炎疫情对小微经营者的营收造成了负面影响，但是这种负面影响从 2020 年全年来看并不明显。

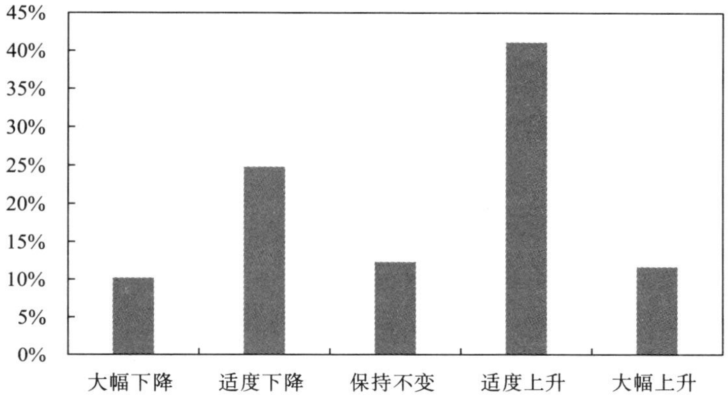

图 5－6　小微经营者预计 2020 年营业收入情况

资料来源：2020 年 2 月问卷调查。

此外，超过 40% 和 10% 的小微经营者持有相对乐观的看法，他们认为 2020 年全年营业收入将比 2019 年出现适度上升和大幅上升。结合图 5－5 和图 5－6 的分析，我们可以得出，小微经营者普遍认为，新冠肺炎疫情的负面影响主要集中在短期，且这种亏损主要表现为短期内的生产经营停滞所带来的营业收入下降。一旦疫情结束，社会生产恢复正常，企业营收将会出现明显反弹，并且从 2020 年全年来看，半数以上的被调查者认为营业收入将超过 2019 年全年。这也反映出，中国小微经营者对 2020 年全年生产经营的信心较为乐观。

5.1.2.3　新冠肺炎疫情之后，半数左右小微经营者的融资需求保持在 10 万元以下，约 20% 的小微经营者没有融资需求

在短期内，新冠肺炎疫情的确造成许多小微经营者的生产与经营出现停滞，营业收入随之出现悬崖式下跌，这就迫使小微经营者需要通过外部融资来维持正常的运转。图 5－7 反映了中国小微经营者在遭遇新冠肺炎疫情冲击下的融资需求情况。我们发现，在 2020 年 2 月和 3 月，分别有 18% 和 22% 的小微经营者没有任何的融资需求。造成这一结果可能有以下三种原因：一是小微经营者处在医药行业，又或者小微经营者的主营业务主要集中在线上而非线下。新冠肺炎疫情爆发以来，这些小微经营者的

现金流充足，外部融资需求为零。二是调查对象中包括一小部分经营规模微小的个人商户，这些个体商户在平时的正常运营中并不需要依赖外部融资，因而表现为没有融资需求。三是部分小微经营者对未来经济发展的预期较为悲观，尝试通过缩减经营规模或者被迫退出市场来应对新冠肺炎疫情冲击，因而表现为无融资需求。

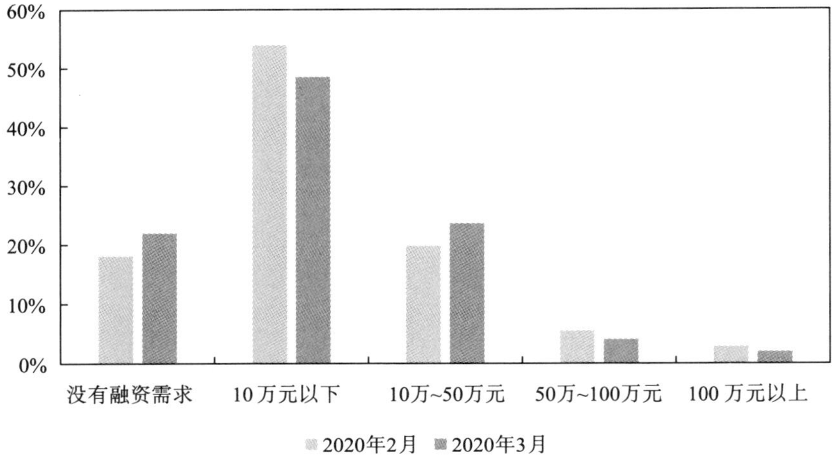

图5－7　新冠肺炎疫情冲击下小微经营者的融资需求

资料来源：2020年2月和2020年3月的问卷调查。

除此之外，其他小微经营者均存在不同程度的融资需求。其中，在2020年2月，融资需求在10万元以下的小微经营者占比超过50%，融资需求在10万～50万元的小微经营者占比为20%，融资需求在50万元以上的小微经营者占比之和不足10%。在2020年3月，融资需求在10万元以下的小微经营者占比为48%，融资需求在10万～50万元以及融资需求在50万元以上的小微经营者占比分别为22%和8%。由于2020年2月和2020年3月的调查对象和调查数量并不相同，所以无法直接比较这两个时期内小微经营者融资需求的趋势性变化。例如，我们无法直接从2020年2月和2020年3月的没有需求的小微经营者占比提升便推测出中国小微企业的融资需求在下降。但是可以肯定的一点是，无论是2020年2月调查，还是3月调查，接近一半左右的小微经营者的融资需求都停留在10万元以下，而且约20%的小微经营者没有融资需求。当然，这与调查对象的规模较小有着密切关系（部分调查对象是规模微小的个体经营户）。

5.1.2.4　新冠肺炎疫情之后，小微经营者对未来一段时期内的预期用工规模和经济发展前景总体较为乐观

新冠肺炎疫情冲击对小微经营者的影响不仅体现在营业收入和融资需求方面，还

表现在员工雇用规模和未来发展信心等方面。图5－8和图5－9分别展示出新冠肺炎疫情冲击下，中国小微经营者的预期员工雇用规模和未来经济发展信心。从图5－8的分布情况来看，约90%的小微经营者认为，新冠肺炎疫情冲击对企业未来用工需求的负面影响并不显著，只有约10%的小微经营者认为将会出现大幅减员或者适度减员。约50%的小微经营者预期2020年用工需求与2019年基本保持一致，超过30%的小微经营者预期2020年用工需求将会明显超过2019年。由此可见，中国小微经营者普遍并不担心新冠肺炎疫情冲击对企业雇用规模所造成的负面影响。这种乐观情况同样也可以从图5－9中得到有力佐证。由图5－9可知，只有约5%的小微经营者认为，新冠肺炎疫情冲击将会明显损害小微经营者对未来经济发展的信心。剩余95%的小微经营者对未来经济发展普遍持有不同程度的乐观信心。但是值得注意的是，在这些小微经营者中，约有20%的小微经营者对2020年经济发展只有一点信心，换言之，这些小微经营者对未来的乐观信心并不稳定，随时有可能回落至没有信心。此外，对未来经济发展持有非常有信心和比较有信心的小微经营者占比分别为38%和35%。因此可以得出以下结论：截至2020年2月，中国小微经营者对新冠肺炎疫情冲击的看法普遍较为乐观、积极，这也有助于帮助小微经营者渡过新冠肺炎疫情冲击的难关，帮助中国经济更快地摆脱负面冲击。当然，我们也不能排除这样一种可能性，即新冠肺炎疫情在早期爆发阶段对小微经营者的负面影响并没有真正体现，因而使得小微经营者的信心较强。对此，有关部门切不可掉以轻心，仍然需要密切关注此后一段时间内小微经营者的信心变化。

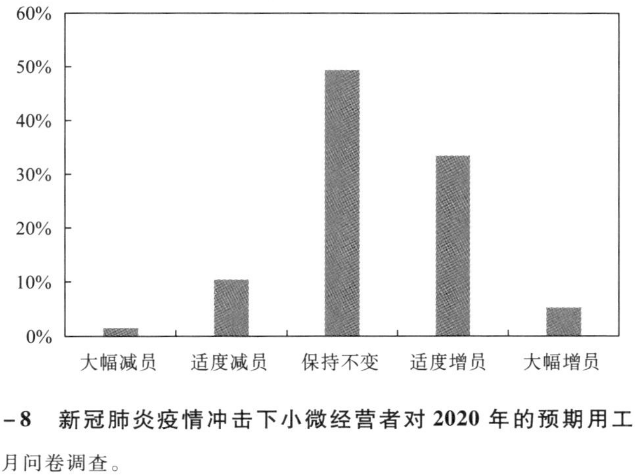

图5－8　新冠肺炎疫情冲击下小微经营者对2020年的预期用工需求

资料来源：2020年2月问卷调查。

5.1.2.5　新冠肺炎疫情之后，中国小微经营者积极开展形式多样的自救，且申请贷款是最主要的应对方式

面对新冠肺炎疫情的负面冲击，中国小微经营者并非消极地坐以待毙，而是在中

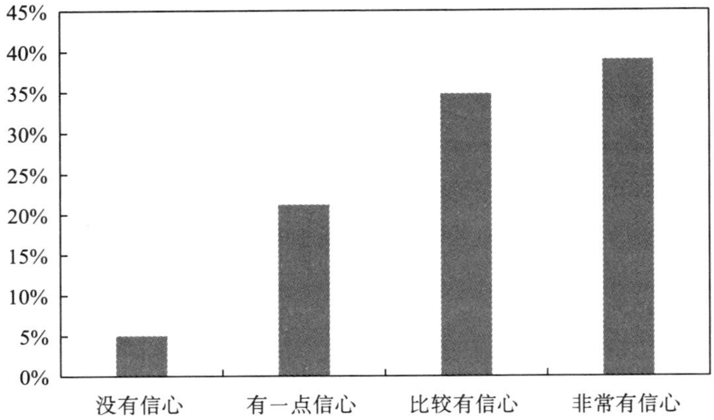

图 -9　新冠肺炎疫情冲击下小微经营者对 2020 年的未来发展信心

资料来源：2020 年 2 月问卷调查。

央政府和各级地方政府以及有关部门的帮助下积极采取各种措施来应对疫情，从而尽可能降低新冠肺炎疫情冲击对企业正常生产与经营造成的负面影响。图 5 - 10 反映了新冠肺炎疫情冲击下，中国小微经营者所采取的各种自救措施。这些自救措施主要包括通过借款或申请贷款来补充运营资金、通过线上优化运营转型销售、通过远程办公或者尽量使用自动化、创新产品服务、申请政府补贴、降薪或裁员、分包订单、退出止损、其他措施九大类措施。从调查数据的分布情况来看，截至 2020 年 2 月，最受小微经营者欢迎的措施是通过借款或申请贷款来补充运营资金，这一选项被小微经营者选择的比例超过 25%。这一结果反映出许多小微经营者对资金需求非常强烈。原因有二：一是小微经营者在面临新冠肺炎疫情冲击时，急需资金来维持正常经营；二是小微经营者需要获得一定资金后才能考虑开展其他自救手段，如通过转型来摆脱新冠肺炎疫情冲击。

紧随其后的是采用其他措施（占 15%）和通过线上优化运营转型销售（占 12%）。剩余六种措施的选择比例均不足 10%。值得注意的是，约 14% 的小微经营者并没有采取任何措施来应对新冠肺炎疫情冲击。一种可能的解释是部分小微经营者规模微小且缺乏有效的抵押品，因而无法达到银行和金融机构的贷款门槛，最终表现为没有采取任何措施。总的来看，在面对新冠肺炎疫情冲击时，中国小微经营者倾向于主要采用借款或者申请贷款、线上优化运营转型销售和其他措施等方式来应对。当然，这一推测也可以从图 5 - 11 中得到进一步佐证。

图 5 - 11 反映了新冠肺炎疫情冲击下中国小微经营者希望得到的政策支持。在 2020 年 2 月和 3 月的问卷调查中，小微经营者希望得到的政策支持类型被区分为六大类，分别是提供贷款政策支持、提供补贴/纾困资金、加大减税降费、刺激消费、灵活

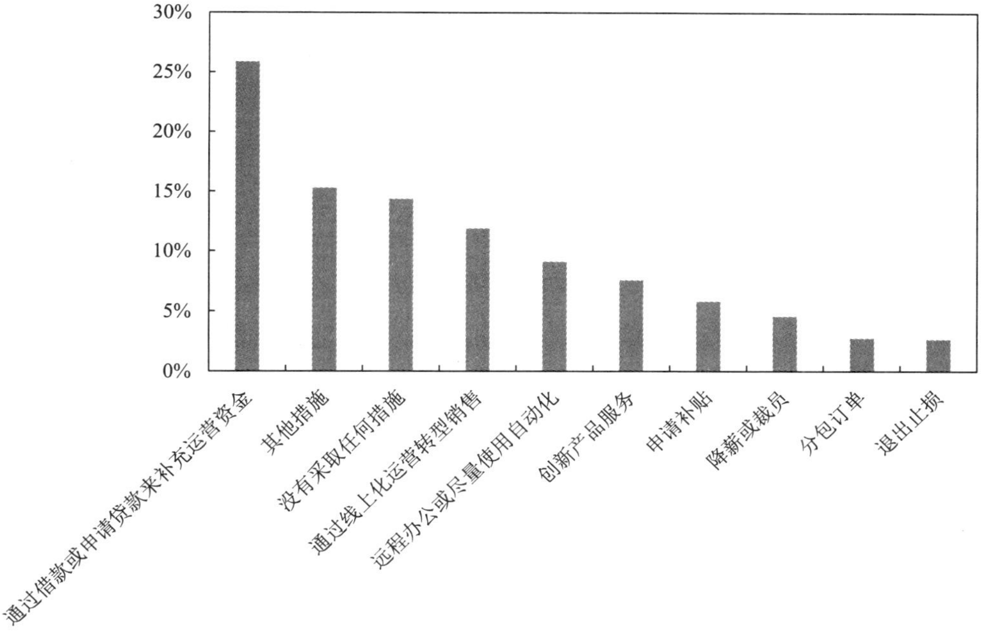

图 5－10　新冠肺炎疫情冲击下小微经营者采取的自救措施

资料来源：2020 年 2 月问卷调查。

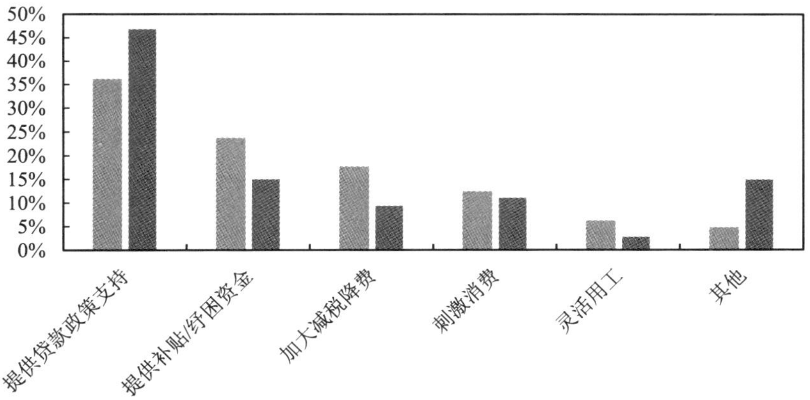

图 5－11　新冠肺炎疫情冲击下小微经营者希望得到的政策支持

资料来源：2020 年 2 月和 2020 年 3 月的问卷调查。

用工和其他政策。从数据调查的分布情况来看，希望政府在信贷方面提供政策支持的呼声最高，持有这种观点的小微经营者在 2020 年 2 月和 3 月的占比分别高达 35% 和 45%，紧随其后的选择是希望政府提供补贴/纾困资金（2 月和 3 月的占比分别 23% 和 15%），然后是加大减税降费（2 月和 3 月的占比分别为 17% 和 10%）和刺激消费（2

月和3月的占比分别为16%和8%）。相比前四种政策支持，希望从灵活用工和其他方面提供政策扶持的小微经营者占比均不足10%。造成这一结果的原因可能是，调查对象中有一定比例的个体经营户，它们对于灵活用工的需求并不明显。同时，其他方面的政策具有很强的不确定性，小微经营者并不确定自己是否能够享受其他方面政策，故而表现出对这些政策支持的偏好较弱。

由于2020年2月和3月的调查对象和调查数量并不相同，所以无法直接通过比较这两个时期内小微经营者希望得到的政策支持变化来推测政府政策的变化风向。例如，我们无法从希望“提供贷款政策支持”的小微经营者占比从2020年2月的35%提升至3月的45%就直接认为政府需要进一步扩大贷款规模和覆盖面。但是可以得到一个相对结论，即在新冠肺炎疫情爆发的早期阶段，小微经营者对政府扩大贷款规模、降低贷款成本等方面的呼声始终处于较高水平。当然，我们也不应该忽视小微经营者在“提供补贴/纾困资金”和“加大减税降费”等方面的呼声。因此，我们提出，中央政府和各级地方政府应该保持向小微经营者提供贷款方面的优惠和力度，降低小微经营者的负担和成本，帮助它们更好地应对新冠肺炎疫情冲击。当然，各级政府除了出台政策以外，也要密切关注政策的可落地性和执行力度，不能只管出台政策而忽视政策的实施效果。

5.1.2.6 新冠肺炎疫情之后，政策实施具有滞后性，政策效果尚未完全显现

自新冠肺炎疫情爆发以来，中国各级政府接连出台一系列政策措施帮助小微经营者复工复产。但是由于宏观政策的制定、执行和发挥效果都需要时间（即存在时间滞后性），因而我们接下去主要基于2020年3月的调查来较为粗略地评估当前各项政策的效果。

图5-12展示出了新冠肺炎疫情冲击下中国小微经营者所享受的各类扶持政策。可以看出，自2020年年初爆发新冠肺炎疫情以来，中国各级政府都在努力帮助小微经营者渡过难关，并且相继推出了免息或低息贷款、减免社保费、房租减免、税收减免、延期还本付息、水电费价格优惠和其他措施等有力措施。从2020年3月调查结果来看，在这些措施中，只有约不足10%的企业享受到了免息或低息贷款的优惠，其他政策的普及面和覆盖面也均不足10%。同时在被调查对象中，约有65%的小微经营者反映并未享受或获得政府推出的任何优惠措施。我们认为，造成这种现象的主要原因并非是各类政策优惠措施的覆盖面较窄，抑或政策推行力度不够，真正的原因主要是经济政策的制定、推行和发挥效果均需要一段时间，而2020年3月的调查时间恰好处于新冠肺炎疫情爆发的早期阶段，从而无法真实展现出各种经济政策的实际效果，在一

定程度上，这正是导致小微经营者对政策扶持的感知力度不强的主要原因。

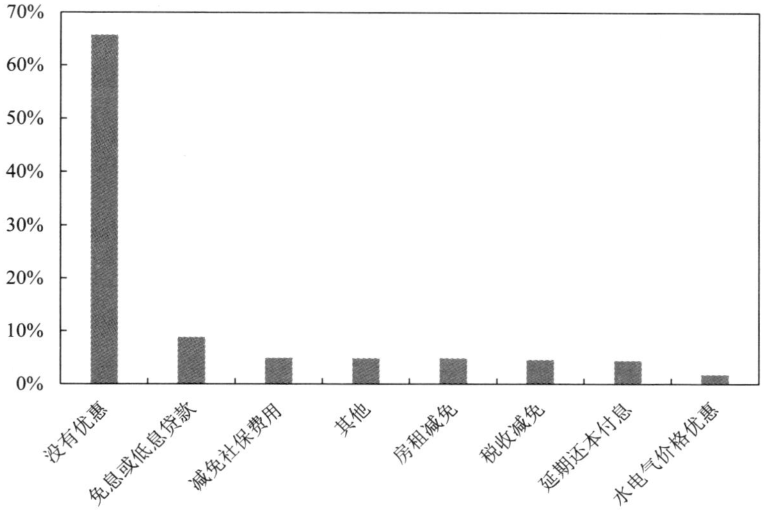

图 5－12　新冠肺炎疫情冲击下小微经营者享受的政策扶持

资料来源：2020 年 3 月问卷调查。

政策推行和政策效果的这种时间滞后性也同样存在于图 5－13 和图 5－14 中。图 5－13 展示出小微经营者在新冠肺炎疫情冲击下的政策扶持效果自评估。从政策效果的自评估来看，将近 80% 的小微经营者反映并没有真正享受到各类政策优惠所带来的好处。相比之下，认为当前政策效果较好的小微经营者占比仅不足 10%。

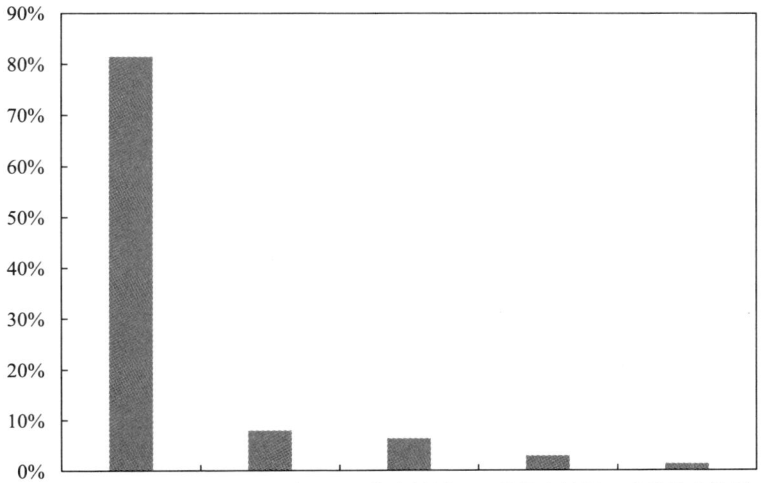

图 5－13　新冠肺炎疫情冲击下小微经营者的政策扶持效果自评估

资料来源：2020 年 3 月问卷调查。

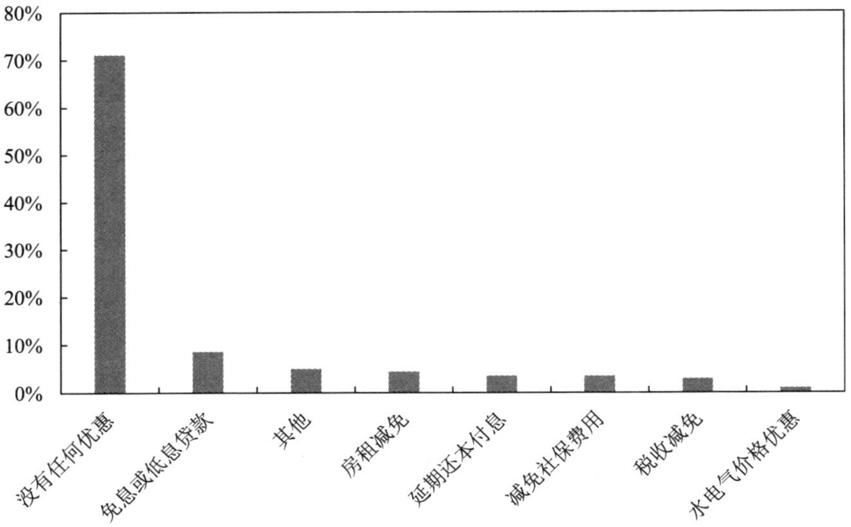

图 5－14　新冠肺炎疫情冲击下效果最佳的政策展示

资料来源：2020 年 3 月问卷调查。

图 5－14 展示出来自小微经营者反馈的现有政策效果自评估分布。不难发现，高达 70% 的小微经营者反映并没有享受到任何的政策优惠，这对小微经营者渡过新冠肺炎疫情冲击的难关是极为不利的。在剩余 30% 的被调查者中，认为效果最佳的政策是免息或低息贷款（约占 10%）、房租减免（约占 6%）和其他（约占 5%）。由此可见，信贷资源仍然是小微经营者最为看重的政策资源，也是最为有效的政策着力点。

综上所述，如何加快政策制定和推行，缩短发挥政策效果的时间，直接关系着中国小微经营者能否顺利渡过难关。从这个层面来说，中国政府在推出各类扶持政策的同时，还应当将政策发挥效果的滞后性纳入考虑，从而构建出一套立体式的、阶梯式的政策配套组合，而不是将重心集中在简单、粗暴的政策制定上。

5.2　新冠肺炎疫情冲击前后小微经营者的生产、绩效与信心变化

由于 2020 年 2 月和 3 月的问卷调查并未包含被调查者（小微经营者）的融资难易程度和融资利率等问题，因而无法分析小微经营者的信贷配给在新冠肺炎疫情冲击前后的比较。鉴于此，本部分的分析主要聚焦在新冠肺炎疫情冲击前后，小微经营者的生产、绩效和信心等变量的动态变化。其中，企业生产状况、经营绩效和信心状况等问题包含实际调查数据和被调查者的主观感受等两种形式。实际调查数据所涉及的指标包括企业盈利情况和融资需求。被调查者的主观感受所涵盖的指标主要包括两个变

量，一是“疫情爆发后，贵企业预计一季度的营业收入相对于去年一季度的变化”，二是“疫情发生以来，您当前日均营收达到疫情发生前正常营收水平的多少”。

接下来，我们将首先重点分析新冠肺炎疫情冲击对小微经营者实际调查数据的冲击与影响。

5.2.1 新冠肺炎疫情爆发对中国不同规模的小微经营者盈利能力都造成了严重的负面冲击

新冠肺炎疫情对中国不同规模小微经营者的盈利能力均造成了非常严重的负面影响。图 5 – 15 展示出新冠肺炎疫情冲击对中国不同规模小微经营者盈利能力的影响。图 5 – 15（a）反映出新冠肺炎疫情爆发前后，员工人数在 50 人以上小微经营者（暂称为大规模小微经营者）的盈利能力变化。结果表明，在新冠肺炎疫情爆发之前，处于正常盈利的大规模小微经营者占比在 20% 以上。其中，2019 年第二季度和第三季度的占比分别为 23% 和 45% 。[①] 然而，到了 2020 年 3 月，这一比例下滑至 5% 。整体降幅超过 40 个百分点。与此同时，处于亏本的大规模小微经营者占比从 2019 年第三季度的 5% 飙升至 2020 年 3 月的 10% ，增长了近 1 倍。这一结果表明，新冠肺炎疫情爆发之后，中国大规模小微经营者的盈利能力出现短期大幅下滑，亏损的大规模小微经营者占比大幅飙升，一个可能的原因是新冠肺炎疫情爆发所导致的短期营收下滑所致。除了上述原因以外，我们也不能忽视另一个可能的原因，即调查样本差异所带来的选择性偏差。实际上，自新冠肺炎疫情爆发以来，全国工商联和蚂蚁金服开展的小微企业调查更加关注个体经营户的经营状况，在企业端对小微企业的调查投放量明显减少。

图 5 – 15（b）反映出新冠肺炎疫情爆发前后，员工人数在 11 ~ 50 人范围内小微经营者（暂称为中等规模小微经营者）的盈利能力变化。与图 5 – 15（a）相比，从 2019 年第二季度至 2020 年 3 月，处于盈利的中等规模小微经营者比重呈现出阶梯式下滑，处于亏本和保本的中等规模小微经营者比重表现出阶梯式上升。

图 5 – 15（c）反映出新冠肺炎疫情爆发前后，员工人数在 6 ~ 10 人范围内小微经营者（暂称为小规模小微经营者）的盈利能力变化。与图 5 – 15（b）相似，小规模小微经营者的盈利占比出现阶梯式下降，亏本占比呈阶梯式上升，保本占比相对平稳。

图 5 – 15（d）反映出新冠肺炎疫情爆发前后，员工人数在 5 人以下小微经营者（暂称为微型小微经营者）的盈利能力变化。结果表明，对于微型小微经营者而言，

---

① 由于 2020 年 2 月和 3 月的调查对象和调查数量有所不同，因而使正常盈利的大规模小微经营者占比在两个时间段内表现出较大差异。

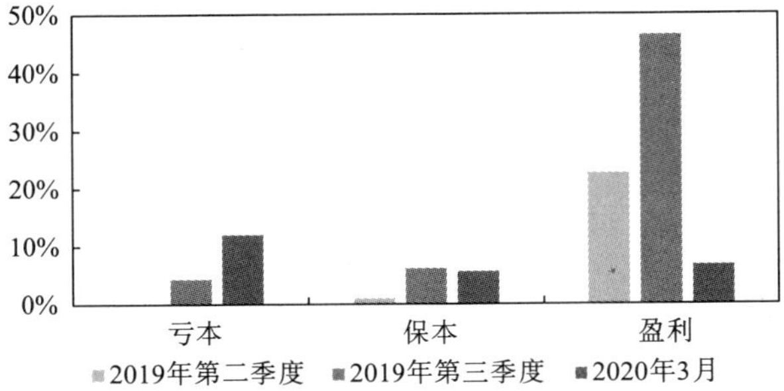

（a）员工人数在50人以上的盈利能力

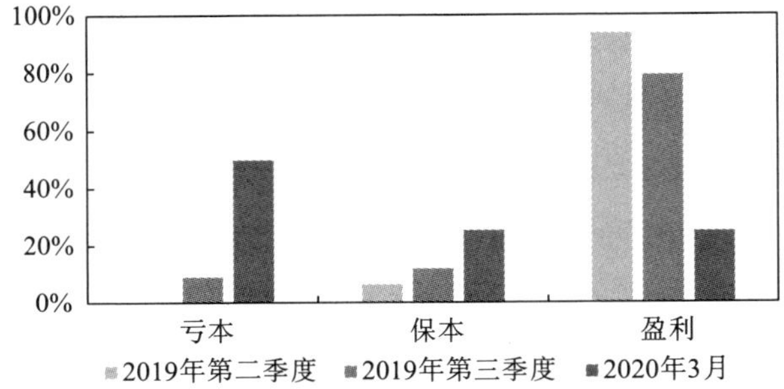

（b）员工人数在11~50人范围内的盈利能力

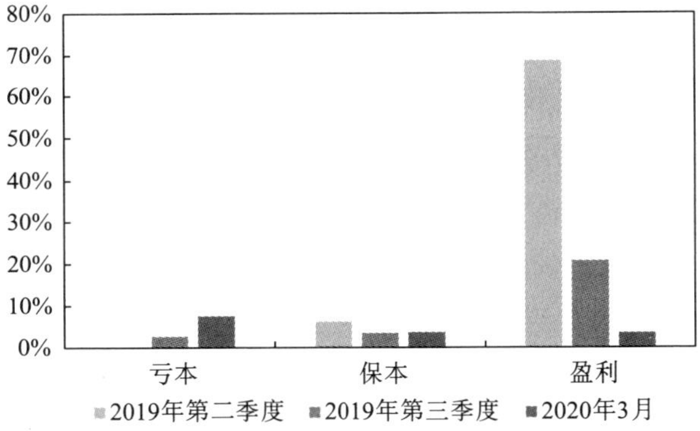

（c）员工人数在6~10人范围内的盈利能力

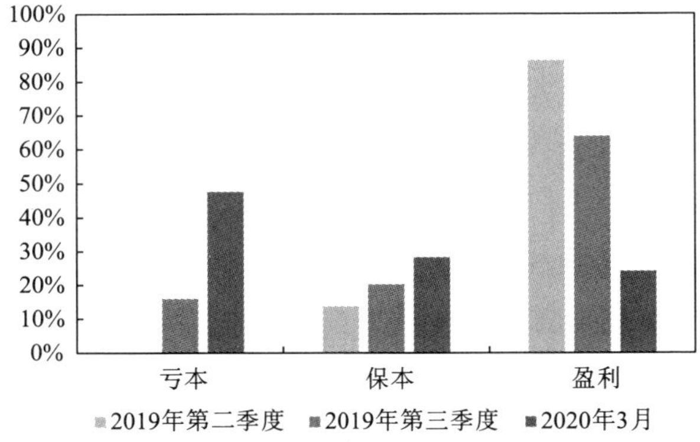

（d）员工人数在5人以下的盈利能力

图5－15　新冠肺炎疫情冲击对不同规模小微经营者盈利能力的影响

新冠肺炎疫情爆发后，盈利的企业占比呈现阶梯式下降，处于亏本和保本的企业占比呈现出明显的阶梯式上升。

总而言之，新冠肺炎疫情爆发对中国不同规模的小微经营者盈利能力都造成了严重的负面冲击，导致盈利企业占比呈现出快速下降或者阶梯式下降的特征，亏本和保本的企业占比呈现出快速上升或者缓慢上升的趋势。可能的原因有两点：一是新冠肺炎疫情所导致的短期营收下降；二是新冠肺炎疫情爆发以来的问卷调查侧重点的变化，即更加侧重关注个体户和小微经营者，而非小微企业。

5.2.2 新冠肺炎疫情冲击对中国不同规模小微经营者的融资需求具有明显的异质性

图 5－16 反映了新冠肺炎疫情冲击对中国不同规模小微经营者融资需求的异质性影响。根据问卷设计，我们将小微经营者的融资需求划分为四档：第一档是融资需求在 100 万元以上（称为超大额融资需求），第二档是融资需求在 50 万～100 万元（称为大额融资需求），第三档是融资需求在 10 万～50 万元（称为小额融资需求），第四档是融资需求在 10 万元以下（称为超小额融资需求），依次对应图 5－16（a）－（d）。同时，为了与前面分析保持一致，我们将 50 人以上小微经营者称为大规模小微经营者，员工人数在 11～50 人范围内小微经营者称为中等规模小微经营者，员工人数在 6～10 人范围内小微经营者称为小规模小微经营者，员工人数在 5 人以下小微经营者称为微型小微经营者。

图 5－16（a）展示的是中国不同规模小微经营者超大额融资需求在新冠肺炎疫情冲击前后的变化。由 5－16（a）可知，对于不同规模的小微经营者而言，超大额融资需求（100 万元以上）在新冠肺炎疫情前后出现断崖式下跌。其中，微型小微经营者的超大额融资需求从 7%～12% 下降至 0.5%～1%；小规模小微经营者的超大额融资需求从 16%～23% 下降至 2%～3%；中等规模小微经营者的超大额融资需求从 34%～36% 下降至7%～8%；大规模小微经营者的超大额融资需求从 62%～75% 下降至 30% 左右。由此可见，小微经营者的规模越大，其超大额融资需求的下降幅度越大。这一结果与新冠肺炎疫情以后的调查样本选择密切相关，即新冠肺炎疫情爆发以后，问卷调查更加关注个体户和小微经营者，而非小微企业。相比之下，个体户和小微经营者对 100 万元以上的融资需求并不高。

图 5－16（b）展示的是中国不同规模小微经营者大额融资需求在新冠肺炎疫情冲击前后的变化。可以发现，微型、小规模和中等规模的小微经营者的大额融资需求（50 万～100 万元）在新冠肺炎疫情爆发后有所下降，但是大规模小微经营者的大额融资需求却在新冠肺炎疫情爆发后呈现逆势上扬，增幅在 5～8 个百分点。

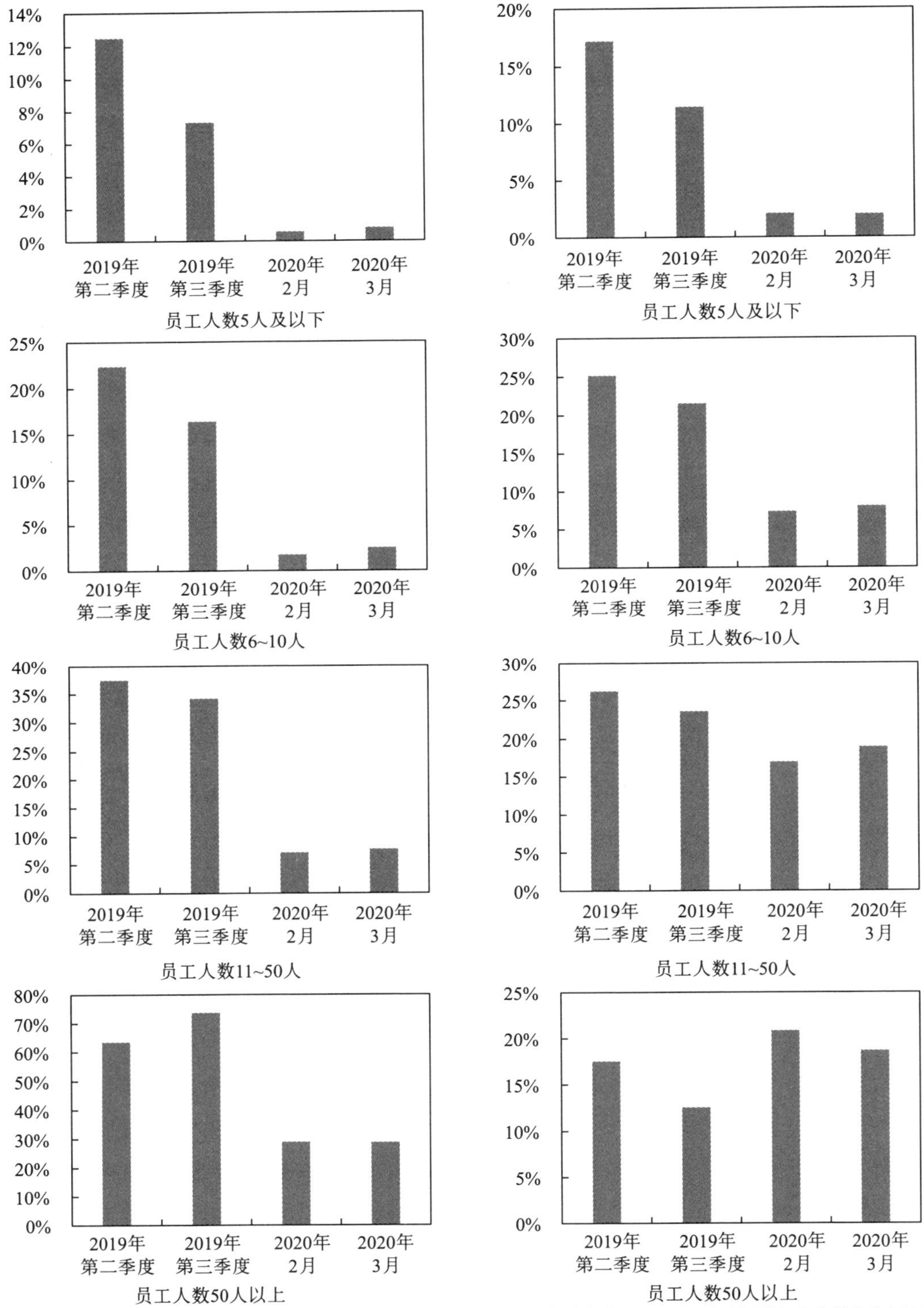

（a）资金需求在100万元以上企业所占比例变化　　（b）资金需求在50万~100万元范围内企业所占比例变化

图5－16　新冠肺炎疫情冲击对不同规模小微经营者融资需求的影响

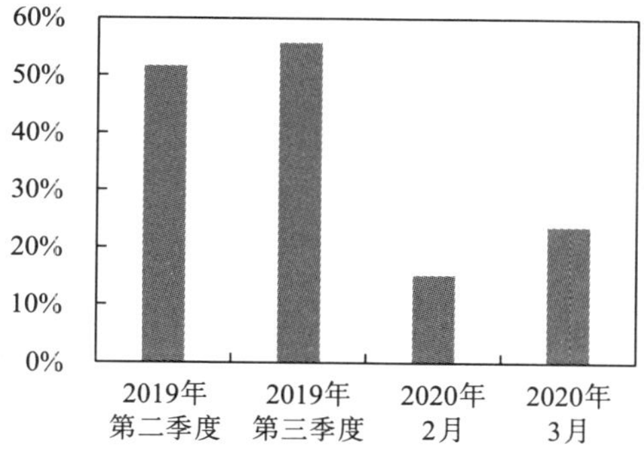

员工人数5人及以下

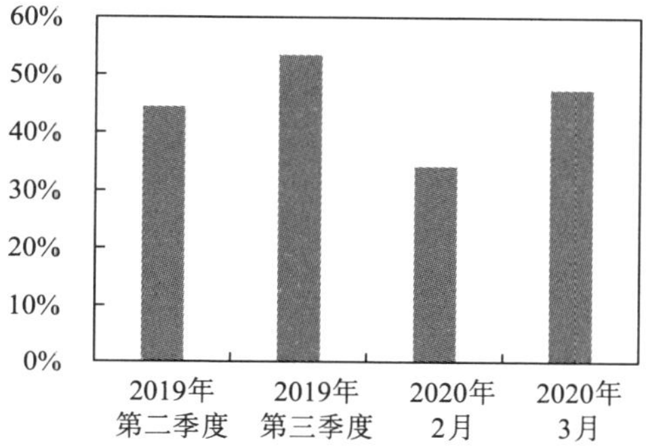

员工人数6~10人

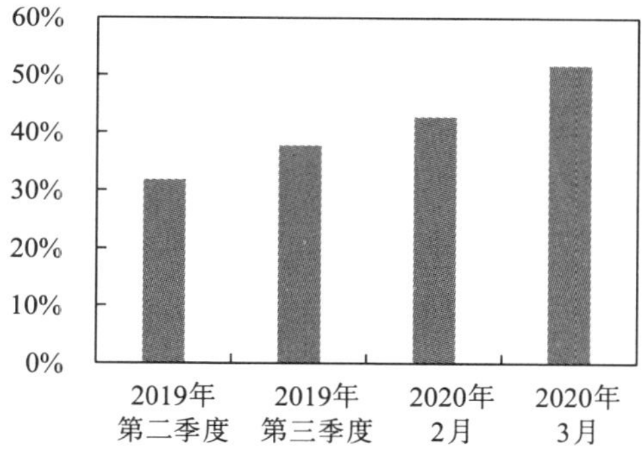

员工人数11~50人

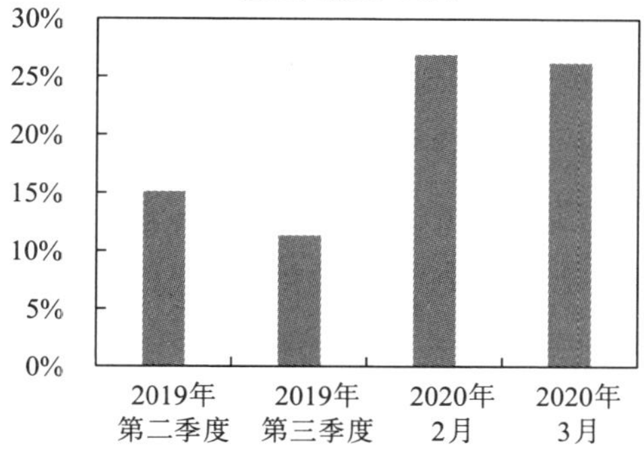

员工人数50人以上

（c）资金需求在10万~50万元范围内企业所占比例变化

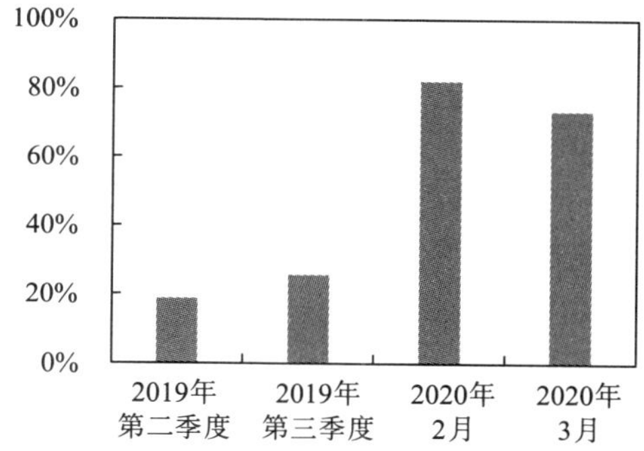

员工人数5人及以下

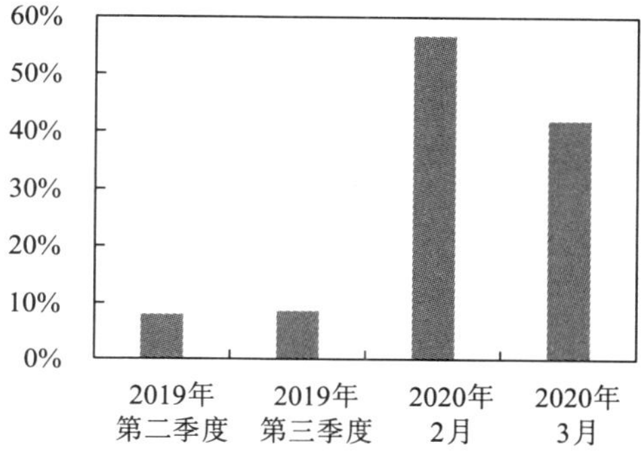

员工人数6~10人

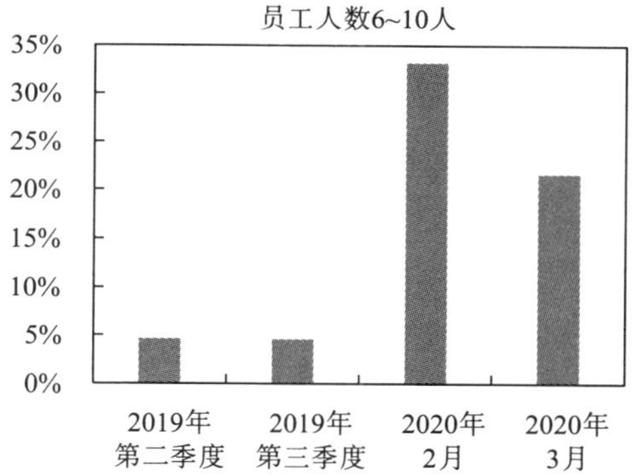

员工人数11~50人

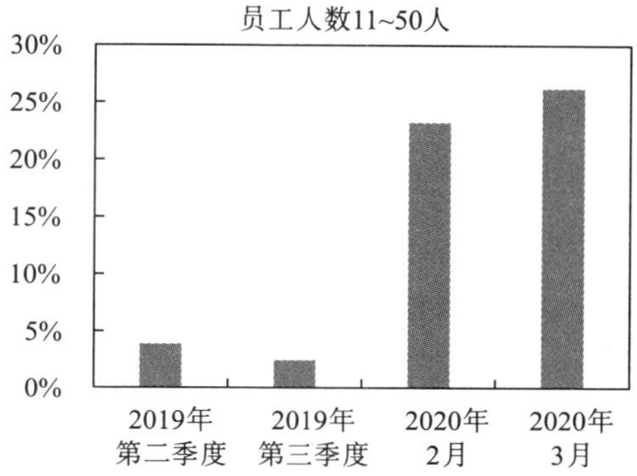

员工人数50人以上

（d）资金需求在10万元以下的企业所占比例变化

图 5－16　新冠肺炎疫情冲击对不同规模小微经营者融资需求的影响（续）

图 5－16（c）展示的是中国不同规模小微经营者小额融资需求（10 万～50 万元）在新冠肺炎疫情冲击前后的变化。我们发现，新冠肺炎疫情冲击对中国不同规模小微经营者的小额融资需求的影响是截然不同的。其中，微型小微经营者的小额融资需求呈现出断崖式下跌，小规模小微经营者的小额融资需求在新冠肺炎疫情前后基本持平，中等规模小微经营者的小额融资需求呈现出阶梯式上升，大规模小微经营者的小额融资需求呈现出爆炸式增长，从新冠肺炎疫情冲击前的不足 15% 飙升至 25% 以上。

图 5－16（d）展示的是中国不同规模小微经营者超小额融资需求（10 万元以下）在新冠肺炎疫情冲击前后的变化。由图 5－16（d）可知，对于不同规模的小微经营者而言，超小额融资需求在新冠肺炎疫情前后均出现爆炸式增长。

综上所述，新冠肺炎疫情对中国不同规模小微经营者，以及不同规模的融资需求的影响都表现出明显的异质性特征。造成这种结果的原因由两点：一是新冠肺炎疫情冲击所带来的真实影响所致，二是新冠肺炎疫情爆发前后，问卷调查对象的侧重点不同所致。无论是何种原因，我们都认为，政府在出台信贷扶持政策时，应当针对不同规模、不同融资需求的小微经营者制定差异化的信贷优惠政策，而不能采用简单、粗暴的一刀切式政策。

5.2.3 新冠肺炎疫情冲击对小微经营者主观感受的影响

为了更好地分析新冠肺炎疫情冲击前后小微经营者的生产、绩效与信心变化，我们采用 T 检验方法对不同变量在新冠肺炎疫情冲击前后的差异进行系统性比较。结果如表5－1 所示。

表 5－1　新冠肺炎疫情冲击前后不同变量的差异性统计

	2019 年第一季度	2019 年第二季度	2019 年第三季度	2019 年全年
	员工人数（人）			
2020 年 2 月	21 vs 16 (11.47)***	19 vs 16 (6.841)***	14 vs 16 (－6.168)***	11 vs 16 (－17.20)***
2020 年 3 月	21 vs 7 (43.19)***	19 vs 7 (43.60)***	14 vs 7 (31.36)***	11 vs 7 (18.62)***
	盈利情况（%）			
2020 年 3 月		25 vs －1 (191.6)***	13 vs －1 (122.4)***	
	融资需求（万元）			
2020 年 2 月		96 vs 17 (98.42)***	54 vs 17 (66.51)***	

续表

	2019 年第一季度	2019 年第二季度	2019 年第三季度	2019 年全年
2020 年 3 月		96 vs 14 (103.7)***	54 vs 14 (74.26)***	

注：A vs B，其中 A 为 2019 年单次调查均值，B 为 2020 年单次调查均值。括号内为相应的 T 统计值。

由表 5－1 可知：（1）从企业雇用人员来看，2019 年第一季度、第二季度、第三季度和全年平均值分别为 21 人、19 人、14 人和 11 人，呈现出依次递减的趋势。2020 年 2 月和 3 月的雇用人员均值分别是 16 人和 7 人。2020 年 3 月的小微经营者雇用人员规模显著低于 2019 年各个季度以及全年平均水平，而且也低于 2020 年 2 月的雇用人员平均水平。这一结果表明，新冠肺炎疫情冲击导致中国小微经营者的雇用人员规模出现显著下降。（2）从企业盈利能力来看，2019 年第二季度和第三季度的利润率均值分别是 25% 和 13%，而 2020 年 3 月的企业利润率均值为 －1%，且这种差异在统计上是非常显著的。这一结果表明，中国小微经营者在遭受新冠肺炎疫情冲击后，其盈利能力造成致命性冲击。（3）从企业融资需求来看，2019 年第二季度和第三季度的融资需求均值分别是 96 万元和 54 万元，而 2020 年 2 月和 3 月的融资需求分别只有 17 万元和 14 万元，而且这种融资需求的差异在时间维度是统计显著的。这一结果同样表明，新冠肺炎疫情冲击导致中国小微经营者的融资需求出现断崖式下跌。

5.3 信贷配给对小微经营者信心的影响

本部分主要采用计量回归方法来实证分析信贷配给对中国小微经营者信心的真实影响。本部分的结构安排如下：首先，系统回顾中国扶持中小微企业融资信贷的制度和相关文献；其次，清晰地展示出各个变量的设定和基本描述性统计；再次，针对不同的数据结构，选择合适的计量回归方法来进行实证分析；最后，对信贷配给影响小微经营者信心的程度进行科学、合理的测算。

5.3.1 扶持中小微企业融资信贷的制度回顾

近十年来，中小微企业融资信贷是党中央和国务院高度关注的重要问题之一。本报告系统梳理了 2011～2021 年中国扶持中小微企业融资信贷方面的制度。具体如下：

2011 年 11 月，财政部和国家发改委出台规定，未来 3 年免征小型微型企业 22 项行政事业性收费，以减轻小型微型企业负担。

2012 年 4 月，国务院出台《关于进一步支持小型微型企业健康发展的意见》，支持小微企业履行债券筹资，推进多层次债券市场建设，支持采用质押、典当等多种筹资方式等。

2013 年 7 月，国家发展改革委发布《关于加强小微企业融资服务支持小微企业发展的指导意见》，要求扩大小微企业增信集合债券试点规模，同时鼓励必行企业债券募集资金投向有利于小微企业发展的领域。同期，国务院还出台《关于金融支持经济结构调整和转型升级的指导意见》。

2013 年 8 月，国务院和银监会分别出台《关于金融支持小微企业发展的实施意见》和《关于进一步做好小微企业金融服务工作的指导意见》，明确要求各银行业金融机构应在商业可持续和有效控制风险的前提下，单列年度小微企业信贷计划，充分发挥信贷资产流转、证券化对小微企业融资的支持作用，将盘活的资金主要用于小微企业贷款。

2014 年 3 月，中国人民银行《关于开办支小再贷款支持扩大小微企业信贷投放的通知》，正式在信贷政策支持再贷款类别下创设支小再贷款，专门用于支持金融机构扩大小微企业信贷投放。同一时期，财政部和国家税务总局联合发布《关于小型微利企业所得税优惠政策有关问题的通知》，明确自 2014 年 1 月 1 日起 3 年内，对年应纳税所得额低于 10 万元的小型微利企业，其所得减按 50% 计入应纳税所得额，按 20% 的税率缴纳企业所得税。

2015 年 3 月，银监会发布《关于 2015 年小微企业金融服务工作的指导意见》，将 2015 年银行业小微企业金融服务工作目标由以往单纯侧重贷款增速和增量的“两个不低于”调整为“三个不低于”，从增速、户数、申贷获得率三个维度更加全面地考查小微企业贷款增长情况。

2016 年 1 月，国务院颁布《关于印发推进普惠金融发展规划（2016—2020 年）的通知》，健全多元化广覆盖的机构体系，包括发挥各类银行机构的作用，推动省联社加快职能转换，提高农村商业银行、农村合作银行、农村信用联社服务小微企业和“三农”的能力。2016 年 2 月，银监会发布《关于 2016 年推进普惠金融发展工作的指导意见》，认真落实小微企业流动资金贷款的无还本续贷政策，科学合理确定贷款分类，配套改进信贷管理系统。

2017 年 3 月，银监会提出《关于做好 2017 年小微企业金融服务工作的通知》，优化考核指标，在保持“三个不低于”总体目标不变的前提下，对 2016 年年末小微企业贷款余额占比达到一定标准的商业银行，允许按增速或增量自主选择指标考核。同年 9 月，国务院党务会议，采取减税、定向降准等手段，激励金融机构进一步加大对小微企业的支持。从 2017 年 12 月 1 日到 2019 年 12 月 31 日，将金融机构利息收入免征增值税政策范围由农户扩大到小微企业、个体工商户，享受免税的贷款额度上限从单户授信10万元扩大到100万元。将小微企业借款合同免征印花税、月销售额不超过3万元的小微企业免征增值税两项政策优惠期限延长至2020年。推动国有大型银行普惠金融事业部在基层落地，对单户授信500万元以下的小微企业贷款、个体工商户和小微企业主经营性贷款及农户生产经营、创业担保等贷款增量或余额达到一定比例的商业银行实施定向降准，并适当给予再贷款支持。

2018年，在经济增速放缓、流动性趋于短缺的大环境下，小微企业融资难问题有所加剧，针对这一现状，中国人民银行、财政部等部委及监管机构出台了多项举措支持小微企业融资。例如，2018年2月，银监会发布《关于2018年推动银行业小微企业金融服务高质量发展的通知》，对银行金融机构的“三个不低于”要求改为“两增两控”新目标。6月，央行宣布适当扩大中期借贷便利（MLF）担保品范围，强调优先考虑将小微企业、绿色和“三农”金融债券及贷款纳入MLF担保品范围。9月财政部、国家税务总局发布《小微企业贷款利息收入免征增值税通知》，明确自2018年9月1日至2020年12月31日，对金融机构向小型企业、微型企业和个体工商户发放小额贷款（不高于1000万元）取得的利息收入，免征增值税。

2019年1月，财政部、税务局印发《关于实施小微企业普惠性税收减免政策的通知》，对月销售额10万元以下的增值税小规模纳税人，免征增值税。对小微企业年应纳税所得额不超过100万元的部分，按25%计入应纳税所得额，按20%的税率缴纳企业所得税。3月，银保监会发布《关于2019年进一步提升小微企业金融服务质效的通知》，要求商业银行在目前小微企业信贷风险总体可控的前提下，将普惠型小微企业贷款不良率容忍度放宽至不高于各项贷款不良率3个百分点。4月，中共中央办公厅、国务院办公厅印发《关于促进中小企业健康发展的指导意见》，从营造良好发展环境、破解融资难融资贵问题、完善财税支持政策、提升创新发展能力、改进服务保障工作、强化组织领导和统筹协调六个方面入手，提出23条针对性更强、更实、更管用的新措施。12月，中共中央、国务院印发《关于营造更好发展环境支持民营企业改革发展的意见》针对民企发展遇到的难点，在进一步放开市场准入、完善融资支持制度、健全执法司法平等保护机制等方面推出了28条具体举措。

2020年2月，工业和信息化部出台《关于应对新型冠状病毒肺炎疫情帮助中小企业复工复产共渡难关有关工作的通知》，全力保障企业有序复工复产，进一步加强对中小企业的财政、金融扶持以及支持，切实保障经济平稳运行。同期，中国人民银行发布《关于加大再贷款、再贴现支持力度促进有序复工复产的通知》，向受疫情影响较大的旅游娱乐、住宿餐饮、交通运输行业的小微企业提供普惠式金融服务。2020年

3 月，银保监会、人民银行、发改委、工信部、财政部联合出台《对中小微企业贷款实施临时性延期还本付息的通知》。7 月，工业和信息化部联合国家发展改革委、科技部、财政部等 17 个部门出台《关于健全支持中小企业发展制度的若干意见》，要建立减轻小微企业税费负担长效机制。

2021 年 4 月，银保监会办公厅下发《2021 年进一步推动小微企业金融服务高质量发展的通知》，要求银行业金融机构以信贷为抓手，确保稳定高效的增量金融供给。5 月，财政部、工信部联合印发《关于继续实施小微企业融资担保业务降费奖补政策的通知》，积极引导地方支持扩大实体经济领域小微企业融资担保业务规模，降低小微企业融资担保成本，着力缓解小微企业融资难融资贵问题。

5.3.2 文献回顾

长期以来，融资难和融资贵是世界各国（尤其是转型经济体和发展中国家）中小微企业所面临的信贷难题（Drakos 和 Giannakopoulos，2011）。一方面，既有研究对中小微企业存在融资难和融资贵的原因进行了深入研究，得到了许多富有价值的研究结论。从融资需求来看，大型企业能够凭借充足的内源资金来解决融资问题，而中小微企业缺乏足够的内源资金支持，因而只能依赖外源资金来缓解资金缺口。与大型企业相比，中小微企业对获取银行信贷资源的意愿更为强烈和迫切（Desai 等，2008；于泽等，2015；Farinha 和 Félix，2015；Chaney，2016；Angori 等，2020）。从融资成本来看，八成以上的小微经营者融资渠道主要依赖于传统银行和互联网银行，而且向传统银行融资的小微经营者往往需要承担额外的附加成本（如抵押物评估费、担保费、咨询费、财务顾问费、资金管理费等）。例如，肖争艳和陈惟（2017）研究指出，中小微企业融资成本贵现象在中国长期存在，央行无论通过释放流动性等数量型调控工具，还是降低贷款基准利率等价格型调控工具，都无法显著降低中国中小微企业的实际融资成本。顾雷雷等（2018）利用京津冀地区 728 家企业的调查数据发现，企业自身条件（如企业规模）和外部市场环境对企业融资成本都有重要影响，但前者的影响更强。

从信贷供给的视角来看，信息不对称是造成中小微企业难以获得银行信贷资源的重要原因（Niinimäki，2018），银行与金融机构等各类信贷供给者可能将企业的营收规模和资产规模作为信贷配给过程中的甄别信号，并据此分别对不同营收规模和资产规模的企业实施融资差别对待，使得营收规模较大的企业更容易获得融资机会和融资满足度。不仅如此，由于中小微经营者资产规模小且缺乏优质抵押品，这大大限制了中小微经营者（特别是小微经营者）的资产抵押能力。与此同时，加上小微经营者存在规模较小、人才缺失、管理不规范、产权集中、治理结构不明晰等问题，小微经营者很难通过证券市场来满足融资要求。例如，张一林等（2019）指出，相比于规模较小的银行，大银行在甄别软信息方面不具有比较优势。为了防范企业家风险，大银行需要严格要求企业的抵押品数量并施行严格的违约清算。大银行的这种融资特性决定了其难以为中小微企业提供有效的金融支持。要想从根本上缓解中小微企业的融资难、融资贵，关键在于改善银行业结构，而不是通过行政干预要求大银行服务中小微企业。Song 和 Zhang（2018）采用中国非上市中小微企业数据研究发现，银行通常需要中小微企业引入第三方担保来分担信息不对称所带来的债务违约风险。朱太辉等（2018）从资金配置结构的视角研究发现，政府的隐性担保和利差管制、行业企业的资产规模和抵押属性、银行粗放的发展模式和经营偏好，导致银行信贷资金更多地流向了产出效率相对较低的国有大型企业，而非急需信贷资金支持的中小微企业。Ferri 等（2020）采用意大利中小微企业调查数据得出，家族企业特质是中小微企业获取银行信贷资源的重要信用担保。除此之外，还有一些研究从金融市场效率本身解释了中小企业融资难、融资贵问题。例如，田国强和赵旭霞（2019）研究发现，金融体系效率下降会推高金融系统自身的融资成本并造成金融资源错配，导致中小微企业融资难融资贵和地方政府债务高企，而地方政府债务增加，反过来又会加剧金融系统和中小微企业的融资困境。

另一方面，现有文献主要关注中小微企业融资难、融资贵的经济后果，包括融资难融资贵对中小微企业的利润率、固定资产投资、研发投入、自主创新、出口行为和企业成长的负面影响。例如，沈俊和张仁慧（2018）研究指出，融资约束将导致中小微企业的资金利用效率降低，即便中小微企业愿意承担高风险、扩大投资力度，也无法保证能够获得高收益。因此，融资约束对中小微企业的投资意愿和投资回报都有负面影响。张璇等（2017）利用 2005 年世界银行中国企业调查数据研究发现，与国有大型企业相比，融资约束对中小微企业创新的抑制作用更为明显。Wellalage 和 Fernandez（2019）采用 29 个东欧和中亚经济体的中小微企业数据研究发现，融资难对中小微企业的产品创新和工艺创新具有显著的负面影响，这种负面影响在中小微企业的起步阶段尤为严重。申广军等（2020）从资本技能互补的视角研究发现，融资约束对中小微企业的投资造成了障碍，较少的投资与较低的高技能工人比重呈现正向关系。大型企业（如国有企业）的高技能工人比重不受融资约束的影响，但是中小微企业（如民营企业）的融资约束显著降低了它们对高技能工人的需求。Cornille 等（2019）研究得出，当中小微企业遭遇需求下滑和激烈的市场竞争时，信贷资源是决定企业雇用规模的重要原因。这是因为信贷约束使得企业不得不通过裁员来缩减雇用规模，而由裁员引起的费用支出反过来会进一步挤压企业雇用规模。Cheng 等（2020）采用 2015 年浙江省中小微企业调查数据研究发现，弱信贷配给（融资难）和强信贷配给（融资难且融资贵）将导致浙江省中小微企业出口的可能性分别下降 22% 和 36%，出口交货值分别下降 32% 和 66%。Cao 和 Leung（2020）采用加拿大的中小微企业数据研究发现，信贷约束对企业投资增速、就业增速和 TFP 都有显著的负面影响。

总的来看，已有研究表明，融资约束降低了中小微企业的投资规模和投资意愿（包括固定资产投资和研发投资），降低了中小微企业参与出口的可能性，从而导致中小微企业难以通过外部融资来提升企业绩效（如利润率）、增加劳动力雇用、促进企业成长。通过文献梳理发现，现有文献较少关注融资难和融资贵对中小微企业的信心与预期的负面影响，也没有回答融资难和融资贵是通过何种传导途径来影响中小微企业的信心与预期。鉴于此，本报告利用全国工商联和蚂蚁金服联合开展的小微企业调查数据，利用对融资难和融资贵的量化设计，重点考察了融资难和融资贵对小微经营者（包括小微企业和个体经营户）的信心与预期的传导影响。

5.3.3 变量设定与描述性统计

5.3.3.1 弱信贷配给和强信贷配给

两者均是虚拟变量。其中，弱信贷配给（记为 credit_ weak）的定义如下：与上一季度相比，如果贵企业融资的难易程度有所增加（包括增加和明显增加），则定义为弱信贷配给，记为 1，否则记为 0。强信贷配给（credit_ strong）的定义则更加严格：与上一季度相比，如果贵企业融资的难易程度有所增加（包括增加和明显增加），且融资利率上升，则定义为强信贷配给，记为 1，否则记为 0。值得注意的是，由于信贷配给相关的问卷调查只出现在 2019 年第二季度和第三季度中，所以本部分实证分析主要围绕 2019 年第二季度和第三季度展开。

5.3.3.2 小微经营者的信心变量

根据 2019 ~ 2020 年 6 次调查的问卷设定，本报告选择多种方式来刻画小微经营者的信心。方式一：企业预期在下一个季度的销售收入变化（记为 bci1）。可供小微经营者选择的选项有 5 项，即明显增加、增加、变化不大、减少、明显减少。我们将这 5 类选项依次记为 1 ~ 5，数值越大，表明小微经营者对未来预期收入的信心越悲观。方式二：企业预期在下一个季度员工数量变化（记为 bci2）。相似地，小微经营者的回答包括明显增加、增加、变化不大、减少、明显减少 5 类。我们将这 5 类选项依次记为 1 ~ 5，数值越大，表明小微经营者对未来雇用员工规模的信心越悲观。

5.3.3.3 控制变量

我们在回归方程中加入的控制变量主要包括企业规模、利润率、企业的税费负担和负债状况等。其中，企业规模用当季企业员工人数来表示，企业利润率等于当季的利润总额除以当季的销售收入，税费负担采用企业当季的税费占当季的销售收入的比重来表示，企业负债率采用季度债务余额占季度销售收入的比例来表示。此外，我们还控制了行业固定效应、省份固定效应和时间固定效应。值得说明的是，企业利润率在问卷调查中以区间段的形式给出，例如：亏损，盈利 0 ~ 5%，盈利 6% ~ 10%，盈利 11% ~ 20%，盈利 21% ~ 30%，盈利 31% ~ 50%，盈利 50% 以上。对此，将这七种选项依次记为 -1、0、1、2、3、4、5。数值越大，表明小微经营者的利润率越高，盈利能力越强。

表 5 -2 是 2019 年第二季度和第三季度的关键变量的描述性统计。我们发现，2019 年第二季度和第三季度的企业信心（包括预期下一季度销售收入变化和员工数量变化）的均值处于 2 ~ 3 且中位数都是 2，表明许多小微经营者都选择了“增加”或者“变化不大”。从企业受到的信贷配给来看，约 44% 的小微经营者面临弱信贷配给，即这些小微经营者在融资过程中普遍存在融资难问题。19.5% ~ 26% 的小微经营者面临强信贷配给，即它们在融资过程中不仅面临融资难问题，还面临融资成本上升的问题。从企业规模来看，小微经营者的员工平均值低于 20 人，且中位数低于 10 人。2019 年第二季度，被调查者的税费负担和负债率均值分别为 10.31% 和 25.26%。2019 年第二季度和第三季度的利润率均值分别为 2.560 和 1.540，这表明在 2019 年第二季度中，被调查者的利润率介于 11% ~ 20% 和 21% ~ 30%，而在 2019 年第三季度中，被调查者的利润率介于 6% ~ 10% 和 11% ~ 20%。

对关键变量的描述性统计如表 5 -2 所示。

表 5 -2　关键变量的描述性统计

Part A：2019 年第二季度问卷调查						
变量含义	观测值	均值	标准差	最小值	中位数	最大值
企业预期在下一个季度的销售收入变化	21512	2.150	0.993	1	2	5
企业预期在下一个季度员工数量变化	21512	2.478	0.858	1	2	5
弱信贷供给	21512	0.441	0.497	0	0	1
强信贷供给	21512	0.260	0.439	0	0	1
企业规模	21512	19.05	31.12	0	9	200

续表

Part A：2019 年第二季度问卷调查						
变量含义	观测值	均值	标准差	最小值	中位数	最大值
利润率	21512	2.560	1.412	0	3	5
税费负担（%）	21512	10.31	10.02	0	7	94
负债率（%）	21512	25.26	29.46	0	16	200
Part B：2019 年第三季度问卷调查						
企业预期在下一个季度的销售收入变化	19426	2.543	1.083	1	2	5
弱信贷供给	19426	0.436	0.496	0	0	1
强信贷供给	19426	0.195	0.396	0	0	1
企业规模	19426	11.43	16.35	0	5	60
利润率	19426	1.540	1.598	-1	2	5

5.3.4 模型设定

根据企业信心变量的数据可获得性，本报告依次采用最小二乘法回归和面板数据回归模型，来研究信贷配给对小微经营者信心的影响。具体模型设定如下：

$$y_{ijk} = \alpha_0 + \alpha_1 \times credit_{ijk} + \alpha_2 \times X_{ijk} + indus_j + prov_k + \varepsilon_{ijk} \tag{5-1}$$

$$y_{ijkt} = \beta_0 + \beta_1 \times credit_{ijkt} + \beta_2 \times X_{ijkt} + indus_j + prov_k + time_t + \varepsilon_{ijkt} \tag{5-2}$$

其中，i、j、k、t 依次表示企业、行业、省份和时间，y 表示企业信心变量，包括企业预期下一季度的销售收入变化和企业预期在下一个季度员工数量变化；$credit$ 表示信贷配给状况，包括弱信贷配给和强信贷配给。X 是控制变量集，包括企业规模、利润率、税费负担和企业负债率等。$indus$ 、$prov$ 、$time$ 分别表示行业固定效应、省份固定效应和时间固定效应。ε 是误差项。

5.3.5 实证结果分析

表 5-3 是弱信贷配给影响小微经营者信心的 OLS 回归结果。第（1）、第（2）列是 2019 年第二季度的回归结果，第（3）列是 2019 年第三季度的回归结果。前两列的回归结果表明，弱信贷配给对小微经营者的预期销售收入和预期员工雇用数量均有显著的正面影响，即面临弱信贷配给的小微经营者，其对未来发展的信心越悲观。这一结果表明，与没有受到弱信贷配给的小微经营者相比，面临弱信贷配给的（即存在融资困难）小微经营者在下一季度预期销售收入和预期员工雇用数量下降的可能性分别增加 31.33% 和 18.38% 。第（3）列的回归结果同样表明，弱信贷配给的小微经营者对下一季度预期销售收入更加悲观，且这种悲观增加的可能性将提高 40.06% 。

表 5－3　　　　弱信贷配给对小微经营者信心的影响（OLS 回归）

	(1)	(2)	(3)
	2019 年第二季度		2019 年第三季度
	下一个季度预期销售收入	下一个季度预期员工数量	下一个季度预期销售收入
弱信贷配给	0.3133*** (0.000)	0.1838*** (0.000)	0.4006*** (0.000)
企业规模	0.0001 (0.726)	0.0001 (0.726)	0.0000 (1.000)
利润率	－0.0064*** (0.000)	－0.0055*** (0.000)	－0.1226*** (0.000)
税费负担	0.0067*** (0.000)	0.0051*** (0.000)	
负债率	0.0018*** (0.000)	0.0013*** (0.000)	
常数项	1.8494* (0.058)	2.1988*** (0.010)	2.6317*** (0.000)
省份固定效应	是	是	是
行业固定效应	是	是	是
观测值	21513	21513	19427
R^2	0.0469	0.0335	0.0814

注：括号内为 p 值；*、**、***分别代表在 10%、5% 和 1% 水平下显著。下表同。

控制变量的回归结果表明，企业规模对小微经营者信心的影响并不显著。在 1% 显著性水平上，企业利润率对未来信心具有明显的提升作用，能够有效避免小微经营者出现悲观预期。换言之，提升企业利润率水平，有助于稳定小微经营者对未来经济发展的良好预期。相比之下，企业税费负担和负债率的估计系数在 1% 显著性水平上均显著为正，表明企业税费负担越高、负债率越高越会增加小微经营者对未来经济发展的悲观预期。

表 5－4 是强信贷配给影响小微经营者信心的 OLS 回归结果。同样地，第（1）、第（2）列分别是 2019 年第二季度的回归结果，第（3）列是 2019 年第三季度的回归结果。从强信贷配给的估计系数来看，在 1% 显著性水平上，估计系数均显著为正，这一结果表明强信贷配给会提高小微经营者对未来经济发展的悲观预期。与未受到强信贷配给的小微经营者相比，受到强信贷配给（即同时存在融资难和融资成本上升）

的小微经营者预期下一季度销售收入下降和员工雇用下降的可能性将分别提高32.5%、57.02%和21.68%。与表5－3的回归结果相比，强信贷配给对小微经营者未来悲观预期的影响程度要明显大于弱信贷配给。造成这一结果的主要原因是弱信贷配给只能反映小微经营者存在融资难问题，而强信贷配给不仅囊括了小微经营者所面临的融资难问题，还包括融资成本上升问题。双重打击下（融资难＋融资成本上升）的小微经营者自然会对未来经济发展持有更加悲观的预期。

表5－4　　强信贷配给对小微经营者信心的影响（OLS回归）

	(1)	(2)	(3)
	2019年第二季度		2019年第三季度
	下一个季度预期销售收入	下一个季度预期员工数量	下一个季度预期销售收入
强信贷配给	0.325*** (0.000)	0.2168*** (0.000)	0.5702*** (0.000)
企业规模	0.000 (0.880)	0.0001 (0.690)	－0.0004 (0.424)
利润率	－0.0061*** (0.000)	－0.0052*** (0.000)	－0.1204*** (0.000)
税费负担	0.0069*** (0.000)	0.0052*** (0.000)	
负债率	0.002*** (0.000)	0.0014*** (0.000)	
常数项	1.8825* (0.058)	2.2114*** (0.010)	2.6796*** (0.000)
省份固定效应	是	是	是
行业固定效应	是	是	是
观测值	21513	21513	19427
R^2	0.0456	0.0345	0.0925

控制变量的回归结果与表5－3完全一致，企业规模对小微经营者信心并没有显著影响，企业利润率对小微经营者的未来信心具有明显的提升作用，而企业税费负担和负债率提升均会导致企业未来信心变得更加悲观。

由于下一个季度预期销售收入这个变量同时存在于2019年第二季度和第三季度的问卷中，因此我们在表5－3和表5－4的基础上，进一步增加控制了时间固定效应，如表5－5所示。表5－5是增加时间固定效应的面板数据回归结果。考虑到2019年第三季度的问卷调查中并不包括企业税费负担和负债率，因而表5－5中暂且未控制这两个变量。第（1）和第（2）列分别是弱信贷配给和强信贷配给的面板数据回归结果。我们发现，在1%显著性水平上，弱信贷配给和强信贷配给均对企业信心有显著的正面影响，即弱信贷配给和强信贷配给会导致企业信心更加悲观。从估计系数的大小来看，与未受到信贷配给的小微经营者相比，面临弱信贷配给和强信贷配给的小微经营者预期下一季度销售收入下滑的可能性将分别增加36.03%和43.39%。这一结果与表5-3和表5-4的OLS回归结果基本一致。此外，企业规模的估计系数并不显著，利润率的估计系数显著为负。

表5-5　信贷配给对小微经营者信心的影响（时间固定效应面板回归）

	（1）	（2）
	下一个季度预期销售收入	下一个季度预期销售收入
弱信贷配给	0.3603*** （0.000）	
强信贷配给		0.4339*** （0.000）
企业规模	0.001*** （0.002）	0.001*** （0.004）
利润率	-0.099*** （0.000）	-0.097*** （0.000）
常数项	2.004* （0.052）	2.036** （0.046）
省份固定效应	是	是
行业固定效应	是	是
时间固定效应	是	是
观测值	40939	40939
R^2	0.092	0.093

综上所述，弱信贷配给和强信贷配给均会提高小微经营者对未来经济发展的信心和预期更加悲观的可能性，而且强信贷配给的影响程度要明显大于弱信贷配给。这一结果表明，融资难和融资成本上升等问题均会造成小微经营者更加悲观。与此同时，我们也发现，企业税费负担和负债率高企同样也会提高小微经营者对未来经济发展失去信心的可能性。值得庆幸的是，提高企业利润率有助于稳定小微经营者的良好预期，从而避免出现悲观或者极度悲观预期出现的可能性。此外还发现，企业规模对小微经

营者未来信心并没有什么影响。

5.4 结论与政策建议

5.4.1 主要结论

（1）在新冠肺炎疫情爆发之前，中国小微经营者在预期营收、预期雇用员工和预期融资需求等方面的信心总体向好，但是小微经营者却面临不同程度的信贷配给约束，即仍然存在融资难和融资贵现象。自新冠肺炎疫情爆发以后，小微经营者的营业收入在短期内出现悬崖式下跌，亏损比例高达90%。虽然各级政府连续出台一系列政策措施，但受到时间滞后性的影响，政策效果尚未完全显现。

（2）新冠肺炎疫情冲击对中国小微经营者的盈利能力、融资需求和雇用员工规模均具有明显的负面影响，加上问卷调查抽样比例在新冠肺炎疫情前后的变化，使这种负面影响更为突出。当然，我们也发现，新冠肺炎疫情冲击对不同规模小微经营者的负面影响具有异质性特征。鉴于此，政府在出台小微企业救助政策时必须要考虑不同规模小微经营者的异质性特征，提出一整套有梯度的、有针对性的政策措施。

（3）弱信贷配给和强信贷配给均会加剧小微经营者对未来经济陷入悲观预期的可能性，而且强信贷配给的影响程度要明显大于弱信贷配给。换言之，融资难和融资贵对小微经营者未来预期有显著的负面影响。

5.4.2 政策建议

针对本报告研究得到的主要结论，我们提出如下政策建议：

（1）政策制定需要将政策发挥效果的时间滞后性纳入考虑，从而构建出一套立体式的、阶梯式的政策配套组合，而不是将重心集中在简单、粗暴的政策制定上。

如何加快政策制定和推行，缩短发挥政策效果的时间，直接关系着中国小微经营者能否顺利渡过难关。从这个层面来说，中国政府在推出各类扶持政策的同时，还应当将政策发挥效果的滞后性纳入考虑，从而构建出一套立体式的、阶梯式的政策配套组合，而不是将重心集中在简单、粗暴的政策制定上。立体式、阶梯式的政策，强调政策的循序渐进，需要结合当前小微经营者的现状和市场状态，制定和推行具有可行性的政策，再逐渐过渡到目标政策。切忌制定政策时出现“急转弯”甚至180度的“大掉头”。

（2）政府在出台信贷扶持政策时，应当针对不同规模、不同融资需求的小微经营者制定差异化的信贷优惠政策，而不能采用简单、粗暴的一刀切式政策。

考虑到小微经营者长尾的特征，政府出台针对小微经营者的信贷扶持政策时，需要进一步细化小微经营者的规模和融资需求，根据体量分类施策满足企业不同需求。一方面，可以通过提供个贷产品降低融资门槛。针对不同体量的小微经营者，金融机构要在服务时转变思路，提供针对企业主个人的贷款产品服务，以降低融资门槛。另一方面，借助科技力量推动普惠金融进步。积极顺应科技发展的趋势，金融机构要靠金融科技力量创新开发小微金融产品，用线上化、移动端来了解和解决更多客户的金融服务问题，提高业务服务触达率和服务效率。金融科技为商业银行在客户经营、业务流程、产品、服务等方面实现数字化转型提供可能。

（3）融资难、融资贵问题是信贷扶持政策需要关注的核心问题。

政府需要加大金融支持力度，缓解小微经营者融资难、融资贵问题，给服务小微经营者的金融机构营造一个“愿贷、敢贷、能贷”的良好政策环境，从根本上纾解融资难、融资贵问题。具体来说：第一，进一步疏通货币政策传导机制。小微经营者融资难主要是抵质押物少、信用记录少、抗风险能力弱、信息不对称等导致的。解决融资难问题，需要全社会多方努力，其中金融机构承担主体责任。围绕疏通货币政策传导机制，综合运用多种货币信贷政策工具，实行差异化监管安排，完善考核评价机制。第二，多渠道补充中小银行资本金。要多渠道补充中小银行资本金，促进提高对中小企业信贷投放能力。应继续加强对中小银行资本补充的支持，鼓励符合要求的中小银行公开上市，更好地利用资本市场补充资本，增强发展的稳健性，更好地抵御流动性风险。同时，支持和鼓励中小银行之间加强和深化合作，如建立流动性互助机制，有效管理和分散风险。第三，拓宽优质小微经营者直接融资渠道。要立足小微经营者实际情况和真实需求，协同发展多层次信贷体系，结合互联网和金融科技，进一步拓宽小微经营者多元化融资渠道，提高金融资源配置效率。

参考文献

[1] 顾雷雷，李建军，彭俞超．内外融资条件、融资约束与企业绩效——来自京津冀地区企业调查的新证据［J］．经济理论与经济管理，2018（07）：88－99.

[2] 申广军，姚洋，钟宁桦．民营企业融资难与中国劳动力市场的结构性问题［J］．管理世界，2020，36（02）：41－58，217.

[3] 沈俊，张仁慧．中小企业的风险承担会保证投资收益吗？——基于融资约束的干扰性交互作用研究［J］．投资研究，2018，37（06）：46－54.

[4] 田国强，赵旭霞．金融体系效率与地方政府债务的联动影响——民企融资难融资贵的一个双重分析视角［J］．经济研究，2019，54（08）：4－20.

[5] 肖争艳，陈惟．货币政策、利率传导与中小企业融资成本——基于实际融资成本的实证研究［J］．经济评论，2017（05）：79－90.

[6] 于泽，陆怡舟，王闻达．货币政策执行模式、金融错配与中国企业投资约束［J］．管理世界，2015（09）：52－64.

[7] 张一林，林毅夫，龚强．企业规模、银行规模与最优银行业结构——基于新结构经济学的视角［J］．管理世界，2019，35（03）：31－47，206.

[8] 张璇，刘贝贝，汪婷，李春涛．信贷寻租、融资约束与企业创新［J］．经济研究，2017，52（05）：161－174.

[9] 朱太辉，魏加宁，刘南希，赵伟欣．如何协调推进稳增长和去杠杆？——基于资金配置结构的视角［J］．管理世界，2018，34（09）：25－32，45.

[10] Angori, G., Aristei, D., and Gallo, M., 2020, "Banking Relationships, Firm－size Heterogeneity and Access to Credit: Evidence from European Firms", *Finance Research Letters*, vol. 33, 101231. https://doi.org/10.1016/j.frl.2019.07.004.

[11] Cao, S., and Leung, D., 2020, "Credit Constraints and Productivity of SMEs: Evidence from Canada", *Economic Modelling*, 88, 163－180.

[12] Chaney, T., 2016, "Liquidity Constraint Exporters", *Journal of Economic Dynamics and Control*, vol. 72, pp. 141－154.

[13] Cheng, D., Tan Y., and Yu, J., 2020, "Credit Rationing and Firm Exports: Microeconomic Evidence from SMEs in China", *World Economy*, 1－26, https://doi.org/10.1111/twec.12913.

[14] Cornille, D., Rycx, F., and Tojerow, I., 2019, "Heterogeneous Effects of Credit Constraints on SMEs' Employment: Evidence From the European Sovereign Debt Crisis", *Journal of Financial Stability*, vol. 41, pp. 1－13.

[15] Desai, M. A., Foley, C. F., and Forbes, K, J., 2008, "Financial Constraints and Growth: Multinational and Local Firm Responses to Currency Depreciations," *Review of Financial Studies*, vol. 21, pp. 2857－2888.

[16] Drakos, K., and Giannakopoulos, N., 2011, "On the Determinants of Credit Rationing: Firm－level Evidence from Transition Countries", *Journal of International Money and Finance*, 30 (8), 1773－1790.

[17] Farinha, L., and Félix, S., 2015, "Credit Rationing for Portuguese SMEs", *Fi-*

nance Research Letters, 14, 167 – 177.

[18] Ferri, G., Murro, P., and Pini, M., 2020, "Credit Rationing and the Relationship Between Family Businesses and Banks in Italy", *Global Finance Journal*, vol. 43, 100427. https: //doi. org/10. 1016/j. gfj. 2018. 04. 003.

[19] Niinimäki, J. P., 2018, "Collateral in Credit Rationing in Markets with Asymmetric Information", *Quarterly Review of Economics and Finance*, vol. 68, pp. 97 – 102.

[20] Song, Z. L., and Zhang, X. M., 2018, "Lending Technology and Credit Risk Under Different Types of Loans to SMEs: Evidence from China", *International Review of Economics and Finance*, 57, 43 – 69.

[21] Wellalage, N. H., and Fernandez, V., 2019, "Innovation and SME Finance: Evidence from Developing Countries", *International Review of Financial Analysis*, 66, 101370. https: //doi. org/10. 1016/j. irfa. 2019. 06. 009.

6.

信息不对称、新冠肺炎疫情与内部披露人保护制度

——基于行为经济学的分析[①]

从行为经济学的角度来看，新冠肺炎疫情的爆发与人的行为因素之间存在着密切的联系。本报告首先从后悔最小化与偏差、过度自信、羊群行为、群体思维、过分外推倾向等方面，对新冠肺炎疫情成因进行了分析和反思。其次，基于信息经济学和行为经济学的理论基础，本报告构建了一个信息不对称情况下，在自然灾难或公共危机事件发生时，政府机构设立内部披露人保护制度对内部知情人士披露行为选择的理论模型，研究发现：（1）在内部知情人士掌握完全信息时，政府机构制定全面保护的内部披露人保护制度，能够有效实现任何内部知情人士都有动力积极上报危机信息；（2）在内部知情人士掌握完全信息时，即使政府机构不重视内部披露人的上报信息，并且内部披露人可能受到处罚，但是出于巨大的自身心理负担也会选择上报信息；（3）内部披露人掌握信息不够精确时，即使政府机构实施全面的内部披露人保护制度，也不能保证所有的内部知情人士积极上报信息。上述理论模型揭示了内部披露人保

① 本报告由昌忠泽、李汉雄撰写。

护制度的重要性。本报告最后以美国、英国和日本为例，系统梳理和总结了国外内部披露人保护制度的做法和经验，在此基础上提出政策建议：完善内部披露人保护制度的相关法律法规；建立专门的举报审查机构；建立内部披露人奖惩制度；完善公共卫生应急管理体系；宣传服务公众的积极披露思想理念。

6.1 引言

自 2019 年 12 月 31 日湖北省武汉市卫健委通报新型冠状病毒肺炎疫情（简称新冠肺炎疫情，下同）以来，全国上下面临着有关国家治理体系尤其是应对突发公共卫生事件应急管理能力的一次大考。发布疫情短短一个月以后，中国34 个省级行政区（包含直辖市、自治区、港澳特别行政区，下同）均受到不同程度的新冠肺炎疫情波及，给中国的社会和经济带来了巨大冲击。

历史上的任何一次重大突发公共卫生事件发生之后，都会有一个痛定思痛、检讨和变革的过程。新冠肺炎疫情爆发后，对新冠肺炎疫情成因和影响的研究立即成为理论界和实际部门关注的重大热点问题。当前对新冠肺炎疫情问题的研究，大多没有充分意识到人的行为因素在其中所扮演的作用。从行为经济学的角度看，新冠肺炎疫情爆发与人的行为因素之间存在着密切的联系。我们可以借助行为经济学的有关术语和分析框架，对武汉新冠肺炎疫情的成因进行分析。

2020 年年初新冠肺炎疫情在武汉爆发，在国内各界奋勇抗疫的同时，也暴露出中国在内部披露人保护制度上存在的短板和不足。鼓励和保护内部披露人对降低公共安全风险和减少社会经济损失具有重要意义，现阶段，中国亟须进一步建立和完善内部披露人保护制度，通过确立相关法律法规来鼓励知情人员积极上报重要信息，使政府高层能够更加迅速有效地做出决策。本报告将从行为经济学的角度论证在信息不对称情况下设置内部披露人保护制度的必要性，为中国内部披露人保护制度的发展完善提供理论支撑，通过回顾国外内部披露人保护制度的发展历程，试图为中国相关制度的发展完善提供一定的经验和启示。

内部披露人一词起源于警察发现犯罪时会吹哨子以引起同僚和民众的注意，现在引申为通过行动将发现的危险或非法行为向公众或组织预警的人①。内部披露人一般是组织的内部成员，掌握组织内部信息，在发现危险、违法或不道德行为时，向主管当局或者公众举报（Peterson，2016）。内部披露人保护制度是指：对在工作场所以善意和合理理由向主管当局披露任何不当行为的人员提供法律保护，使其免受歧视或纪律处分。内部披露人保护制度对解决组织上下级和组织内外的信息不对称问题具有重要作用，并且可以激励组织内部人员积极披露存在的危机、不道德和违法行为，尽早解决隐患（栾甫贵和田丽媛，2017）。

---

① 来自 MBA 智库对“内部披露人（whistleblower）”条目的解释。

内部披露人保护制度最早来自1989年美国通过的《内部披露人保护法案》。当今世界上很多国家已经出台了类似的内部披露人保护法案，比如英国1998年颁布的《英国公共利益披露法》、加拿大2007年颁布的《公务员信息披露保护法》、爱尔兰2014年实行的《披露保护法》等①。相较于以上国家，中国内部披露人保护制度确立时间较晚，并且目前还没有形成明确的立法支持。中国在2019年9月国务院印发的《关于加强和规范事中事后监督的指导意见》中首次确立了内部披露人保护制度②。内部披露人保护制度在中国公众中的认知程度不高，政府部门执行力度也比较欠缺，还没有建立起良好的保护和鼓励内部披露人上报预警的制度体系。本次新型冠状病毒肺炎疫情中没有体现出内部披露人保护制度对危机预警的作用，对李文亮等人的训诫更是挫伤了内部披露人上报重要信息的积极性。

内部披露人保护制度对公共应急管理具有重要作用。传统的封闭性的应急管理是政府部门通过及时采取内部行动和控制信息发布，避免危机影响扩大（张涛和刘志珺，2003）。这种"内紧外松"的宣传政策虽然在一定程度上能够降低民众的恐慌，但是"非官方"的不实信息散播往往会造成人们更大的恐慌（周晓虹，2003），再者外部民众也可能由于危机意识不足而受到威胁（薛澜和张强，2003）。通过内部披露人保护制度，可以使掌握真实信息的人积极向公众预警，使公众正确认识到危机的严重性，采取积极的防范措施，有利于控制危机进一步扩散，避免付出沉默的代价（Saha，2008）。在面对自然灾害和公共危机时，如果有内部披露人及时准确地提供有效信息，那么政府机构就可以及时采取有效措施以降低损失（Uys，2006）。很多历史事件已经证明了在灾难和危机面前忽视和不保护内部披露人所带来的严重后果。例如，在1986年美国挑战者号航天器发射之前，1985年4月就有美国研究机构内部的工程师建议修改火箭推进器，但是却没有被重视，导致火箭爆炸、航天员丧生（Vinten，1993）。东芝公司核工程师前藤正彦博士在日本福岛核反应堆建造时就提出了安全问题，但是一直没有引起当局关注，2011年3月日本福岛核电站在地震中发生严重泄漏，造成了巨大的环境污染和经济损失。结合中国在本次新型冠状病毒肺炎疫情中对内部披露人制度实施的不到位，建议借鉴国外的相关经验，进一步完善中国内部披露人保护制度。

本报告的贡献或价值体现在：从信息经济学和行为经济学的角度，分析了武汉新冠肺炎疫情成因，揭示了内部披露人保护制度的重要性；在梳理和总结国外内部披露

---

① 来自OECD于2016年3月16日发布的《Committing to Effective Whistleblower Protection: highlights》。

② 2019年9月，国务院印发《关于加强和规范事中事后监督的指导意见》，第十六条规定：建立内部披露人、内部举报人等制度，对举报严重违法违规行为和重大风险隐患的有功人员予以重奖和严格保护。

人保护制度发展经验的基础上，提出完善中国内部披露人保护制度的政策建议。

本报告余下部分内容安排为：第二部分从行为经济学的角度分析武汉新冠肺炎疫情的成因，第三部分结合本次疫情的发展，分析内部披露人保护制度在应急管理中的作用；第四部分将基于信息经济学和行为经济学的理论基础，试图构造一个在非人为因素造成的自然灾难或公共危机事件的前提下，内部披露人保护制度对内部知情人士上报积极性影响的理论模型，论证内部披露人保护制度在危机预警和政府应急管理中的重要性；第五部分进一步讨论上报信息质量差异的影响；第六部分主要介绍国外内部披露人保护制度的发展经验；第七部分为对中国的启示。

6.2 对武汉新冠肺炎疫情成因的行为经济学解释

理解人的行为因素对于理解新冠肺炎疫情的成因是非常重要的。以下本报告将结合行为经济学中的几个关键概念来对新冠肺炎疫情问题进行分析：

6.2.1 后悔最小化与偏差

与传统预期效用理论使用的预期效用最大化的假设不同，心理学领域中的前景理论（Prospect Theory）假设微观个体的行为目标是实现预期后悔（Expected Regret）最小化。人们基于个人决策所采取的行动是为了实现后悔最小化（个人行动后不后悔或较少后悔）。过年阖家团圆是人们的普遍愿望，“有钱没钱回家过年”，当武汉封城消息发布时，一些人为了家庭团聚，也为了万一传染了，到了外地（特别是省外）住院的机会要多一些，当有了这种后悔最小化的心理预期时，30 万市民星夜兼程地往外地跑，也就能够理解了“能够回家团聚，我不后悔了”“离开武汉，即使染病了，住院的机会增加了，我不后悔”。再加上封城之前 4 百多万人离开武汉，极大地增加了疫情传播的风险。

风险总是向前看的（Forward Looking），而后悔则是向后看的（Backward Looking）。后悔便构成了几种认知偏差的基础。人们往往通过寻找可以证实自身认识的信息、隐瞒非证实性的信息（Disconfirming Information）以及当他人做出类似决策时感觉心情愉悦等方式，来实现后悔最小化（Rizzi，2008）。

在行为经济学家看来，心理因素往往会对信息不对称条件下的个人决策行为产生很大影响，从而产生个人的认知偏差。这些偏差包括乐观偏差、推断偏差、事后聪明偏差、维持现状的偏差、从众心理、损失厌恶心理等（昌忠泽，2011）。在上述几种偏差中，“乐观偏差”（Optimistic Bias）对人们的日常活动影响甚大。一些人生性乐观，尽管这是一件好事，但也很容易使人犯错误。即使被告知存在病毒传播风险，但大多数人总是非常乐观地认为事态不至于这么严重。面对病毒传染风险时表现出的过分乐观，会使大多数人自信地认为自己遭受新冠肺炎疫情影响的概率低于其他人。

6.2.2　过度自信

当个人夸大了自己对未来的预测能力，忽视了外部环境或偶发事件的影响时，过度自信现象就会发生。作为判断心理学最经得起实践检验的发现，过度自信是人们日常生活中普遍存在的一种心理偏差，在本次新冠肺炎疫情防控中地方主政官员身上表现得尤为严重。过度自信容易导致疫情早期地方政府决策的失误，从而引发更大的系统性风险。

对于普通民众来说，过度自信体现在：当疫情警报拉响时，“我比别人免疫力强，不戴口罩也没有关系”“即便感染生病了，我也比别人好得快”。当许多市民都这么想时，危险就会不期而至。地方主政官和普通民众普遍存在的过度自信放大了疫情的危险。

6.2.3　羊群行为

当一群个人受到其他人影响做出某种相同或相似的行动决策时，就会产生羊群行为。羊群行为的典型特征是：个人喜欢将自己隐藏于个体特征相似的（同质性）人群中，以降低社会压力对个人的影响，从而获得一种安全感方面的满足。春节是中国一年之中最重要的节日，春节到来之前的一段时期人们往往归心似箭，“阖家团圆”“抢车票回家”“不早点走，可能就回不去了”之类的话题会被无数次讨论和提起，这就诱发了在武汉就读的外地大学生、就业的农民工等做出与他人相同的早点回家过年的决策，羊群行为就这样产生。

应该指出的是，在春节前夕，武汉市的出城压力由于后悔最小化和羊群行为两者的结合而更显突出。中国目前社会各阶层的流动主要表现为从农村或中小城市向城市或大城市的双向流动，大学生和农民工是这种双向流动的主要组成部分。春节前，身处异乡的大学生和农民工普遍认为，无论是生活质量，还是过节气氛等，过年回家都比留在武汉强。为了实现后悔最小化，以及受羊群行为影响，大学生和农民工会争相选择“一放假就回家”“一拿到工钱就回家”，武汉的出城压力便可想而知。即使武汉市有关冠状病毒肺炎传播的各种消息越来越多，也阻止不了人们回家的步伐，几百万人提前回家就是羊群行为的最好注释。

6.2.4 选择性接触与过度外推

在这次新冠肺炎疫情中，选择性接触（Selective Exposure）倾向表现得特别明显。在元旦和春节即将接踵而至的喜庆时期，人们总是喜欢听好的消息和新闻，因为根据行为经济学理论知识，好消息意味着人们的收入和财富在增加（Rizzi，2008），“有钱回家孝敬亲友”。此次新冠肺炎疫情传播风险之所以被一些人忽视，是因为大多数人都倾向于在重大节日即将到来的时期听好的消息和新闻，不爱听“新冠病毒肺炎可能具有传染性”之类的坏消息和新闻。而在官方宣布“新冠肺炎具有传染性”进而对武汉进行封城之后，人们又在过分外推的思维模式下对好消息产生质疑，而对每天确诊人数、死亡人数增加、口罩等防护用品短缺、复工上班可能遥遥无期之类的坏消息习以为常。这种选择性接触倾向放大了新冠肺炎疫情期间人们的恐慌心理，增加了疫情的防控难度。

根据上述分析，新冠肺炎疫情爆发可以大致描述为：元旦之后，春节又快到了，在这片欢乐祥和的气氛中，人们只喜欢听好的消息和新闻，对坏的消息和新闻视而不见，即使有不明原因肺炎的相关报道，人们也不当一回事，毕竟这个季节是流感频发的季节；当不回家过年就会后悔最小化和羊群行为两者相结合时，武汉市的出城压力变得更为突出；如果普通民众重视不明原因肺炎的相关消息和新闻，做好自我防护，在疫情早期可以更好地控制住局面。毕竟在应对突发公共卫生事件时，个人做好自身防护才是对自己最好的保护，也是对家庭、对国家的最好担当。

从行为经济学的角度来看，新冠肺炎疫情的爆发有许多地方值得人们反思。

6.2.4.1 不断增强信息披露的及时性和准确性，合理引导人们的心理和行为预期

从行为经济学的角度看，信息的充分披露并不是市场有效运行的充要条件。过多的信息发布常常会淹没有利于人们做出正确决策的真正有价值的信息，导致“阳光造成的失明”。由于人们普遍存在的认知偏差，无论信息公开如何透明，人们一般只关注其中部分对自己有用的信息。例如，由于确认偏差，人们总是有意识地寻找支持自身观念的各种信息，对那些否定自身观念的信息不再予以关注。因此，应该推行公共卫生信息的“实质性披露”，不追求信息发布的数量，而是追求高质量的信息披露：告知公众新冠病毒肺炎具有传染性，需做好严格防护，及时根据疫情状况发布突发公共卫生事件响应等级，等等，以合理引导人们的心理预期和行为决策。

6.2.4.2 任何时候都不能忽视低概率事件，减少偏差对人们风险认识的影响

由于某一事件发生的主观概率依赖于最近的经验，像传染病爆发或严重食品安全事件之类的事件实际发生的概率很低，导致人们严重忽视了低频率事件发生的风险。实际上，“不可能事件”很有可能发生，因为很多“不可能事件”已经发生过了。因此，时间越长，“黑天鹅”事件发生的可能性越大（Taleb，2007）。

根据行为经济学理论，偏差会对人们的风险认知产生各种影响。由于以下三个因素，认识和处理偏差会变得更为复杂：（1）由于群体思维和激励不当，偏差能够自我强化；（2）人们往往会为自己某项行动决策寻找理由，他们更偏爱那些能够证实自身观点正确的信息，与他们现存观点不一致的信息则更容易被忽视；（3）偏差会使人们产生不切实际的安全感，从而放松警惕（Rizzi，2008）。

从此次新冠肺炎疫情中得到的一个教训是，无论突发公共卫生事件发生的概率有多么小，都不能忽视这种低概率事件，因为它一旦发生，就会对整个社会构成严重威胁。

未来公共卫生风险应急管理应该将工作重心放在前瞻性的动态管理上，其要点有三：

第一，某一地区的公共卫生风险偏好由该地区能够承受多大的损失（风险收益或潜在的评级下调等）决定；

第二，使用情景分析和压力测试等工具，评估该地区面临的公共卫生风险；

第三，当某一地区公共卫生风险和该地区人们的偏好发生错配时，应该及时予以校正。

6.2.4.3 完善信息不对称情况下的激励约束机制

根据信息经济学和激励理论，在信息不对称情况下，个人有隐瞒自身真实信息、不说真话或只讲有利于自己的话的激励，这种自私的个人行为不仅在道德上要予以谴责，而且加剧了病毒传播风险，造成防疫形势难以把控的局面。人命关天的事情，个人要说真话，对自己，对国家负责，因此应该对隐瞒病情的行为进行严肃问责。

为了鼓励人们说真话，不隐瞒病情，激励机制必不可少。自湖北各地封城以来一段时期，湖北多地（十堰、武汉、潜江等）对主动报告发热等个人不适状况的人员予以奖励，如湖北潜江市规定：首次确定为无法明确排除新冠肺炎症状的发热患者奖励1000元，首次确定为新冠肺炎疑似病例的患者奖励2000元，首次确定为新冠肺炎确诊病例的患者奖励10000元。如果在新冠肺炎疫情的早期对内部披露人进行重奖而非

训诫，及时、及早启动突发公共卫生事件一级响应，极有可能避免后来严重状况的发生，从而将各种损失降低到最小。

6.3 应急管理与疫情内部披露人

本次疫情中，李文亮作为一名眼科医生，在发现“不明原因肺炎”可能存在传染性时，积极提醒周围人注意保护。而最早接诊新冠肺炎患者的医生们应该掌握更多的信息，却没有人站出来积极向人们预警，这可能是因为缺乏预警意识，也可能是有所顾虑。经典的经济学理性人假设告诉我们，人们会通过成本收益分析做出使预期效用最大化的决策（Von Neumann 和 Morgenstern，1947）。对于内部披露人来说，他们同样也是为了实现预期效用最大化，只不过他们的收益主要是来自道德层次的效用。而根据行为经济学理论知识，与传统预期效用理论所采用的预期效用最大化的假设不同，心理学中的前景理论假设个人的目标函数是实现预期后悔最小化，人们的行动是为了实现后悔最小化，即不后悔或较少的后悔（Kahneman 和 Tversky，1973）。从公益的角度出发，内部披露人向公众或政府部门提供重要的信息，能够及时预防危机或减少损失，从而获得精神上的慰藉或良好的声望。

从行为经济学的角度来看，内部披露人保护制度可以激励内部知情人员积极举报潜在危机。内部披露人举报行为的成本是，可能会因为举报信息有误或私自披露，受到社会谴责或行政处罚。其收益是向公众及时预警危机，减轻社会损失，能够使自己获得精神层次的慰藉和称赞。当“吹哨”行为受到保护时（至少不会受到处罚），内部披露人精神层次的收益得到了保障，在对自身的道德要求下，就有激励去主动发出危机预警。如果没有内部披露人保护制度，那么在信息不对称情况下，个人的精神收益得不到保障，就有隐瞒真实信息、不说真话或只讲对自己有利的话的激励。所以，抱着“多一事不如少一事”的心态，知情人士会缄默不语，导致危机快速蔓延，并造成后期难以控制的局势。

从政府应急管理的角度来看，内部披露人保护制度是对危机预警机制的进一步完善和强化。传统的自上而下的危机预警要求政府建立相应的预警机构，通过政府部门专人负责主动搜集信息，如各级疾病控制中心。然而，危机的来源可能包括各个方面，并且往往难以发觉或容易被忽视，所以预警机构的设置很难达到全面覆盖（唐晓东和王林，2005）。再者，由于危机的复杂性、不确定性和风险性（黄如金，2003），单纯的自上而下的危机预警机制很难对危机做出正确的判断。而“吹哨”行为作为一种自下而上的危机预警往往更加及时有效。作为内部人员，内部披露人能够更早地发现危机，并且对危机的认知也更加全面准确。因此，在危机面前，内部人员主动向公众和政府部门预警，可以极大地提高危机处理效率。要发挥这种自下而上的预警机制，就需要更多的内部知情人员主动站出来进行披露，而内部披露人保护制度正是为“吹哨”行为提供了制度保障。

6.4 内部披露人保护制度在应急管理中的作用：一个基本模型

在本节中，我们将讨论在自然灾难或公共危机事件下，政府是否对内部知情人士上报选择，建立内部披露人保护制度及其对整体社会福利的影响。在基本模型中，我们假定内部知情人士在危机爆发前期了解危机事件的全部信息，而外界人士（包括广大民众和政府机构）则还没认识到潜在危机的严重性。内部知情人士根据自身效用和社会福利选择上报与否，并对整体社会福利造成相应影响。

6.4.1 基本假定

我们假设内部披露人 A 是在基于如下假定下进行上报选择：

a. 内部披露人作为内部知情人士掌握危机事件的全部信息，而外部人士对危机事件还不知情。内部披露人掌握的内部信息是能够说服他人相信的，并且可以在随后被证实。

b. 内部披露人上报信息的动机是基于公众利益，而不是为了自己的私利。内部披露人提前预警能够防止公众利益更大的损害，即危机事件的发生和产生的损害结果之间存在一定的时滞。

c. 内部披露人在掌握完全信息的情况下，知道自然灾难或者公共危机事件造成自身之外的公共利益损害 d（假定 $d>0$）。

d. 只要内部披露人向政府机构上报信息就会获得心理收益 m（假定 $m>0$）；不上报则会感到内疚，心理收益为 $-m$。当内部披露人上报信息受到政府机构重视后获得的心理收益增至 d（假定 $d>m$）。

在对内部披露人做出上述基本假设之后，我们将内部知情人士和政府机构在公共危机事件中的行为选择进行简要的模型概括，博弈时序为图 6－1。

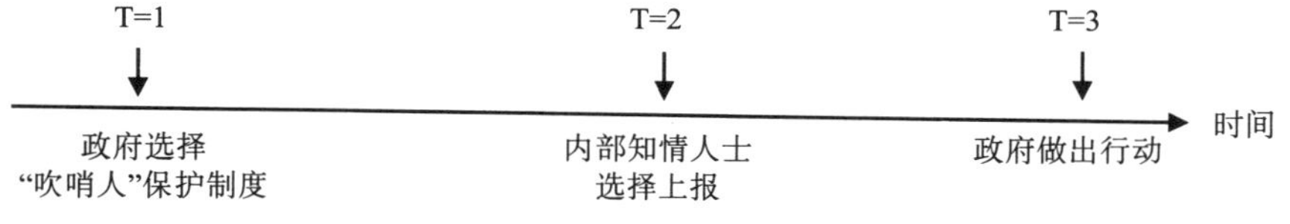

图 6－1 “吹哨”行为的博弈时序

在 T=1 时刻，政府机构首先选择设立或不设立内部披露人保护制度；在 T=2 时刻，自然灾难或公共危机事件发生，掌握信息的内部知情人士 A 选择上报或不上报掌握的信息；在 T=3 时刻，政府机构根据内部知情人士可能上报的信息选择是否做出行动。

对政府机构我们做如下假定：

e. 政府机构在收到内部披露人上报的危机信息之后以概率 π（$0\leqslant\pi\leqslant1$）委派调查组前往调查（重视），以概率（$1-\pi$）不理睬上报的信息（不重视）。假定政府派调查组前往调查可以有效防止自然灾难或公共危机事件随后造成的损失 d①。

f. 政府机构对内部披露人保护的概率为 s（$0\leqslant s\leqslant1$），s=1 表示政府机构对所有的上报行为都进行保护，即设置完全的内部披露人保护制度；s=0 表示政府机构对任何上报行为都不进行保护，即没有任何内部披露人保护制度。

g. 在没有受到制度保护时，政府机构以概率 p（$0\leqslant p\leqslant1$）对内部披露人进行惩罚 c（如疫情中李文亮等人被训诫），在受到制度保护时不受惩罚。

6.4.2 模型求解

根据以上对内部披露人和政府机构的假定，我们可以推出内部披露人选择上报内部信息时的预期收益为：

$$y_1=s[d\pi+(1-\pi)m]+(1-s)[d\pi+(1-\pi)m-cp] \quad (6-1)$$

内部知情人士在危机事件大范围爆发之前，只是知道危机事件会造成负面的社会影响，但是不知道危机事件具体的影响程度，因此出于自我心理上的正义感，当选择不上报时在道德上感到内疚，产生的预期收益为：

$$y_2=-m \quad (6-2)$$

因此，内部知情人士积极上报公共危机信息，要求其选择上报的预期收益大于选择不上报的预期收益，我们可以得出内部知情人士选择上报信息的条件为：

$$y_1>y_2 \quad (6-3)$$

即 $s[d\pi+(1-\pi)m]+(1-s)[d\pi+(1-\pi)m-cp]>-m$　(6-4)

$$d\pi+(2-\pi)m-(1-s)cp>0 \quad (6-5)$$

令 $y=d\pi+(2-\pi)m-(1-s)cp$　(6-6)

对式（6-6）求偏导，有：

---

① 在这里我们假设内部披露人上报信息受到政府机构重视后获得的心理收益为 d，并且与社会整体损失 d 相等，表示这一心理收益与公共危机事件的严重程度密切相关，事件可能造成的损失越大，获得的心理收益越大。

$$\frac{\partial y}{\partial s} = cp > 0 \tag{6-7}$$

$$\frac{\partial y}{\partial \pi} = d - m > 0 \tag{6-8}$$

$$\frac{\partial y}{\partial c} = -(1-s)p \leqslant 0 \tag{6-9}$$

由式（6－7）至式（6－9）可知，在其他因素不变的情况下，当政府机构设置的内部披露人保护制度覆盖越全面时，内部知情人士选择上报信息的预期收益比选择不上报的预期收益越高，内部知情人士越有动力成为内部披露人；当政府机构对内部披露人上报的信息重视程度越高时，内部披露人的预期净收益 y 越高，上报动力越强；在没有受到内部披露人保护制度保护时，政府机构对内部披露人的处罚力度越大，内部知情人士越不会上报信息。这从理论上说明，政府机构设置内部披露人保护制度能够在自然灾难或公共危机事件发生时，有效促进内部知情人士积极大胆上报其掌握的信息，从而避免造成可能的巨大社会损失。

对式（6－5）进行化解分析，我们可以进一步得到如下结果：

命题1：当政府机构制定的内部披露人保护制度对“吹哨”行为全面保护时（$s=1$），任何内部知情人士都有动力上报信息。即 $s^*=1$ 是一个最优策略。

证明：对式（6－5）进行移项化简，可得，

$$s > 1 - \frac{d\pi + (2-\pi)m}{cp} \tag{6-10}$$

由基本假定可知，式（6－10）大于号右边第二项分式大于0，所以小于号右边整体小于1，当 $s^*=1$ 时，式（6－10）小于关系恒成立。即 $s^*=1$ 时内部知情人士选择上报的预期收益更大，任何理性的知情人士都有动力上报信息。因为，此时的预期收益与处罚概率 p 和处罚力度 c 无关，任何上报行为都不会受到处罚，上报信息至少会获得为正的 m 收益。

命题2：内部知情人士掌握信息的心理负担（$2m$）大于可能受到的处罚［$(1-s)cp$］时，一定会进行“吹哨”行动。

证明：对式（6－5）进行移项化简，可得，

$$\pi > \frac{(1-s)cp - 2m}{d-m} \tag{6-11}$$

由基本假定可知，式（6－11）大于号右边的分式中，分母（$d-m$）大于0，π 取值在0到1之间，最小为0。因此，当 $2m > (1-s)cp$ 时，分子小于0，分式整体小于0，不等式恒成立。从理论上说明，即使政府机构不重视举报人的举报信息，并且

可能受到处罚，但是出于巨大的自身心理负担，内部知情人士也会选择上报信息。这也从行为经济学的角度解释了为何李文亮等几位医生在疫情爆发前期，在没有内部披露人保护制度保护的前提下依然选择公布疫情信息。

以上模型分析简要论证了在内部知情人士掌握完全信息这一基础设定下，政府机构设置内部披露人保护制度对内部人员“吹哨”行为的影响。接下来，我们将放宽内部知情人士掌握完全正确信息这一假定，进一步讨论信息质量差异的影响。

6.5 信息质量的差异化影响

在现实世界中人们很难获得自然灾难和公共危机事件的完全信息，内部人士更多的是能够获取与自身工作生活密切相关的那部分信息。因此，内部知情人士掌握的信息不一定能够精确反映出危机的问题所在和可能造成损害的严重程度，我们有必要将信息进行评价划分，考虑不同信息质量下的内部披露人保护制度和“吹哨”行为。

6.5.1 基本假定

首先，我们需要放弃基础模型中的假定 a，重新设定内部知情人士对获得的信息质量的假定：

h. 由于信息获取的不完全性，内部知情人士获得的信息为正确信息的概率为 z，信息不正确的概率为 $(1-z)$。外部人士没有危机事件的任何信息。内部披露人掌握的内部信息能够说服他人相信，但不一定能在随后被证实。

其次，在内部披露人上报信息可能有误的情况下，可能会导致政府机构对危机事件发展造成错误的判断，从而可能造成严重的社会损失。因此，内部披露人的预期收益也将发生变化，假定 d 应更改为：

i. 在危机爆发之前，内部披露人还不知道危机事件可能产生的具体社会影响，因此其心理效用是根据自身道德和对信息对错的判断来确定。只要内部披露人向政府机构上报信息就会获得心理收益 m（假定 $m>0$）；不上报则会感到内疚，心理收益为 $-m$。另外，假定内部披露人是具有“完全正义感”的，即当其上报错误信息时，不会因为自己选择了积极上报而觉得自己“情有可原”。因此，当内部披露人上报正确信息受到政府机构重视后获得的心理收益增至 d（假定 $d>m$），上报错误信息被重视的心理收获为 $-d$。

另外，我们假定内部披露人上报的信息一旦被政府机构所重视，就不会因为信息不完全符合现实而受到惩罚。也就是说，只要内部披露人是出于善意的上报行为而被政府机构重视，就不会被惩罚。

6.5.2 模型求解

根据以上改变后的内部披露人和政府机构的假定，我们可以推出内部披露人选择上报其掌握的内部信息时的预期收益为：

$$y_3 = s[d\pi z - d\pi(1-z) + (1-\pi)m] + (1-s)[d\pi z - d\pi(1-z) + (1-\pi)m - cp] \tag{6-12}$$

内部知情人士不上报的预期收益 $y_2 = -m$ 不变。同样地，上报信息要求其选择上报的预期收益大于选择不上报的预期收益，可以得出内部知情人士选择上报信息的条件为：

$$s[d\pi z - d\pi(1-z) + (1-\pi)m] + (1-s)[d\pi z - d\pi(1-z) + (1-\pi)m - cp] > -m \tag{6-13}$$

化简得：

$$[d\pi z - d\pi(1-z) + (2-\pi)m] - (1-s)cp > 0 \tag{6-14}$$

令 $\varphi = [d\pi z - d\pi(1-z) + (2-\pi)m] - (1-s)cp$ (6-15)

式（6-15）分别对 π 和 z 求偏导，有：

$$\frac{\partial \varphi}{\partial \pi} = 2dz - d - 2m \tag{6-16}$$

$$\frac{\partial \varphi}{\partial z} = 2d\pi > 0 \tag{6-17}$$

由式（6-16）可以得到，当 $z > \frac{1}{2} - \frac{m}{d}$ 时，净收益 φ 随政府机构对上报信息的重视概率 π 增长而递增；当 $z < \frac{1}{2} - \frac{m}{d}$ 时，净收益 φ 随概率 π 增长而递减；当 $z = \frac{1}{2} - \frac{m}{d}$ 时，净收益 φ 不随政府机构对上报信息的重视概率 π 变化。这表明政府机构重视程度对内部披露人预期收益的影响受到了其掌握信息精准度 z、心理收益 m 和自我判断的危机严重性 d 的综合影响。由式（6-17）可知，内部披露人的净收益随上报信息的精准度 z 增长而递增。这表明内部披露人掌握内部信息的精准度越高（越有把握），上报信息的预期收益会越高，从而越有动力上报。

命题3：在内部披露人掌握的内部信息不够精确时，即使政府机构对任何善意的“吹哨”行为采取保护措施（$s=1$），也不能保证所有的内部知情人士上报危机信息。

证明：对式（6-14）进行移项化简，可得上报要求，

$$s > 1 - \frac{2d\pi z - d\pi + (2 - \pi)m}{cp} \tag{6-18}$$

式（6－18）中大于号右边的分式中，分母大于0，但是分子可能小于0，即当

$$z > \frac{d\pi - (2 - \pi)m}{2d\pi} \tag{6-19}$$

时，式（6－18）右边恒大于1，而s最大取1，不等式（6－18）不成立。这说明，内部披露人掌握信息不够精确时，即使政府机构实施全面的内部披露人保护制度，也不能保证所有的内部知情人士积极上报信息。因为，当内部披露人掌握的内部信息不够精确时，可能导致政府对危机事件发展形势的判断错误，造成巨大的社会损失，内部披露人因此也会承担巨大的心理负担。

6.5.3 理论模型小结和政策含义

本部分基于信息经济学和行为经济学的理论知识，构造了一个信息不对称情境下，在自然灾难或公共危机事件发生时，政府机构设立内部披露人保护制度对内部知情人士“吹哨”行为选择的理论模型。通过模型求解，我们得到以下主要结论：

第一，在内部知情人士掌握完全信息时，政府机构制定全面保护的内部披露人保护制度（$s=1$），能够有效实现任何内部知情人士都有动力积极上报危机信息。

第二，在内部知情人士掌握完全信息时，即使政府机构不重视内部披露人的上报信息，并且内部披露人可能受到处罚，但是出于巨大的自身心理负担，内部知情人士也会选择上报信息。

第三，内部披露人掌握信息不够精确时，即使政府机构实施全面的内部披露人保护制度，也不能保证所有的内部知情人士积极上报信息。

通过基本模型和放宽约束下的拓展模型分析，我们从理论上论证了完全信息和存在信息精准度差异的情况下，政府机构内部披露人保护制度的最优设置参数和内部知情人士对“吹哨”行为的最优选择，为中国进一步发展完善内部披露人保护制度的构建提供了理论基础。

上述结论蕴含的一个重要政策含义是：建立内部披露人奖励制度能够实现内部披露人个人利益与应急管理目标的激励相容。

根据机制设计理论，公共卫生应急管理的目标是降低突发公共卫生事件的传播风险（即风险最小化），在给定信息分布的情况下，对内部披露人予以奖励就能最大程度地激励具有个人利益最大化目标的行为人及时披露真实信息，帮助决策者果断决策、迅速做出反应，从而将突发公共卫生事件传播风险降至最低，实现内部披露人的

个人利益和公共卫生应急管理目标一致的激励相容。

6.6 国外内部披露人保护制度发展经验

从 1989 年美国颁布《内部披露人保护法》至今，已经有很多国家相继颁布了保护内部披露人的相关法律，表 6-1 列举了部分国家颁布的相关法律。本报告在此重点分析和总结美国、英国和日本内部披露人保护制度的相关立法和实践经验。

表 6-1　国外保护内部披露人的相关法律

国家	颁布时间	法律名称
美国	1989 年	《内部披露人保护法》(Whistleblower Protection Act)
	2007 年	《内部披露人保护加强法》(Whistleblower Protection Enhancement Act)
英国	1998 年	《公共利益披露法》(Public Interest Disclosure Act)
南非	2000 年	《披露保护法》(Protected Disclosures Act)
日本	2004 年	《公益通报者保护法》(公益通報者保護法)
加拿大	2004 年	《公务员披露保护法》(Public Servants Disclosure Protection Act)
马来西亚	2010 年	《内部披露人保护法》(Whistleblower Protection Act)
印度	2011 年	《内部披露人保护法》(Whistleblower Protection Bill)
新西兰	2000 年	《披露保护法》(Protected Disclosures Act)
澳大利亚	2013 年	《公共利益披露法》(Public Interest Disclosure Act)
爱尔兰	2014 年	《披露保护法》(Protected Disclosures Act)

注：相关信息由作者整理搜集。

6.6.1 美国

美国于 1863 年颁布的《虚假申报法》首次确立了对举报人的保护制度，该法案

续表

主要是为了打击美国内战期间政府供应商的欺诈行为（Epstein，2018）。1978 年颁布的《公务员制度改革法》首次确立了对公务人员披露行为的保护制度（Caiden 和 Truelson，1988）。第一部关于内部披露人保护制度的专门立法则是 1989 年颁布的《内部披露人保护法》（Whistleblower Protection Act，WPA）。该项法案旨在加强对雇员权力的保护，防止举报人遭到报复。法案将受保护的披露行为定义为：违反法律、法规或条例，主管当局存在严重管理不善、严重浪费资金、滥用职权，或对公众健康和安全造成重大危险的行为。特别地，WPA 明确规定，“任何信息披露”都应该受到法律的保护，各联邦机构不应设置披露障碍限制员工披露。1994 年美国修订了《吹哨人保护法》，进一步加强了对“任何信息披露”的保护（Whitaker 和 Schmerling，1998）。美国的《吹哨人保护法》主要从以下几个方面对内部披露人及其披露行动进行保护和鼓励。

第一，披露内容的真实性。该法案要求员工必须诚信，必须是“有理由的相信”，而信息的实际真实性不影响内部披露人是否受到保护。这就在很大程度上降低了内部披露人的披露风险，只要其出发点是好的，信息的实际真实性不会成为其主动披露的阻碍。

第二，披露方式。WPA 没有要求内部披露人必须向特定的机构或组织披露才能受到保护，举报人可以自己选择公开披露或者向机构检举。但是，法案规定公开的披露不得包含法律和政令所禁止的，包括有利于国防和外交的信息。这类信息可以通过其他途径向特定机构披露。

第三，保护条款。《吹哨人保护法》规定组织不能在内部披露人披露信息后对其采取报复行动，具体包括：人身报复、威胁或纪律处分；职务的任命、晋升、调任和复职上的报复行为；对员工的薪酬、福利和绩效，或者教育培训上的报复行为；要求员工进行精神检查；重大变更员工职级和能力不匹配的职责或工作条件。

第四，获得保护的途径。当内部披露人在披露之后没有受到保护时可以通过以下四种途径获得保护。包括：（1）向绩效保护委员会（MSPB）申诉组织对其的报复行动，也被称为“第 77 章”申诉；（2）向特别顾问办公室（OSC）申诉，在个人同意下该机构会调查组织的报复行为；（3）个人诉权，个人可以对受到的报复行为提起上诉；（4）协商申诉程序，个人和组织内的工会进行报复行为判定的协商。

在 2002 年美国颁布的《萨班斯—奥克斯利法案》中明确规定，要对公司内部的举报人进行保护，避免吹哨人遭受报复（Watnick，2007）。2007 年，美国又颁布了《加强吹哨人保护法》（Whistleblower Protection Enhancement Act）。该法案扩大了对吹哨人的保护范围，将涉及国家安全问题的政府部门雇员也认定为该法案的保护对象，并再次强调了吹哨人披露的自由性和强化司法部门对吹哨人的法律保护（Whitaker，2007）。2010 年美国颁布《多德—弗兰克法案》，该法案加强了对金融行业吹哨人的保护，鼓励吹哨人向美国证券交易委员会（SEC）举报金融欺诈和企业非法行为，并拿出大量资金对举报人进行奖励。截至 2017 年，SEC 已经向 46 人支付了 1.6 亿美元的举报奖励，并对违法分子征收罚金达 9.75 亿美元（Austin 和 Lombard，2019）。

美国吹哨人保护制度主要包括对吹哨人的保护和激励两个方面。保护措施主要是防止举报人遭受报复和不公正待遇，保护其人身安全和福利不受侵害，包括工作环境和健康安全，如消除空气污染、防止化学品危害、防止辐射和水污染；工人健康抚恤，如提供健康保护设施、住宿补贴和精神关怀；保障公民权利；最低工资保障；提供政府援助；提供儿童保育设施；提供儿童福利等。奖励措施主要是对违法行为举报者发放货币奖励，例如《虚假申报法》中规定吹哨人举报内容经法庭审理证实后可以获得赔偿额中的 15%～30% 的奖励金（陈有西，2005），《多德—弗兰克法案》中同样将吹哨人举报案件中追回资金的 10%～30% 作为对吹哨人的奖励（彭成义，2019）。另外，美国政府为一些特定行业和政府机构雇员提供追索权，保障其吹哨行为得到保护，包括教师、消防员、矿工、农民、司法人员、地方治安官、铁路雇员、保险公司雇员等（Elletta 和 Terry，2000）。

6.6.2 英国

在 20 世纪 90 年代末，英国经历了很多灾难，例如 1988 年北海油田派普阿尔法钻井平台爆炸（167 人死亡），1988 年克拉帕姆铁路事故（35 人死亡，500 人受伤）。在这两起灾难发生前都有其内部人员发现了问题，但是因为员工的沉默和管理人员的漠不关心，终究酿成大祸（Saha，2008）。因此，英国于 1998 年颁布《公共利益披露法》（Public Interest Disclosure Act，PIDA），该法案是在英国 1996 年颁布的《就业权力法》基础上进行修订并引入了内部披露人保护制度，力图保护内部披露人不受报复，并鼓励内部人员积极披露组织的违法行为和潜在的社会危机（Meng 和 Fook，2011）。

该法案指出，无论其组织的违法行为是发生在英国还是其他国家，举报人都会受到法律保护。PIDA 的保护对象包括企业员工、承包商、家庭佣工、警察、政府公务人员等，但不包括志愿者、情报部门人员和军人。当内部披露人受到侵害时，可以向劳动仲裁法庭（Employment Tribunal）提起保护请求。因此，该法案主要是保护企业内员工的举报行为，防止违法雇主对其雇员实施报复行为（Bowden，2005）。

英国的 PIDA 法案倾向于鼓励举报人员向其组织管理部门或相关政府机构披露信

息。根据对吹哨人实施保护的条件宽松程度可以分为：第一，内部披露，吹哨人向企业或组织内部的管理部门披露存在或可能存在的违法问题时必须受到法律保护，企业和组织不能因为吹哨人的善意上报而解雇或制裁吹哨人，不得实施降薪、降职等报复措施。第二，向相应政府监管部门披露，如金融服务管理局、卫生部、税务局。这类披露与内部披露对吹哨人的要求基本相同，唯一的区别在于吹哨人上报给监管部门的信息必须是真实且符合公共利益的，不能仅靠怀疑而上报信息（Vickers，2000）。第三，向新闻媒体披露。如果举报人要向媒体公众或者其他非规定的举报机构披露，需要满足以下条件才能受到该项法案的保护：（1）举报人的举报意图不是为了个人利益，但是其向组织内部或者相关部门举报会受到威胁或伤害；（2）没有指定的举报机构，或组织内部和政府机构存在掩饰真相行为；（3）在组织内部和相关机构举报后没有收到回复。只有在满足这三个条件下的公开披露才会受到 PIDA 法案的保护。举报人需要按这三种途径层层举报才会受到保护，导致在应对突发事件时的灵活性较差（Vandekerckhove，2010）。

6.6.3 日本

日本是亚洲确立内部披露人保护法律较早的国家。1999 年日本颁布的《核原料、核燃料和反应堆管理法》提出要对报复内部披露人的行为进行处罚（Coney 和 Coney，2016）。2004 年 6 月日本颁布的《公益通报者保护法》旨在保护私人和组织对任何违法行为的披露。该法案涵盖的披露范围广泛，包括企业和政府的违法或犯罪行为，威胁到环境卫生、市场公平竞争以及公众利益和生命安全的行为等。该法案保护对象涵盖私营部门和公共部门人员，包括企业员工、雇主、政府机构官员以及普通大众，但不包括匿名举报人、企业董事和商业合作伙伴（Mizutani，2007）。法案第 3 条至第 5 条规定，只要举报人不存在非法目的，就应当受到法律保护。日本的《公益通报者保护法》只是对举报违法行为的内部披露人给予保护，如果举报人披露的信息没有涉及违法，就不会受到该法案的保护（Wolff，2004）。

与美国的《吹哨人保护法》不同，日本的《公益通报者保护法》规定员工在发现企业非法行为时的不同举报方式将会影响其是否受到保护。具体来说：第一，员工向企业领导报告将会受到保护，只要举报人没有不良目的，即使信息有误，企业也不能对员工实施解雇、降职、减薪或其他报复行为。第二，如果员工向政府机构和公职人员举报企业的违法行为，在举报证据不足的情况下，员工将不会受到该法律的保护。第三，如果要向媒体或公众举报，员工必须是因为可能受到企业报复、举报证据被刻意损坏、雇主没有答复员工的书面举报，或者员工人身安全受到威胁。只有在这些情况下，员工的“吹哨”行为才会受到法律保护。因此，该项法案可以说是一部“促进内部举报”的法律（Mizutani，2007）。这些举报要求打击了员工举报的积极性，没有有效发挥内部披露人对危机的预警披露作用（日野勝吾，2017）。

根据上述分析，我们在表6-2中对美国、英国和日本现行的内部披露人保护制度的共同点和差异进行了比较。

表6-2　美国、英国和日本内部披露人保护制度比较

<table>
<tr><th colspan="2"></th><th>美国</th><th>英国</th><th>日本</th></tr>
<tr><td colspan="2">共同点</td><td colspan="3">1. 立法确立内部披露人保护制度
2. 保护对象包括公共部门和私人部门的内部披露人</td></tr>
<tr><td rowspan="3">差异</td><td>披露内容</td><td>1. 违法行为
2. 不道德行为
3. 公共危机</td><td>1. 违法行为
2. 公共危机</td><td>1. 违法行为
2. 公共危机</td></tr>
<tr><td>披露方式</td><td>1. 内部上报
2. 向政府机构举报
3. 公开披露</td><td>1. 鼓励向内部和政府机构披露
2. 有条件的公开披露</td><td>披露必须遵守：先内部、再政府、最后公开的顺序</td></tr>
<tr><td>保护范围</td><td>所有善意的披露</td><td>对发生在本国内外违法行为的披露</td><td>1. 对内部善意的披露
2. 对政府机构和公众有证据的披露</td></tr>
</table>

注：相关信息由作者整理搜集。

6.7　对中国内部披露人保护制度的启示

6.7.1　中国应急管理体系分析

2003年SARS之后，中国政府认真吸取抗疫经验，应急管理体系建设取得了重大进展。中国的应急管理体系的核心内容可以概括为“一案三制”，即应急预案、应急管理体制、应急管理机制和法制（钟开斌，2009a）。其中，应急预案是针对各类紧急事件和公共危机，提前制订好的应对计划；应急管理体制是指应急机构的组织形式和权职构成（高小平、刘一弘，2009）；应急管理机制包括应急预案在内的危机处置方法和流程；应急管理法制是整个应急管理体系的法律支持，包括狭义的应急管理相关的法律法规和广义上的应急管理的具体制度要求（钟开斌，2009b）。“一案三制”协调配合，构成了中国自上而下的应急管理体系（徐松鹤、韩传峰、孟令鹏和吴启迪，2015）。

中国应急管理体系的优点主要体现在：第一，应急管理由国务院统一领导，各级政府和各部门分工明确，并且将突发公共事件分类分级，不同事件采取不同的应对措施，针对性较强（薛澜和钟开斌，2005）；第二，国家已经颁布一些相关应急管理的条例和法律[①]，应急管理的立法支持和规章制度化得到了加强，基本实现了应急管理有法可依（中国行政管理学会课题组，2005）；第三，在危机爆发之后，即在突发事件的中后期阶段，国家应急管理体系的动员能力很强，可以迅速集合各方面力量，举全国之力处理危机事件，彰显了中国特色社会主义优越性。

现阶段中国应急管理中存在主要问题在于：第一，在突发事件发生的前期阶段，由于科层体制（尽管有直报系统，多层级决策体系带来的决策效率低）效率很低；第二，缺乏完善的内部披露人保护制度和提前预警制度及相应的立法，使得本来可以提前控制的突发事件逐步演化为产生严重后果的危机；第三，地方部门与中央在危机前期的行动目标不统一，地方官员由于政绩因素往往会封锁信息不予上报，导致中央无法提前部署应急计划；第四，公共卫生应急体系中的初级卫生保健系统薄弱且缺乏公信力，疫情爆发后医院就诊人员扎堆，造成了交叉传染[②]。因此，对应急管理体系的国际比较和核心能力建设的研究，应该注意到东西方制度、文化等方面的差异，当突发事件进入中后期危机时刻，西方发达国家的应对能力不会比中国强，但是在前期阶段，西方发达国家的很多做法值得我们学习。

6.7.2 建立完善中国内部披露人保护制度

2019 年 9 月，国务院印发的《关于加强和规范事中事后监督的指导意见》首次提出要构建中国的内部披露人保护制度。但是，目前中国还没有建成完整的内部披露人保护制度体系，已印发的指导意见也忽视了内部披露人在事前预警中的重要作用。因此，我们可以借鉴国外内部披露人保护制度的实践经验，结合中国的实际国情，加快构建中国的内部披露人保护制度，发挥内部披露人在事前预警中的作用，进一步完善中国的应急管理体系。

第一，制定内部披露人保护制度的相关法律法规。法律法规是政策制度实施的保障和基础。要构建中国的内部披露人保护制度，首先需要通过立法来明确内部披露人保护制度的面向对象、覆盖范围、保护方式和惩处力度，即在哪些披露行为中的哪类人员可以受到法律的何种保护，对违法人员或组织应该进行怎样的处罚。对于善意的

① 例如，2003 年中国政府颁布《突发公共卫生事件应急条例》，2005 年国务院颁布《突发公共事件总体应急预案》，2007 年全国人大通过《突发公共事件应对法》等。

② 2020 年 2 月 28 日，哈佛大学公共卫生学院教授 Winnie Yip 在哈佛大学新冠病毒研讨会上的发言。

披露和举报行为，应该受到法律保护，从根本上打消内部披露人的顾虑，提高“吹哨”行为的积极性。特别地，对于信息有误的披露行为，只要内部披露人是出于善意的，都应该受到法律保护。

第二，建立专门的举报审查机构。法律法规需要相应的机构人员去实施，实际执行的法律法规才能发挥其保护作用。因此，中国需要在加强立法的同时建立具有一定独立性的举报审查机构，通过搜集和审查各类披露举报行为，将重要的信息及时上报有关部门。同时，专门审查机构应该具有一定的自主权，能够对善意的内部披露人及时实施保护，避免其遭受报复；对于遭受报复的内部披露人，能够通过审查机构维护自身的合法权益。建立专门的举报审查机构是为了及时获取预警信息和保护内部披露人，能够尽早发现危机、处理危机，提高政府的应急管理效率。

第三，建立相应的奖惩制度。建立奖惩制度，是在内部披露人保护的基础上加强信息披露激励，也是对阻碍披露行为的打击。内部披露人在危机前的披露行为大多是出于对公众的保护，因此善意的“吹哨”行为都应该受到法律保护。当内部披露人披露出的信息被证实确实无误时，我们也应该给予相应的奖励。对于挽回损失较大的，应该考虑在对预期挽回损失的价值进行评估的基础上，按照预期挽回损失的一定比例予以重奖，这是对“吹哨”行为的激励，能够鼓舞更多知情人士披露潜在的危机。对报复和处罚出于善意的内部披露人的人员和组织应该进行相应的处罚，杜绝阻碍披露和报复内部披露人的行为发生，使内部披露人的人身权、财产权、隐私权和劳动权得到保障（皮剑龙，2020）。

第四，完善公共卫生应急管理体系。内部披露人及时预警，应急管理体系迅速反应，才能最大限度发挥作用，降低公共卫生风险。在公共卫生应急体系中初级卫生保健系统是基层的医疗健康组织，具有覆盖范围广、服务人数多的特点，提高初级卫生保健系统的医疗水平和公信力，能够第一时间掌握疫情发展动向，及时医治轻症患者。结合医疗分级管理，通过初级卫生保健系统接受轻症患者，中重症患者交由医院治疗，能够有效分流病人，避免交叉感染，从而实现医疗资源的利用效率最大化。高水平和具有公信力的初级卫生保健系统是内部披露人生长的土壤，完善医疗分级管理则是对内部披露人预警的有力支持。

第五，宣传服务公众的思想理念。在物质条件迅速提升的时代，人们的思想道德水平也应该同步提升。中国特色社会主义的发展也要求我们构建一个和谐美好，团结互助的社会。因此，我们可以通过新闻媒体报道内部披露人的先进事迹，通过教育向青年人宣传服务公众、团结互助和热爱祖国的传统美德，增强中华民族的凝聚力，使更多知情人士能够在危机面前勇敢地站出来向公众预警。

参考文献

[1] 昌忠泽．我们需要什么样的金融监管——对美国金融危机的反思［J］. 学术月刊，2010（10）：71－81.

[2] 昌忠泽．基于行为金融学的美国金融危机成因研究［J］. 经济研究参考，2011（20）：2－8.

[3] 昌忠泽．大学生就业难问题的行为经济学思考［J］. 改革与开放，2017（1）：57－58.

[4] 陈有西．美国的吹哨人法案［N］. 浙江法制报，2005－12－28.

[5] 高小平，刘一弘．中国应急管理研究述评（上）［J］. 中国行政管理，2009（8）：29－33.

[6] 湖北省潜江市新型冠状病毒肺炎疫情防控指挥部22号通告［EB］，［2020－02－27］.

[7] 黄如金．危机事件与危机管理［J］. 经济管理，2003（13）：6－13.

[8] 栾甫贵，田丽媛．吹哨者、公司、审计师的博弈分析——基于吹哨者保护制度的研究［J］. 审计与经济研究，2017，32（1）：38－48.

[9] 彭成义．国外吹哨人保护制度及启示［J］. 政治学研究，2019（4）：42－54.

[10] 皮剑龙．加快构建中国内部披露人法律保护制度［N］. 人民政协报，2020－2－28.

[11] 日野勝吾．公益通報者保護法の今日的意義と課題［J］. 法政論叢，2017：65－87.

[12] 唐晓东，王林．政府危机处理的组织架构和预警机制研究［J］. 经济体制改革，2005（1）：161－164.

[13] 薛澜，张强．SARS事件与中国危机管理体系建设［J］. 清华大学学报（哲学社会科学版），2003，18（4）：1－6，18.

[14] 薛澜，钟开斌．突发公共事件分类、分级与分期：应急体制的管理基础［J］. 中国行政管理，2005（2）：102－107.

[15] 徐松鹤，韩传峰，孟令鹏，吴启迪．中国应急管理体系的动力结构分析及模式重构策略［J］. 中国软科学，2015（7）：20－28.

[16] 张涛，刘志珺．透过SARS事件看现代政府危机管理［J］. 管理现代化，2003（4）：7－9.

［17］中国行政管理学会课题组．政府应急管理机制研究［J］．中国行政管理，2005（1）：18－21．

［18］钟开斌．回顾与前瞻：中国应急管理体系建设［J］．政治学研究，2009（1）：78－88．

［19］钟开斌．“一案三制”：中国应急管理体系建设的基本框架［J］．南京社会科学，2009（11）：77－83．

［20］周晓虹．传播的畸变——对“SARS”传言的一种社会心理学分析［J］．社会学研究，2003（6）：43－54．

［21］Austin J, Lombard S. The Impact of Whistleblowing Awards Programs on Corporate Governance［J］. Windsor Yearbook of Access to Justice, 2019（36）：63－83.

［22］Bowden P. A Comparative Analysis of Whistleblower Protection［C］. Australian Association for Professional and Applied Ethics 12th Annual Conference, Adelaide, 2005.

［23］Caiden G E, Truelson J A. Whistleblower Protection in the USA：Lessons Learnt and to be Learnt［J］. Australian Journal of Public Administration, 1988, 47（2）：119－129.

［24］Coney P, Coney C. The Whistleblower Protection Act（Japan）2004：A Critical and Comparative Analysis of Corporate Malfeasance in Japan［J］. Monash University Law Review, 2016, 42（1）：41－71.

［25］Elletta S C, Terry M D. The State of State Whistleblower Protection［J］. American Business Law Journal, 2000, 1（38）：99－174.

［26］Epstein A. The NCAA and Whistleblowers：30－40 Years of Wrongdoing and College Sport and Possible Solutions［J］. Southern Law Journal, 2018, 28（1）：65－84.

［27］Heyes A., Kapur S. An Economic Model of Whistle－Blower Policy［J］, The Journal of Law, Economics, and Organization, 2008, 25（1）：157－182.

［28］Kahneman D, Tversky A. On the Psychology of Prediction［J］, Psychological Review, 1973, 80：237－251.

［29］Meng T P, Fook O S. Comparative Analysis of Whistleblower Protection Legislations in England, USA and Malaysia［J］. African Journal of Business Management, 2011, 5（27）：11246－11255.

［30］Mizutani H. Whistleblower Protection Act［J］. Japan Labor Review, 2007, 4（3）：95－119.

［31］Peterson O K. Fraud Detection, Conservatism and Political Economy of Whistle

Blowing [J]. Academic Journal of Interdisciplinary Studies, 2016, 5 (3): 17 -24.

[32] Rizzi, J. V. Behavioral Basis of the Financial Crisis [J]. Journal of Applied Finance, 2008,

[33] Fall/Winter, 18 (2), 84 -96.

[34] Saha A. Whistle - Blowing in the United Kingdom [J]. 2008, SSRN: https: //ssrn. com/abstract = 1106544.

[35] Taleb, N. The Black Swan: The Impact of the Highly Improbable [M]. 2007.

[36] Random House.

[37] Uys F. Whistle Blowing in Disaster Prevention and Rehabilitation [J]. Journal of Public Administration, 2006 (S1): 218 -230.

[38] Vandekerckhove W. European Whistleblower Protection: Tiers or Tears? [M]. A Global Approach to Public Interest Disclosure, Cheltenham/Northampton MA, Edward Elgar, 2010: 15 -35.

[39] Vickers S. Whistling in the Wind? The Public Interest Disclosure Act 1998 [J]. Legal Studies, 2000, 3 (20): 428 -444.

[40] Vinten G. Whistleblowing on Crises and Disasters [J]. Journal of Contingencies and Crisis Management, 1993, 1 (2): 101 -110.

[41] Von Neumann J, Morgenstern O. Theory of Games and Economic Behavior, 2nd [M]. 1947, Princeton, NJ: Princeton University Press.

[42] Watnick V. Whistleblower Protections under the Sarbanes - Oxley Act: A Primer and a Critique [J]. Fordham Journal of Corporate & Financial Law, 2007, 12 (5): 831 -879.

[43] Whitaker L P, Schmerling M. Whistleblower Protections for Federal Employees [R]. Congressional Research Service, Washington, DC, 1998, http: //whistle20. tripod. com/crswhistle. pdf.

[44] Whitaker L P. The Whistleblower Protection Act: An Overview [R]. Congressional Research Service, USA, 2007, http: //digitalcommons. ilr. cornell. edu/crs/32/.

[45] Wolff L. New Whistleblower Protection Laws for Japan [J]. Journal of Japanese Law, 2004 (17): 209 -214.

7.

政府公共危机管理能力对城市经济效率的影响

——以新冠肺炎疫情为例①

新冠肺炎疫情阻碍中国经济、社会等各方面的发展已经成为不争的事实，但同时也为我们提供了一个全新的视角来观测政府的公共危机管理能力。一般而言，各部门之间的协调能力越高，该地区的经济实力也就越强。基于此，本报告主要研究了新冠肺炎疫情视角下政府的公共管理能力对城市经济效率的影响。为此，本报告选取全社会固定资产投资额、城镇单位期末就业人数、地区国民生产总值等变量并运用数据包络分析方法中的超效率 SBM 模型测算了不同地区的城市经济效率。在此基础上，本报告利用南开大学黄森中教授团队提供的疫情传播数据对政府的公共危机管理能力影响城市经济效率进行了实证研究。实证部分首先验证了政府的公共危机管理能力对城市经济效率的影响，然后从产业结构和技术创新两个角度探讨了政府的公共危机管理能力影响城市经济效率内在机制。研究发现政府的公共危机管理能力通过提升第二产业与第三产业的劳动生产率从而促进产业结构升级，同时还能引导地区的

① 本报告由李新荣、苏治、卞浚沣撰写。

技术创新，最终作用到提高城市的经济效率中。结合理论分析和实证检验，本报告建议要切实提高地区政府的公共危机治理水平，深化政府职能转变，推动经济保持长期高质量发展。

7.1 引言

2019年12月8日，武汉市卫健委通报了第一例病例，新冠病毒肺炎在全国各地迅速爆发，仅2月24日一天，湖北全省就新增了14840个病例。为了防控疫情，在新冠病毒爆发的前期，全国各地大中小城市都实施了严厉的管控措施，全国经济活动停滞达一个月之久。截至本报告结稿，新冠肺炎对中国经济的影响暂时还无法准确评估，知名国际信用评级机构穆迪预测2020年全年中国GDP增速仅为1.9%，比2019年GDP增速下降了69个百分点。这次新冠肺炎疫情不仅严重危害国民经济的供需两端，还因疫情在全球流行导致国际资本市场巨幅震荡，新冠病毒阻碍中国经济、社会等各方面的发展已经成为不争的事实。

与此同时，在各城市的积极管控之下，中国的疫情得到了迅速的控制，并在最短的时间内复产复工。因此，疫情的管控为我们提供了一个全新视角来观测各级地方政府公共危机管理能力。诺曼·R. 奥古斯丁（2001）指出危机管理是一种系统化的职能，它包括收集、识别危机信息和危机处理等多个内容，然后利用各种现有的资源来消除一切社会矛盾，维护社会的稳定。可见危机管理过程是地方政府各部门协调作战的过程。一般而言，各部门之间的协调能力越高，该地区的经济实力也就越强，基于此，我们预测地方政府的危机管理水平越高，当地的经济发展水平越高。下本将围绕我们的这个猜测具体展开。

7.2 文献综述与假说

本报告将从以下三个部分阐述国内外研究的现状及发展动态。第一部分概述灾难对宏微观经济影响的理论和实证文献；第二部分概述政府公共危机管理能力的相关研究，第三部分则是城市经济效率及其影响因素的相关研究。

7.2.1 灾难对经济的影响

灾难冲击是指发生的概率较小，但是一旦发生会带来很大经济损失的灾难性事件带来的冲击，例如严重的经济金融危机、世界大战和区域性战争、自然灾害、瘟疫等。对于灾难冲击的研究文献并不多，目前灾难冲击对经济的影响主要集中在国外，总体可以划分为理论研究和实证研究。

7.2.1.1 学术界关于灾难对经济后果的影响的理论研究

目前关于灾难对经济的理论文献可以大致分为三个方向：金融市场、宏观经济和政策应对。

（1）金融市场的相关理论文献：Rietz（1988）首次将灾难风险因素引入Lucas经济，并较好地解释了美国资本市场的股权溢价之谜，Barro（2006）通过明确灾难等级划分发展了上述理论。运用灾难风险思想，Barro（2009）刻画福利成本与资产定价，Gabaix（2008，2012）关注股票市场和债券市场，Martin（2013a，2013b）对资产价格敏感性建模。

（2）宏观经济的相关理论文献：Lucas指出，股权溢价与经济波动之间存在密切关系，用于研究股权溢价之谜的模型同样适用于解释宏观经济波动（Lucas，2003）。因此，Gourio（2012）和Gourioetal（2013）将该领域研究从资本市场拓展到宏观经济，建立了包含灾难冲击的Real Business Cycle模型（简称RBC模型），表明灾难风险的上升导致产出、消费、投资的下降；陈彦斌等（2009）通过构建含有全要素生产率灾难、资本灾难和双重灾难风险的动态随机一般均衡模型（DSGE），发现灾难风险的上升时，居民增加预防性储蓄减少风险投资进而影响宏观经济；庄子罐等（2011）在Lucas模型基础上引入存在“严重衰退”状态的消费增长过程，认为中国宏观稳定政策的福利收益主要来源于降低“严重衰退”状态的发生概率；陈国进等（2014）构建了包含灾难冲击因素的RBC模型，改善RBC模型对中国宏观经济波动的解释能力，并模拟政府财财政政策支持对灾后经济复苏的作用。

（3）政策应对的相关理论文献：关于如何利用宏观经济政策（特别是财政货币政策）来加以应对的研究并不多见。Niemann和Pichler（2011）基于新凯恩斯DSGE框架，比较研究了规则行事和相机抉择两种不同情形下面对灾难冲击的最优财政货币政策问题。但Niemann和Pichler（2011）假定财政支出为非生产性的，而在中国的财政支出中，生产性支出占有重要地位。赵向琴等（2017）通过引入政府生产性支出拓展了包含灾难冲击的新凯恩斯DSGE框架，研究发现规则行事造成的经济福利损失较低，政府生产性支出可以在一定程度上降低灾难冲击对消费和产出等宏观经济变量的影响。但是灾难冲击不仅导致供给下降，同样造成需求驱动的经济衰退，通缩预期增强，Lorenzoni（2009），Fornaro和Wolf（2020）构建总生产率对消费者预期的冲击驱动的商业周期模型，解释因需求冲击导致的经济短期波动，发现当前疫情下，面对货币政策受到零下限的约束，财政政策可能会有所帮助。

7.2.1.2 学术界关于灾难对经济的实证研究

（1）短期影响：一种主流观点认为瘟疫的短期和中期影响主要是财富分配和劳动力市场。Herlihy（1967，1968）指出黑死病导致“中产阶级”的数量和集体资产减少，引发财富不平等的增长，Alfani（2015），Alfani 和 Ammannati（2017）却发现相反的结论，即黑死病导致财富分配不平等的状况下降。Pamuk（2007），Pamuk 和 Shatzmiller（2014）发现疫情导致死亡率攀升，劳动力稀缺，真实工资率上升，进而导致资产收入不平等和财富分配不平等下降。但是17世纪意大利瘟疫却导致财富分配更加不平等，Alfani（2010）指出主要是因为财产继承法案的通过，Andreozzi（2010），Alfani（2013a），Alfani 和 Percoco（2019）则认为瘟疫一方面降低总人口，从而减少具有创新能力的人的基数，因此技术创新出现的概率降低，另一方面瘟疫减少熟练和非熟练工人，使得经营工厂不再有利可图，迫使社会精英把资本投入更安全的土地，总体而言创新受到抑制。

（2）长期影响：灾难的长期影响一直存在争议。乐观派认为瘟疫在解释欧洲的崛起（North 和 Thomas，1973；Cipolla，1993）、对病毒的免疫能力（Diamond，1997）、机构的建立（Epstein，2000）和农业生产的重组（Herlihy，1997）方面发挥了中心作用。Clark（2007）通过与中国和东亚等没有经过瘟疫肆虐的国家和地区比较，认为瘟疫长期导致欧洲国家达到高死亡率和高收入的马尔萨斯均衡。Pamuk（2007），Campbell（2010b）认为黑死病疫情后真实工资被长期提高，Voigtländer 和 Voth（2013）发现政治与体制改革是瘟疫长期正向影响的背后机制。悲观派则持有完全相反的观点（Domar，1970；Acemoglu 和 Robinson，2013）。Borsch（2005，2015）认为农业灌溉系统的修复工程被瘟疫打断，进而导致农业发展受阻，Harper（2015），Sarris（2002）和 Little（2007）发现鼠疫削弱国家军事和财政能力，重创了欧洲和地中海地区大部分国家的经济发展。瘟疫同样影响社会和文化的变革。Harper（2015）指出瘟疫导致基督教发展壮大，而 Cohn（2002）发现瘟疫触发了文艺复兴的开始。

7.2.2 公共危机管理的相关研究

学术界对于公共危机管理的研究较为广泛和深入，目前已形成了较为系统的宏观理论体系。

7.2.2.1 公共危机管理研究的发展历程

国外公共危机管理的研究起步较早，最早可以追溯到1803年美国颁布的救灾法案。其后，相关研究理论和研究领域涉及政治、经济、外交、自然地理、社会心理和公共事务管理等多学科，20 世纪 60 年代发展为独立的一门学科，60～80 年代，西方公共危机管理理论体系初步形成。伴随着公共危机管理理论体系的发展，西方学者的研究方向从最初对自然灾害的特别关注和侧重研究，转变为社会安全危机、公共卫生危机事件、全球经济危机和全球政治危机的研究。

国内关于公共危机的管理研究中国实际上自古有之。在中国悠久的历史文化中，早就体现了危机管理意识，“有备无患、杞人忧天、居安思危、高枕无忧”和“预则立，不预则废”“安而不忘危，存而不忘亡，治而不忘乱”“祸兮福之所倚，福兮祸之所伏”等经典成语和语录，都体现了中国古代社会对危机及其管理的思想。但由于历史原因，中国近代对公共危机管理的研究很少，直到 20 世纪 90 年代才开始有对公共危机管理的理论研究。魏加宁（1994）给予“危机”及其“危机管理”新的解读；王贵秀（1996）明晰了危机管理学的研究思路和方向，初步构建了中国公共危机管理研究的理论框架；许文惠（1997）基于社会学角度，系统阐述了危机产生的因素及政府应对危机应采取的措施。至此，中国公共危机管理的学科体系和研究框架初步形成。2003 年，中国 SARS 事件促进了公共危机管理研究的迅猛增加，其研究对象、范围、研究视角、内容、研究方法和研究成果等也呈现多元化的特点。

7.2.2.2 公共危机管理研究的主要内容

从内容上看，公共危机管理的研究越来越细化，由原先的自然灾害、外交关系、公共卫生安全事件渐渐转向社会学领域，如社会矛盾和群体性事件等。研究焦点也由事态控制、后期救助、恢复重建等方面转移到事前预防和建立预警机制等方面。特别是强化了公共安全的监控与防治，公共安全服务市场化，公共危机管理沟通机制、运行机制、决策机制、有效参与机制及政府责任与能力提升等方面的研究。

国外具有代表性的研究包括：Steven（1986）认为危机管理是有计划地降低或消除风险与不确定性给组织带来的危害；Ulrich（2004）提出“风险社会”的概念，认为人类面临着由现代社会结构造成的风险，这些风险甚至会威胁到人类自身的生存；Mhael（2002）认为在复杂多变的社会环境中，组织需与大众媒体和全媒体广泛接触和处理相互间的关系，同时，分析了危机管理中的各个步骤；Laurence Barton（2009）认为，公共危机实际上就是危机怎样表现（What）、什么时候能被发觉（When）、采用什么措施解决（How）、以后怎样规避同类型危机（Whether）四个问题，此外，Lawrence 还分析了危机管理现状评估、危机应对培训、危机沟通和如何应对某些危机的对策；Mitrof（2014）对公共危机管理的贡献主要在于提出了五阶段模型，即危机信号甄别阶段、监控和防范阶段、控制危害与影响阶段、恢复阶段和反思学习阶段；Robrt（2001）提出危机管理4R模式，即缩减力（Reduction）、预备力（Readiness）、反应力（Response）和恢复力（Recovery），4R危机管理模式在危机管理研究中具有深远影响。Norman（2017）将突发事件危机管理划分为六个阶段，即危机规避、危机管理预备、危机确认、危机控制、危机解决和从危机中获利阶段。

国内对公共危机管理的研究较为丰富，内容较为多元化，主要有如下方面。

（1）公共危机事件管理理论的研究：张成福（2001）较早提出建立全面整合危机管理体系。薛澜等（2003）构建了中国危机管理体系基本框架，王首和廖敏（2005）从服务理论视角探讨中国公共危机管理理论，王伟（2007）分析了中国危机管理的基本特征，陈合权（2005）从社会突发事件与政府应急管理分析出发，提出应尽快建立法制化、科学化的危机管理体系，这一体系应包括预警准备、危机应急反应和危机后的恢复重建三个系统。赵春盛和张玲（2007）认为要建立有效评估和决策机制，区别突发事件与公共危机管理，避免浪费公共危机应对资源库存。刘霞和向良云等（2009）认为中国危机应对仅处于“管理”而非“治理”现状，要建设由公共部门、非政府组织、私营部门、公民个人及家庭、国际组织为全主体，针对所有危险要素进行各阶段应急管理危机治理网络。赵尚梅和杨雪美（2012）探讨了公共危机事件应急资金保障机制，林盾和李建生（2011）探讨突发公共事件应急信息平台构建重要性及其构建措施，宋文洁和张伟（2012）提出和分析了构建突发公共事件心理危机干预应急管理体系。赵军锋和金太军（2012）对公共危机事件中公共产品的需求与供给进行了分析，王刚和崔跃军（2013）从突发公共事件四级响应制度建设讨论了加强国防动员建设的启示。

（2）公共卫生和食品安全突发事件危机管理的研究：该方面研究成果较为丰富，王菊（2011）针对中国突发公共卫生事件危机管理机制不健全、信息系统不完善、评估体系缺乏和非政府组织参与度低等现状，提出要健全突发公共卫生事件危机管理法制体系、协调机制、信息管理机制和人力资源保障机制等。楚安娜、许迎喜等（2014）在分析公共卫生危机事件具有突发性、公共性、多样性、高频化、社会危害严重性和全球流动性等特征的基础上，提出从法制体系、协调机制、信息管理、人力资源保障及社会动员等方面建设中国可持续发展的公共卫生危机管理体系，提高其危机处理能力。赵东旭（2017）通过对美国、欧盟和日本食品安全突发事件法律应对机制的比较研究，提出中国需要完善食品安全法律体系、注重事先预防及风险评估机制、构建食品安全信息公开系统以及注重事后责任追究机制等应对机制。仇蕾洁和马桂峰等（2017）针对农村基层突发公共卫生事件，进行了相关应急能力评价指标体系构建研究。

（3）媒体与政府公共危机管理关系的研究：刘承良（2004）认为，当今公共危机由于媒体容易被引发和扩散，增加了管理的难度，因而要根据全媒体特点适时转变工作方法。付铎和洪小潞（2009）认为政府与媒体关系要统筹兼顾、多管齐下，树立正确的媒体公关意识，构建高效的沟通机制，营造与媒体间自由沟通的公共空间。王冠（2011）认为政府和 NGO（非政府组织）在公共危机管理中的地位和角色要准确定位，以便更好地发挥各自的效用。肖文涛和曾煌林（2017）提出从“五个”维度破解困局，构建起政务舆情回应的框架和路径，落实突发事件舆情回应政策。宋建国（2018）认为要建立健全公共危机事件网络舆论的监测预警机制、快速响应机制、网评引导机制和引导问责机制。赵慧和张秀芳（2017）以 2016 年济南问题疫苗事件为例，阐述了政府公信力的影响和经验。

（4）政府对公共危机的防范策略和对危机管理的对策研究：梁万年（2003）、房宁等（2005）提出政府应对危机的策略。危机管理要有一个较为完善的管理系统，要处理好协调工作（罗明，1999），不同部门间要通力合作，要协调联合、整合合作。李成亮（2016）提出应促进各部门统筹联合整合资源。张开平（2009）从提高危机管理意识、健全危机管理法律体系、建立独立危机管理综合协调部门和完善信息沟通与联动机制等层面提出公共危机管理机制的路径。艾凤灵（2010）认为要从加快立法、预测预警、应对处置和善后修复等方面去提升政府危机管理能力。牛秋业和张桂娥（2010）对公共危机中主体参与问题进行了分析。杨帆（2016）提出公共危机事件的社会救助路径包括求助法律体系、救助管理机制、预警应对机制和多元化救助手段等。刘园园和徐志花（2015）以上海外滩踩踏事件为例，提出对群体性突发事件的监测预防、协调控制和善后处理的危机管理模式。

7.2.3 城市经济效率及其影响因素的相关研究

7.2.3.1 城市经济效率的相关研究

（1）数据包络分析方法的概念。国外学者对城市经济效率的研究众多，大多是运用数据包络分析方法进行测算分析。

数据包络分析方法（Data Envelopment Analysis，DEA）是 1978 年由美国著名运筹学学家 Charnes 和 Coopor 以相对效率为概念上提出的一种评价多投入和多产出的决策单元（DMU）[①] 效率的分析方法。相对比其他方法，DEA 的优点在于：①无须事先设定具体的生产函数以及估计函数，能够有效地避免因函数设定形式错误而导致的测算偏差，得到较为稳健的测算结果；②采用最优化法内生地确定各种投入要素的权重，排除了人为确定权重的主观性，使评价结果更为客观；③具有与市场价格无关的优点，可以规避不同量纲指标体系之间的横向对比问题。

DEA 创建者 Charnes 认为该方法的以上优点表明 DEA 在具有不同量纲的多投入、多产出复杂经济系统的效率评价方面具有很强的适用性，因此非常适合用于复杂经济体的效率评价。DEA 方法评价城市经济效率的具体思路是：将每个城市视为一个决策单元（DMU）。首先，利用距离函数构建包含当前所有被评价城市生产可能性集的理想边界——生产的最优前沿面，目的是界定城市经济效率的最优集合。然后通过比较各城市实际生产表现于前沿面的距离测算出每个城市的具体效率水平。

例如，假设有 7 个城市，均有两种投入（资本和劳动力，用 x_1 和 x_2 来表示）和一种产出（GDP，用 y 表示），以单位产出消耗的投入 x_1 的数量为横坐标（x_1/y），以单位产出消耗的投入 x_2 的数量为纵坐标（x_2/y），各城市单位产出的投入情况可用表 7－1 来表示。

表 7－1　　各城市投入产出情况

DMU	x_1	x_2	y	x_1/y	x_2/y
城市 A	10	40	10	1.00	4.00
城市 B	15	25	10	1.50	2. 50
城市 C	32	24	16	2.00	1.50
城市 D	48	16	16	3.00	1.00
城市 E	24	48	16	1.50	3.00
城市 F	54	27	18	3.00	1.50
城市 G	50	60	20	2. 50	3.00

在图 7－1 中，各城市可用坐标系内的点表示。从被评价各城市的坐标点分别向两个坐标轴作垂线，在两条垂线与坐标轴围成的区域内，任意点的坐标值均小于或等于被评价城市的坐标值。以城市 G 为例，阴影区域 $GQOP$ 内所有点的坐标值，其每生产一个单位的产出所消耗的两种投入的数量均小于或等于城市 G 的消耗。这表示，在该区域内除城市 G 点自身外，所有点的经济效率均高于城市 G，从图 7－1 中可以看出，B、C、E 三个城市比城市 G 效率更高。

① 决策单元是指可以将一定的输入转化为相应的产出的运营实体，每一个决策单元都有多种输入和产出。在本报告中，决策单元为各个城市，输入包括土地、资本和劳动，产出包括 GDP 和消费品零售总额。

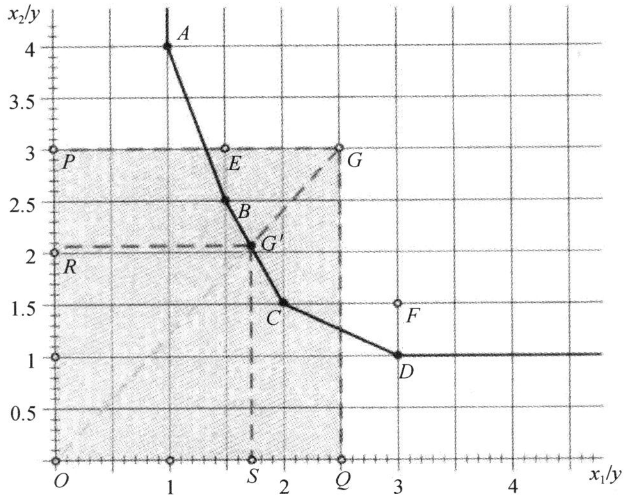

图 7－1　DEA 模型基本原理图解

在 7 个城市中，有 4 个城市（A、B、C、D），在其垂线与坐标轴围成的区域内均没有包含任何其他城市的坐标，这表示 A、B、C、D 处于效率的前沿上，4 点连接构成的曲线及其延长线称为效率前沿，位于前沿的城市的效率为 1，被前沿包裹的城市效率为 0～1。以 G（g_1，g_2）城市为例，其与原点的连线和前沿面的交点记为 G'（g'_1，g'_2），G'是 G 在前沿上的投影。G 城市的效率值可表示为 OG'/OG，G 城市的效率部分体现为 OG'，无效率部分体现为 GG'。

（2）城市经济效率测度的相关文献。在提出 DEA 方法后，Charnes（1989）选取了 1983～1984 年中国 28 个典型城市的投入产出数据，首次运用 DEA 模型来进行城市经济效率的测算，并证明了 DEA 模型在城市经济效率研究中的有效性。Athanassopoulos（1997）运用 DEA 方法进行希腊城市社会效率和经济效率的测算，进一步对经济效率和社会效率关系进行了分析。Zhu（1998）分别运用 DEA 方法和主成分分析法测算了中国城市经济效率，并用非参数方法证明其结论是合理的。Sutter（2009）运用 DEA 模型对美国大都市区的城市经济效率开展测算。Hunjet（2015）运用 DEA 模型测算了 2004～2009 年克罗地亚共和国 12 个城镇的动态相对效率。Deilmann（2016）运用 DEA 模型测算了德国 116 个城市的生态效率和经济效率，并以此为基础得到了城市的综合效率。

国内对城市经济效率的研究最开始使用的是指标体系构建法。李博之（1987）使用人均总产值、人口、土地、市政公用、绿化覆盖率等指标，将南昌市的城市效率分为城市经济效率、居住效率、运行效率和环境效率四方面进行研究分析。王嗣均（1994）基于 1989 年和 1990 年的省级数据，在测算城市经济效率时，从人口、土地、科技力量、资金和资源方面，选取四项正项指标和两项负向指标构建指标体系。宋树龙等（1999）运用指标体系法测算了1996年珠江三角洲9个城市的城市效率，发现该区域城市效率差异明显。王园园（2004）运用指标体系法研究1999年安徽省城市经济效率，得出城市经济效率与城市产业结构效益相关。许海霞等（2006）利用指标体系构建法研究了中国25个煤炭资源型城市的经济效率，发现城市规模越大，城市经济效率越高以及城市经济效率区域差异越大。刘兆德等（2011）采用综合指标法研究2009年中国271个地级以上城市效率，结果发现城市效率自东向西递减，但与行政等级关系不大。闰怡然等（2017）采用指标体系法研究了2005～2014年中国280个城市市辖区数据的城经济效率，在此基础上分析了影响城市经济效率的因素。

国内众多学者对城市经济效率水平的研究是从投入产出角度进行分析的，多采用数据包络分析（DEA）方法。高春亮（2007）运用DEA方法和Malmquist指数法研究中国1998～2003年216个城市的城市生产效率，发现部分大城市缺乏规模效率，部分小城市技术效率不足。俞立平等（2006）研究了2001～2004年中国城市经济效率，发现其空间分布呈现东高西低。傅利平等（2010）运用DEA方法中的CCR模型，研究了2007年中国34个典型资源型城市的经济发展效率，发现中国很多资源型城市规模过小，没有发挥出经济增长极的作用。张军涛等（2011）运用DEA方法对东北三省地级以上城市经济效率进行研究，发现大部分城市的经济效率都有待提高。潘竟虎等（2012）采用DEA方法对2000～2010年全国286个城市的城市经济效率进行测度，结果是大多数城市经济效率还有较大提升空间，东中西部城市经济效率差异较大。傅娟等（2014）对2004～2011年北京市16个区县运用DEA方法和Malmquist方法进行经济效率和全要素生产率变动的测算，发现北京全要素生产率的提高主要依赖技术进步，技术效率水平不高，并且技术效率水平和全要素生产率变动呈现弱衰退。张目等（2016）在DEA模型加入环境污染这个投入要素，对中国省会城市和计划单列市的经济效率进行测评，得出总体水平较高、个体差异大，且城市经济效率东、中、西非均衡分布的结论。钟业喜等（2017）运用DEA模型分析了2001年和2005年江西省城市经济效率，发现其整体水平不高，城市经济发展过度依赖投入要素。吴传清等（2018）选取2005～2015年长江经济带108个样本城市进行城市绿色经济效率测度，发现效率呈现两极分化的特点。

国内学者研究城市经济效率并不局限于传统DEA模型，众多学者采用改进后的DEA模型进行研究分析。刘秉镰等（2009）运用DEA－Malmquist模型分析了中国主要城市在1990～2006年的全要素生产率变动，发现技术进步具有正向作用，技术效率变动具有负向作用。方创琳等（2011）选取2002年和2007年两个时间断面采用传统

DEA 中的 CRS 模型、VRS 模型以及 Bootstrap - DEA 方法综合分析中国城市群的经济效率，发现运用 Bootstrap - DEA 方法测算的效率值比普通 DEA 方法测算的效率值要更低。戴永安等（2012）选取 2001 ~ 2007 年面板数据，运用三阶段 DEA 方法研究全国地级市城市经济效率。李艳军等（2014）引入非期望产出，运用 DEA - SBM 模型测算 2011 年中国地级市的经济效率，得出了中部城市的经济效率最差的结论。韩民春等（2016）运用传统 DEA 模型和交叉 DEA 模型对湖北省各城市经济效率进行测评，发现湖北省整体效率水平偏低，约为最优水平的一半，而且城市间差异较大，有实业支撑的城市经济效率明显要高。王德利等（2016）采用 DEA - Malmquist 方法测算了京津冀城市群 Malmquist 指数，来分析经济效率的动态变化情况。张静等（2017）运用超效率 DEA 模型测算了 2003 ~ 2015 年汉江生态经济带 11 个地级市城市经济效率，发现这 11 个城市的超效率 DEA 水平在鄂陕豫三省中处于中上水平且呈现波动上升趋势。吴昊等（2019）采用超效率的 SBM 模型和 Malmquist 指数对 2014 ~ 2016 年的城市创新效率进行了测度，结果表明北京、深圳的创新能力最高，16 个副省级以上城市的创新效率差异正在扩大，且大部分正在下降。

7.2.3.2 城市经济效率影响因素的相关研究

关于城市经济效率的影响因素方面，国外学者也进行了众多研究。Takashi（1995）得出了负的外部性对经济效率具有负向作用，这时就需要采取征收庇古税的措施来改善城市经济效率，正的外部性会对城市经济效率具有正向作用。Byrnes（2000）利用 Charnes 的数据，将 28 个城市按地域划分成 4 个区域，发现区域经济合作会提高城市经济效率。Drennan（2013）的研究结论是美国大都市区的公共交通服务和城市经济效率具有正相关关系。

国内方面，徐丽（2010）运用 Malmquist 指数模型对 1990 ~ 2007 年长三角 16 个城市的经济效率进行测算，得出人力资本、城市化、金融发展、产业结构和经济开放度对城市经济效率有正向作用。王家庭（2012）使用 2008 ~ 2012 年中国 28 个主要城市的投入产出数据，运用传统 DEA 中的 CCR 模型和 SBM 模型测算其城市经济效率，得出城市化率、市辖区面积和经济结构降低其城市经济效率，而外商投资起能提高其城市经济效率。毛丰付等（2012）采用 1995 ~ 2010 年对中国地级及以上城市的市辖区数据，研究资本存量、劳动力投入、产业水平和城市规模等因素对城市经济效率的影响，发现劳均力投入、资本存量、产业结构和城市规模等要素都能够提升城市经济效率。李艳军等（2014）基于 2011 年中国地级市数据，研究了城市规模、金融发展、产业结构等对城市经济效率的影响。孙久文等（2015）使用 2005 ~ 2011 年中国 285 个城市的面板数据，研究“城市病”对城市经济效率的影响，发现中小城市的集聚经济对城市经济效率是正向作用，但“城市病”对大城市经济效率是负向作用。袁晓玲等（2016）基于地级市面板数据研究了产业结构、政府干预、开放程度等因素对城市经济效率的影响。金晓雨等（2015）运用 DEA - Malmquist 方法测算了 2000 年和 2010 年中国 209 个地级市的城市经济效率，主要研究了城市规模对城市经济效率的影响。梅林等（2018）运用超效率 DEA 模型测算了 2005 ~ 2016 年中国地级以上城市的经济效率，并探究土地出让价格对城市经济效率的影响。卫平等（2018）通过建立产业结构与城市全要素生产率的计量模型，研究了产业结构高级化和合理化对城市经济效率的影响。

7.2.4 现有研究文献评述

纵观已有的文献，目前的研究还存在以下几个方面不足：

第一，现有灾难对经济增长的研究主要运用局部均衡的框架从供给视角或需求视角研究灾难风险对局部地区或某个市场的长短期影响，但是疫情目前是全球大流行，金融市场受到重创，全球产业链停摆，且宽松货币政策自 2008 年金融危机后已经持续近 10 年，受限于零利率，货币政策的实施空间有待进一步分析。目前缺少一般性地、系统性地对当前疫情的探讨，对现有经济现象解释乏力，从而难以为经济高质量发展提供较为系统的理论基础。

第二，现有公共危机管理的研究内容较多，且视角正向多领域扩展。目前的研究范围选择呈现出两种情况，一是宏观视角，往往以“中国公共危机管理”为研究范围；二是微观视角，往往以某一具体突发危机事件为研究范围。可以看出，目前的研究往往集中于单个学科，缺少多学科相融合的创新研究。从研究方法看，主要是对事实进行定性分析，缺少定量分析。总而言之，对危机管理的研究不论是理论还是实践方面都需要进行更深入和更广泛的探索。

第三，学术界大多运用 DEA 方法来研究中国的城市经济效率。国外学者在研究城市经济效率影响因素时主要是从外部性、城市规模、要素流动速度等方面展开。国内学者对城市经济效率的研究众多，主要运用指标体系法、DEA 方法和改进的 DEA 方法，如三阶段 DEA 方法、超效率 DEA 方法等。有学者对城市经济效率进行静态分析，也有学者对城市经济效率的动态变化进行研究。在研究范围上，有学者对整个国家范围、省级、市级以及城市群进行研究，也有学者对一些典型城市如矿业城市进行经济效率进行分析。国内学者多关注城市规模、产业结构、“城市病”、金融发展、政府干预等诸多因素对城市经济效率的影响。缺乏政府应急能力对城市经济效率的相关研究成果，研究成果还有丰富的必要。

7.3 数据、变量与统计分析

本报告通过国家卫健委、各省、市卫健委网站收集了2020年1月1日至2020年3月3日已经确诊新冠肺炎病例的306个地级行政区的累计确诊数、累计死亡数等信息。在此基础上与南开大学统计与数据科学学院智英健康数据研究中心黄森忠教授研究团队合作，基于传播动力学及普适SEIR模型预测新冠肺炎疫情传播（黄森忠等，2020），预测各个地级行政区或经济带疫情的流行病学基本参数，如基本再生数、平均潜伏期、平均传染期、非典型患者占比和流行趋势，包括流行时间、疫情拐点、流行规模。但由于部分地级行政区累计确证病例数太少，无法完成预测。故查阅各省经济发展规划，依据当地经济区、经济带，合并部分地级行政区，合并后共产生154个地级行政区域，变动比较大的省份如下：

辽宁省合并后成为沈阳经济区（沈阳、本溪、辽阳、鞍山、抚顺），沿海经济带（大连、丹东、锦州、营口、盘锦、葫芦岛）和辽西北农业带（铁岭、阜新、朝阳、沈阳）；

吉林省合并后成为长春地区和非长春地区；

山西省合并后成为晋北（大同、朔州、太原、忻州）、晋中（太原、晋中、吕梁、阳泉）和晋南（临汾、运城、长治、晋城）；

内蒙古合并后成为蒙西（呼和浩特、包头、鄂尔多斯、乌兰察布、乌海、巴彦淖尔）和蒙东（赤峰、通辽、呼伦贝尔、兴安、锡林郭勒）；

广西合并后分为五个地区，分别为南宁、桂东北（柳州、桂林）、桂东南（梧州、贺州、来宾、贵港、玉林）、桂西（河池、百色）和北部湾（北海、防城港、钦州）。

7.3.1 主要变量定义及其测量

7.3.1.1 被解释变量

本报告的被解释变量为城市的经济效率（Effic），是借助数据包络分析方法（DEA），通过超效率SBM模型计算得到。

（1）超效率SBM模型。Charnes和Coopor提出数据包络分析方法的概念时也建立了第一个模型，即基于规模报酬不变的CCR模型。在此基础上，1984年Banker等学者联合提出了基于可变规模报酬假设的BCC模型、CCR模型和BCC模型都是径向

DEA 模型，其无效率的测量是决策单元（DMU）与被参照的最优评价决策单元相比，投入指标应该等比例的减少或者产出指标应该等比例增加的幅度。由于径向的 DEA 模型在测量时只能将投入指标同比例的减少或产出指标同比例的增加，其并没有将松弛变量包含在内，因此计算得出的效率值可能并不能准确反映各决策单元的效率值。为了克服这个缺陷，Tones 等学者提出了基于松弛变量计算效率值的 SBM（Slack Based Measure）模型，并在效率评价方面得到了广泛运用，表现出较好的可信性。

在数据包络分析方法中，无论是 CCR 模型、BCC 模型还是 SBM 模型，在评价决策单元的效率值时，均无法比较区分同处于最优前沿生产面上的决策单元的相对效率，即使用 DEA 模型进行效率测算分析时，会出现多个决策单元的效率为 1 的情况。Andersen 和 Petersen 为解决该问题提出了超效率 DEA 模型。超效率 DEA 模型的思想是在评价某个决策单元的效率时，将该决策单元的投入和产出被其他所有的决策单元的投入和产出的线性组合替代，即将该决策单元排除在外，而传统的 DEA 模型是包括本决策单元的，因此超效率 DEA 算出的效率值可以大于 1，便于对已经判为有效的决策单元进行再度的排序和区分。在超效率模型的基础上，Tone 提出了基于 SBM 的超效率模型（SE－SBM）①，该模型不仅考虑了松弛变量的问题，而且其计算得出的效率值也可以大于 1，因此可以对有效 DMU 的大小进行更为细致的衡量。

Tone 首先定义了一个排除了决策单元（x_0, y_0）的有限生产可能集：

$$P(x_0, y_0) = \{(\bar{x}, \bar{y}) \mid \bar{x} \geq \sum_{j=1,\neq 0}^{n} \lambda_j x_j, \bar{y} \leq \sum_{j=1,\neq 0}^{n} \lambda_j y_j, \bar{y} \geq 0, \lambda \geq 0\} \tag{7-1}$$

其中，n 为决策单元的数量，每个决策单元有 m 种投入和 s 种产出，x_{ij} 表示第 j 个决策单元的第 i 种投入，y_{rj} 表示第 j 个决策单元的第 r 种产出，λ 是决策单元的线性组合系数，$P(x_0, y_0)$ 是指排除了决策单元（x_0, y_0）的生产投入集合，在 $P(x_0, y_0)$ 投入集的基础上，再定义一子集合 $\bar{P}(x_0, y_0)$：

$$\bar{P}(x_0, y_0) = P(x_0, y_0) \cap \{\bar{x} \geq x_0, \bar{y} \leq y_0\} \tag{7-2}$$

$\bar{P}(x_0, y_0)$ 是一个非空集合，它的含义指（x_0, y_0）到（$\bar{x}, \bar{y}$）$\in \bar{P}(x_0, y_0)$ 的平均距离。利用此距离定义一指数 δ：

$$\delta = \frac{\frac{1}{m}\sum_{i=1}^{m}\frac{\bar{x}_i}{x_{i0}}}{\frac{1}{s}\sum_{r=1}^{s}\frac{\bar{y}_r}{y_{r0}}} \tag{7-3}$$

---

① 超效率 SBM 模型详情请见 Tone K. A slacks－based measure of super－efficiency in data envelopment analysis [J]. European Journal of Operational Research, 2002, 143 (1): 32－41.

δ 的含义可解释如下：δ 的分子指 x_0 到 $\bar{x}$ 的平均距离，表示从 x_0 到集合空间（$\bar{x},\bar{y}$）$\in \bar{P}(x_0,y_0)$ 的点 $\bar{x}$ 的平均扩张程度或扩张率；分母指 y_0 到 $\bar{y}(\leqslant y_0)$ 的平均距离，表示从 y_0 到集合空间（$\bar{x},\bar{y}$）$\in \bar{P}(x_0,y_0)$ 的点 $\bar{y}$ 的缩减程度或缩减率。δ 的分母越小，y_0 到 $\bar{y}$ 的距离就越远。因此，δ 就可解释成投入空间和产出空间中，被评价的决策单元与生产前沿面的平均距离。基于上述集合的定义与解释，决策单元（x_0,y_0）的 SBM 超效率的规划问题可写为：

$$\delta^* = \min\delta = \frac{\frac{1}{m}\sum_{i=1}^{m}\frac{\bar{x}_i}{x_{i0}}}{\frac{1}{s}\sum_{r=1}^{s}\frac{\bar{y}_r}{y_{r0}}} \tag{7-4}$$

$$\text{s. t}\begin{cases}\bar{x} \geqslant \sum_{j=1,\neq 0}^{n}\lambda_j x_j \\ \bar{y} \leqslant \sum_{j=1,\neq 0}^{n}\lambda_j y_j \\ \bar{x} \geqslant x_0,\bar{y} \leqslant y_0, y \geqslant 0, \lambda \geqslant 0\end{cases} \tag{7-5}$$

上式是分式规划问题，将其转换为可以解决的线性规划问题：

$$\tau^* = \min\tau = \frac{1}{m}\sum_{i=1}^{m}\frac{\tilde{x}_i}{x_{i0}} \tag{7-6}$$

$$\text{s. t}\begin{cases}1 = \frac{1}{s}\sum_{r=1}^{s}\frac{\tilde{y}_r}{y_{r0}} \\ \tilde{x} \geqslant \sum_{j=1,\neq 0}^{n}\Delta_j x_j \\ \tilde{y} \geqslant \sum_{j=1,\neq 0}^{n}\Delta_j y_j \\ \tilde{x} \geqslant tx_0,\tilde{y} \leqslant ty_0,\Delta \geqslant 0,\tilde{y} \geqslant 0, t > 0\end{cases} \tag{7-7}$$

利用上式的最优解（$\tau^*,\tilde{x}^*,\tilde{y}^*,\Delta^*,t^*$），可得原分式规划的最优解

$$\delta^* = \tau^*$$

$$\lambda^* = \frac{\Delta^*}{t^*}$$

$$\bar{x}^* = (\tilde{x}^*/t^*)$$

$$\bar{y}^* = (\tilde{y}^*/t^*)$$

SBM 超效率模型满足以下两个基本性质：①其最优解 δ^* 无量纲；②允许 SBM 的

效率值可以大于1，这样就鉴别了具有充分效率的SBM模型的排序及差别程度。

由于超效率SBM模型的上述优点，本报告选取该种方法来测算被解释变量城市的经济效率（Effic）。但是与径向超效率模型相同，在规模报酬可变假设下投入导向和产出导向的超效率SBM模型在测算时可能会存在无可行解的问题，但混合导向的超效率SMB模型不存在无可行解的问题，这主要是由于被评价的DMU可以同时增加投入和减少产出达到由其他DMU构成的前沿。因此在测算城市经济效率时，本报告选用了非导向的超效率SBM模型，可以较为有效地规避上述问题。

（2）指标的选取和资料来源。从上述公式可以看出，DEA计算类似于线性规划，因此在应用DEA方法测量城市的经济效率时，要选择一些投入要素和产出要素作为投入指标和产出指标。影响城市经济效率的指标有很多，反映城市经济效率的指标也有很多，而应用DEA模型进行准确有效的效率评价的前提是对投入产出变量进行合理的选择。卫平等（2018）通过选取市辖区城镇从业人员数作为劳动力投入指标，选取固定资本存量为资本投入指标，选取市辖区实际GDP作为产出指标，借助DEA方法研究了产业结构变迁对城市经济效率的影响。刘存斌等（2012）以省市建成区面积、社会固定资产投资额、全部从业人员总数、科技研发及教育投入费用和邮政电信业务量为投入指标，以GDP和地方财政预算收入作为产出指标衡量了西北干旱地区效率评价。张军涛等（2011）以建成区面积、固定资产投资额、市区全部从业人员总额和邮政电信业务量作为投入指标，以GDP和地方财政预算收入作为产出指标来评价东三省34个地级市的经济效率。

也有一些学者在研究城市经济效率时考虑了非期望产出。戴永安等（2017）选取了市区建成区面积、非农从业人员数和资本存量作为投入指标，选取GDP和社会消费品零售总额为期望产出指标，选取二氧化硫和烟尘排放量之和作为非期望产出，运用DEA方法来研究城市群内部与外围的效率差异和影响因素。踪家峰（2015）等选取社会从业人员总量和固定资产投资额作为投入指标，选取GDP和社会消费品零售总额作为期望产出，选取废水、废气排放量作为非期望产出来研究集聚对中国城市发展效率的影响。

本报告根据城市经济效率的理论内涵，结合前人运用DEA方法对城市经济效率测算研究，根据数据的可比性、可得性等原则，选取全社会固定资产投资额、城市建成区面积、城镇单位期末从业人数作为投入指标，GDP和社会消费品零售总额作为产出指标，具体情况如表7-2所示。

表 7－2　　　　投入指标与产出指标

指标类型	指标构成	指标性质或含义	资料来源
投入指标	城市建成区面积	土地投入量	《中国城市统计年鉴 2019》
	全社会固定资产投资额	资本投入量	各城市 2018 年国民经济和社会发展统计公报
	城镇单位期末从业人数	劳动投入量	《中国城市统计年鉴 2019》
产出指标	GDP	城市的经济总量	《中国城市统计年鉴 2019》
	社会消费品零售总额	物质文化生活水平	《中国城市统计年鉴 2019》

表 7－2 中每一项投入指标对应等式（7－1）和式（7－2）中的 i；每一项产出指标对应等式中的 r；对于每一个不同的城市或者地区，我们用 k 来表示。合并地级行政区的指标数据是将合并范围内相关指标进行加总。本报告将借助软件 DEA－Solver5.0 来测算地级行政区的经济效率，主要的计算公式上文已经给出。

7.3.1.2　解释变量

（1）政府公共危机管理能力（Ability）。政府公共危机管理能力（Ability），测度方法为（再生指数－拐点）/间隔天数。其中再生指数和拐点指数分别表示开始采取控制措施时及疫情到达拐点时的个体的传染强度，资料来源于南开大学统计与数据科学学院智英健康数据研究中心黄森忠教授研究团队。该团队基于传播动力学和普适 SEIR（susceptible－exposed－infectious－recovered/removed）模型和程序 EpiSIX，实时跟踪国家及各地卫生健康委员会自 2019 年 12 月以来发布的确诊数据，对新型冠状病毒肺炎疫情的流行趋势进行研判（黄森中等，2020），并为我们团队测算了各地区新冠肺炎疫情的拐点指数和再生指数。间隔天数是指各地区从开始控制至到达拐点的间隔天数。政府的公共危机管理能力越强，（再生指数－拐点）/间隔天数也就越大。

（2）再生指数（Index）。再生指数（Index）的数据由南开大学统计与数据科学学院智英健康数据研究中心黄森忠教授研究团队提供，用来测度各地区在开始控制疫情时个体的传染强度。开始控制疫情时个体的传染程度越高，再生指数也就越大。

（3）人口密度（Density）。人口密度（Density）= 全市的常住人口数（万人）/全市行政区域土地面积。

全市的常住人口总数的资料来源于各城市 2018 年国民经济与社会发展统计公报，全市行政区域土地面积的资料来源于《中国城市统计年鉴 2019》（2018 年数据）。合并地区的人口密度采用合并范围内城市的常住人口总数/合并范围内城市的行政区域土地面积总数。

（4）每万人人均医院数量（Hospital）。每万人人均医院数量（Hospital）= 全市的常住人口数（万人）/全市医院数量

全市的医院数量来自各城市 2018 年国民经济和社会发展统计公报。合并地区的人均医院数量采用合并范围内城市的常住人口总数/合并范围内城市的医院总数。

（5）每万人人均病床数（Bed）。每万人人均病床数（Bed）= 全市的常住人口数（万人）/全市医疗机构床位数量

全市医疗机构床位数量来自各城市 2018 年国民经济和社会发展统计公报。合并地区的人均病床数采用合并范围内城市的常住人口总数/合并范围内城市医疗机构床位总数。

（6）每万人人均医师数（Doctor）。每万人人均医师数（Doctor）= 全市的常住人口数（万人）/全市执业医师数

全市职业医师的数据来自《中国城市统计年鉴 2019》。合并地区的人均医师数采用合并范围内城市的常住人口总数/合并范围内城市执业医师总数。

7.3.2 变量描述性统计

表 7-3 给出了样本的描述性统计，被解释变量城市经济效率（Effic）的均值为 0.70，效率范围为 0.36 ~ 1.23，整体而言经济效率较高；政府的公共危机管理能力（Ability）的均值为 0.15，东部沿海地区的值普遍较高；各地区的人口密度差异较大，范围为 0.00 ~ 4.48；人口密度的平均水平为 0.06。在医疗卫生领域，人均医院数（Hospital）的均值为 0.24，范围为 0.05 ~ 0.94，人均床位数为（Bed）均值为 48.31，范围为 12.09 ~ 303.24，人均医师数（Doctor）的均值为 26.64，范围为 6.77 ~ 152.22。整体而言，中国医疗卫生资源压力较大，且不同地区的医疗卫生资源供给差距较大，个别地区有待进一步提高。

表 7-3　　相关变量的表述性统计

变量	样本数	均值	标准差	最小值	最大值
Effic	154	0.70	0.20	0.36	1.23
Ability	154	0.15	4.11	0.06	0.57
Index	154	2.38	0.63	1.58	5.01
Density	154	0.06	0.07	0.00	0.65
Hospital	154	0.24	0.11	0.05	0.94
Bed	154	48.31	24.05	12.09	303.24
Doctor	154	26.64	12.32	6.77	152.22

7.4 模型设定与估计

7.4.1 基准模型设定

传统的 DEA 模型计算出的效率值为 0 ~ 1，属于受限制的变量，如果直接采用最小二乘法进行回归，会导致参数估计的有偏和不一致（涂俊和吴贵生，2006；孙东，2014；刘建翠和郑世林，2018），而超效率模型有效地克服了效率有界性问题（Timothy J，2005；梅林和席强敏，2018），因此，本报告采用最小二乘法进行回归。具体的模型设定如下：

$$Effic_i = \beta_0 + \beta_1 ability_i + \beta_2 index_i + \beta_3 X_i + \mu_i \tag{7-8}$$

其中，$Effic_i$ 为 i 城市的经济效率水平，$ability_i$ 为核心解释变量，代表 i 城市的政府公共危机管理能力，数值越大代表政府的公共危机管理能力越低。$index_i$ 为再生指数，用来控制刚开始控制时疫情的传染情况。X_i 代表一系列的控制变量，包括人口密度、每万人人均医院数量、每万人人均医师数，每万人人均病床数。μ_i 为随机扰动项。β_1 是本报告关心的变量，表示政府的应急管理能力对城市经济效率的影响。根据之前的探讨，本报告预测政府的应急管理能力越强，城市的经济效率越高，即：$\beta_1 > 0$。

7.4.2 回归结果分析

通过软件 Stata13 对上述变量进行回归，得出的初步结果如表 7 - 4 所示。

表 7 - 4　初步回归结果

城市经济效率 (Effic)	基准回归模型	考虑了医疗卫生资源后的回归模型
政府公共危机管理能力 (Ability)	1.029*** (0.354)	0.986*** (0.340)
再生指数 (Index)	-0.126*** (0.042)	-0.130*** (0.405)
人口密度 (Density)	—	0.399* (0.208)
每万人医院数 (Hospital)	—	-0.048 (0.185)
每万人病床数 (Bed)	—	-0.004** (0.002)

续表

城市经济效率 (Effic)	基准回归模型	考虑了医疗卫生资源后的回归模型
每万人医师数 (Doctor)	—	0.009*** (0.003)
Constant	0.801*** (0.064)	0.744*** (0.074)
R - squared	0.124	0.159
F - test	4.78	4.64
Number of obs	154	154
Prob > F	0.009	0.002

注：***代表结果在1%的水平下显著，**代表结果在5%的水平下显著，*代表结果在10%的水平下显著。

表7-4中的第一列是基准回归模型回归后得到的政府的应急管理能力对城市经济效率影响的结果。回归结果表明$\beta_1 > 0$，即政府的应急管理能力（Ability）越高，城市的经济效率越高，且在1%的水平下显著，这个结果也验证了我们之前的预测。$\beta_2 < 0$，即再生指数（Index）越高，城市的经济效率越低，这可能是因为再生指数表示的是城市在开始控制疫情时个体的传染强度，而在经济效率低下城市新冠病毒的传播力度可能更强，因此再生指数也就越大。第二列的数据是考虑了各地区的医疗卫生资源后的回归结果，在控制了其他的变量后，解释变量政府的公共危机管理能力和再生指数的回归系数变量不大，且依然显著。人口密度（Density）的值为正，表明人口越密集的地区城市的经济效率也就越高，这也符合我们的预期。每万人人均医院数（Hospital）的回归结果不显著。每万人人均病床数（Bed）的回归系数为负，可能是因为人均床位数不能很好地代表当地的医疗资源水平。每万人的人均医师数（Doctor）的回归结果表明人均医师数越多，城市的经济效率也就越高，结果符合预期。

7.4.3 政府公共危机管理能力影响城市经济效率的机制研究

通过上述的分析，可以看出政府的公共危机管理能力对城市的经济发展确有影响，那么该种影响的机制是什么呢？有学者认为，劳动力在不同产业之间的变迁将对不同国家不同产业的结构和生产效率产生差异化影响（Duarte 和 Restuccia，2010），还有一些学者认为技术创新对也能够解释地区间的经济发展差异（范剑勇，2009；刘瑞明和赵仁杰，2015；赖敏，2019）。基于此，下文继续讨论中不同地区城市政府的应急管理能力对技术创新、产业结构、不同产业的劳动生产率的影响。

7.4.3.1 政府公共危机管理能力对产业结构的影响

本报告采用第二、三产业所占的比重来衡量产业结构，资料来源于《中国城市统计年鉴 2019》。合并地区的数据是将合并范围内城市第二产业及第三产业的总产值加总，再除以合并范围内城市的总国民生产总值。预期结果为政府的公共危机管理能力越高，第二、三产业所占的比重就越高。回归模型如下：

$$gdp23_i = \beta_0 + \beta_1 ability_i + \beta_2 index_i + \beta_3 X_i + \mu_i \quad (7-9)$$

其中，$gdp23_i$ 表示城市 i 的第二、三产业的所占的比重，其他的变量同上文一致。具体的回归结果如表 7－5 所示：

表 7－5　政府公共危机管理能力对产业结构的影响回归结果

第二、三产业所占比重 (gdp23)	基准回归模型	考虑了医疗卫生资源后的回归模型
政府的公共危机管理能力 (Ability)	0.272** (0.121)	0.243** (0.105)
再生指数 (Index)	-0.027* (0.014)	-0.026** (0.012)
人口密度 (Density)	—	-0.196*** (0.064)
每万人医院数 (Hospital)	—	0.064 (0.057)
每万人病床数 (Bed)	—	-0.002*** (0.001)
每万人医师数 (Doctor)	—	0.005*** (0.001)
Constant	0.928*** (0.022)	0.867*** (0.012)
R-squared	0.085	0.300
F-test	9.81	10.50
Number of obs	154	154
Prob > F	0.000	0.000

注：***代表结果在 1% 的水平下显著，**代表结果在 5% 的水平下显著，* 代表结果在 10% 的水平下显著。

通过表 7－5 我们可以看出，政府的公共危机管理能力对第二、三产业所占比重有正面影响，即政府的公共危机管理能力越强，第二、三产业所占的比重就越高，该结果在 5% 的水平下显著。公共危机管理能力越高的地区的政府通常能够在短时间内调动更多的资源，这些地区的资源、技术等要素更为密集，第二、三产业的比重也就更大，回归结果是符合预期的。由于第二、三产业与第一产业是互补的，因此可以推算出政府的公共危机管理能力对第一产业所占的比重存在显著的负面影响。

上述的分析表明政府的公共危机管理能力对第二、三产业的比重有正面影响，该种影响是否是通过提高劳动生产率起作用呢？为了回答这个问题，本报告接下来将考虑政府的应急能力对各产业劳动生产率的影响。模型如下：

$$productivity_{i,n} = \beta_0 + \beta_1 ability_i + \beta_2 index_i + \beta_3 X_i + \mu_i \tag{7-10}$$

其中，$i=1$，2，3……，代表154个不同的地区；n 的取值为1，2，3，分别代表第一产业、第二产业和第三产业；$productivity_{i,n}$表示的是 i 地区的第 n 产业的劳动生产率。参照前人的做法，本报告采用产业增加值/该产业就业人数的方法来衡量不同地区各产业的劳动生产率（颜色等，2018；郭凯明等，2020）。由于各地区三次产业的就业人数的数据统计只截至2010年，之后的数据是以2010年为基数，用各省份各产业就业人数的增长率推算得出。同时，为了平稳数据，劳动生产率经对数处理。

为了简洁，表7－6只给出了考虑医疗资源后的回归结果。

表7－6　　政府公共危机治理能力对产业劳动生产率的影响回归结果

	第一产业劳动生产率	第二产业劳动生产率	第三产业劳动生产率
政府公共危机管理能力	－0.978	1.708**	1.900**
(Ability)	(0.967)	(0.842)	(0.901)
再生指数	0.273**	－0.063	－0.266**
(Index)	(0.115)	(0.100)	(0.107)
人口密度	1.512**	0.120	1.261**
(Density)	(0.591)	(0.515)	(0.551)
每万人医院数	－0.305	0.898*	0.409
(Hospital)	(0.525)	(0.457)	(0.489)
每万人病床数	－0.009*	－0.012***	－0.018***
(Bed)	(0.005)	(0.004)	(0.004)
每万人医师数	0.023***	0.027***	0.045***
(Doctor)	(0.008)	(0.007)	(0.008)
Constant	9.546***	11.408***	11.457***
	(0.211)	(0.184)	0.197
R－squared	0.1754	0.1858	0.3035
F－test	5.21	5.59	10.68
Number of obs	154	154	154
Prob > F	0.0001	0.0000	0.0000

注：***代表结果在1%的水平下显著，**代表结果在5%的水平下显著，*代表结果在10%的水平下显著。

通过表7－6可以看出，政府的公共危机管理能力对第一产业的劳动生产率存在负面影响，但不显著，但是对第二、三产业的劳动生产率有着显著的正面影响，即政府公共危机管理能力有助于提高第二产业和第三产业就业人员的劳动生产率。

综上所述，可以梳理出政府的公共危机管理能力影响城市经济效率的第一条渠道：政府的公共危机治理能力能够提升第二产业与第三产业的劳动生产率，从而提高第二、三产业所占国民生产总值的比重，最终作用到城市的经济效率上，如图7－2所示。

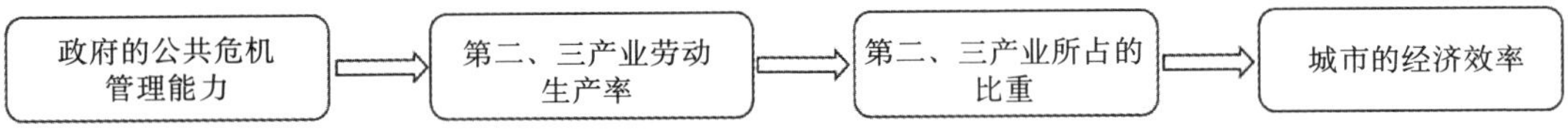

图7－2　公共危机管理能力影响城市经济效率的第一种机制

7.4.3.2　政府公共危机管理能力对技术创新的影响

本报告采取赖敏（2013）的做法，用人均专利授权数来衡量各地区技术创新的程度，专利授权数的资料来源于《中国城市统计年鉴2019》。预计政府的公共危机管理能力越强，地区技术创新的程度也越高，具体的回归模型如下：

$$perpatent_i = \beta_0 + \beta_1 ability_i + \beta_2 index_i + \beta_3 X_i + \mu_i \qquad (7-11)$$

其中，$perpatent_i$ 表示城市 i 的人均专利授权数，其他的变量同上文一致。具体的回归结果如表7－7所示：

表7－7　　政府公共危机管理能力对技术创新影响的回归结果

人均专利授数 （perpatent）	基准回归模型	考虑了医疗卫生资源后的回归模型
政府公共危机管理能力 （Ability）	83.239** （41.125）	65.742** （28.735）
再生指数 （Index）	－5.894 （4.847）	－6.677* （3.413）
人口密度 （Density）	—	134.721*** （17.567）
每万人医院数 （Hospital）	—	－27.028* （15.604）
每万人病床数 （Bed）	—	－0.282** （0.140）
每万人医师数 （Doctor）	—	1.426*** （0.247）

续表

人均专利授数（perpatent）	基准回归模型	考虑了医疗卫生资源后的回归模型
Constant	18.667** (7.466)	-2.927 (6.280)
R - squared	0.0951	0.5409
F - test	2.89	28.86
Number of obs	154	154
Prob > F	0.0307	0.0000

表7-4给出了各地区政府公共危机管理能力对技术创新的回归结果。观察表格可以发现，政府的公共危机管理能力对人均专利授权数有显著的正面影响，该结果在控制了医疗卫生资源等变量后依然显著。政府的公共危机管理能力与其执政能力息息相关，执政能力强的政府可以通过出台有利的政策及营造良好的氛围等来更有效地促进辖区内的技术创新，推动地区的经济发展。因此，回归结果和我们的预期是相一致的。

因此，可以梳理出政府的公共危机管理能力影响城市经济效率的另一种机制：公共危机管理能力越强的政府更善于引导地区内的技术创新，从而促进地区的技术发展，最终作用到城市的经济效率上如图7-3所示。

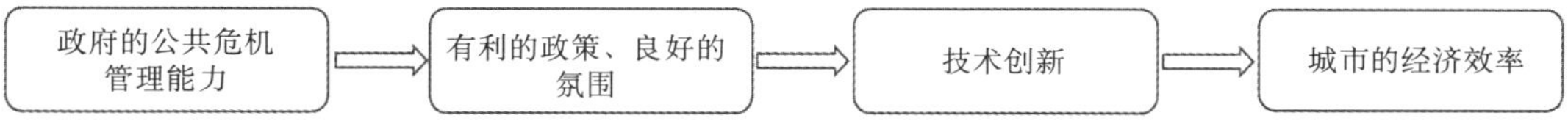

图7-3　公共危机管理能力影响城市经济效率的第二种机制

7.5　总结与讨论

本报告主要研究了政府的公共危机管理能力对城市经济效率的影响。为此，本报告选取全社会固定资产投资额、城镇单位期末就业人数、地区国民生产总值等变量并运用数据包络分析方法中的超效率SBM模型测算了不同地区的城市经济效率。在此基础上，本报告利用南开大学黄森中教授团队提供的疫情传播数据对政府的公共危机管理能力影响城市经济效率进行了实证研究。实证部分首先验证了政府的公共危机管理能力对城市经济效率的影响，然后从产业结构和技术创新两个角度探讨了政府的公共危机管理能力影响城市经济效率内在机制。研究发现政府的公共危机管理能力通过提升第二产业与第三产业的劳动生产率从而促进产业结构升级，同时还能引导地区的技术创新，最终作用到提高城市的经济效率中。基于以上的研究结论并结合理论分析，本报告建议：

（1）政府的危机管理能力与当地的经济发展水平息息相关，要不断完善地方政府危机管理制度，加强公共危机管理的思想意识教育，完善公共危机管理预警机制，积极引导社会各方力量参与，以多种方式切实提高地区政府的公共危机治理水平，深化政府职能转变，推动经济保持长期高质量发展。

（2）对当前疫情长短期影响做出科学、合理的评价，客观、清晰、有理有据地分析经济长短期发展态势，找出当前经济发展中的短板，抓住对经济高质量发展有牵引作用的关键领域和环节，构建发展新体制，塑造开放新格局，全力助推经济转型。

参考文献

[1] Alfani, G. and Ammannati, F., 2017, "Economic Inequality and Poverty in the Very Long Run: The Case of the Florentine State (Late Thirteenth – Early Nineteenth Centuries)", Economic History Review, forthcoming.

[2] Alfani, G., 2010, "The Effects of Plague on the Distribution of Property: Ivrea, Northern Italy 1630", Population Studies, 64 (1): 61 – 75.

[3] Athanassopoulos A D, Karkazis J. The Efficiency of Social and Economic Image Projection in Spatial Configurations [J]. Journal of Regional Science, 2003, 37 (1): 75 – 97.

[4] Barro, R. J., 2009, "Rare Disasters, Asset Prices, and Welfare Costs", American Economic Review, (99): 234 – 264.

[5] Charnes A, Cooper W W, Li S. Using data envelopment analysis to evaluate efficiency in the economic performance of Chinese cities [J]. Socio Economic Planning Sciences, 1989, 23 (6): 325 – 344.

[6] Diamond, J., 1997, Guns, Germs, and Steel: A Short History of Everybody for the Last 13000 Years. London: Vintage.

[7] Domar, E. D., 1970, "The Causes of Slavery or Serfdom: A Hypothesis", Journal of Economic History, 30 (1): 18 – 32.

[8] Duarte M. The Role of the Structural Transformation in Aggregate Productivity [J]. The Quarterly Journal of Economics, 2010, 125.

[9] Gabaix, X., 2012, "Variable Rare Disasters, An Exactly Solved Framework for Ten Puzzles in Macro – Finance", Quarterly Journal of Economics, 127 (2): 645 – 700.

[10] Gourio, F., 2012, "Disasters Risk and Business Cycles", American Economic Review, 102 (6): 1734 - 1766.

[11] Gourio, F., M. Siemer, and V. Adrien., 2013, "International Risk Cycles", Journal of International Economics, (89): 471 - 484.

[12] Harper, K. N., "Pandemics and the Passages to Late Antiquity: Rethinking the Plague of c. 249 - 270 Described by Cyprian", Journal of Roman Archaeology, (28): 223 - 260.

[13] Herlihy, D., 1997, The Black Death and the Transformation of the West. Cambridge, MA: Harvard University Press.

[14] Lucas, R., 2003, "Macroeconomic Priorities", American Economic Review, 93 (1): 1 - 14.

[15] Martin, I., 2013a, "Consumption - Based Asset Pricing with Higher Cumulants", Review of Economic Studies, (80): 745 - 773.

[16] Pamuk, S. and Shatzmiller, M., 2014, "Plagues, Wages, and Economic Change in the Islamic Middle East, 700 - 1500", Journal of Economic History, 74 (1): 196 - 229.

[17] Pamuk, S., 2007, "The Black Death and the Origins of the 'Great Divergence' across Europe, 1300 - 1600", European Review of Economic History, (11): 289 - 317.

[18] Rietz, T. A., 1988, "The Equity Premium, A Solution", Journal of Monetary Economics, 22 (1): 17 - 31.

[19] Sarris, P., 2002, "The Justinianic Plague: Origins and Effects", Continuity & Change, (17): 255 - 276.

[20] Solow R M. Technical Change and Aggregate Production Function [J]. Review of Economics & Statistics, 1957, 39 (3): 312 - 320.

[21] Tone K. A slacks - based measure of super - efficiency in data envelopment analysis [J]. European Journal of Operational Research, 2002, 143 (1): 32 - 41.

[22] 陈国进，晁江锋，武晓利，赵向琴. 罕见灾难风险和中国宏观经济波动 [J]. 经济研究，2014，49 (08): 54 - 66.

[23] 陈彦斌，霍震，陈军. 灾难风险与中国城镇居民财产分布 [J]. 经济研究，2009，44 (11): 144 - 158.

[24] 戴永安，董刚. 基于三阶段 DEA 模型的中国城市效率研究 [J]. 技术经济，2012，31 (07): 111 - 117.

[25] 范剑勇，张雁. 经济地理与地区间工资差异 [J]. 经济研究，2009，44

（08）：73－84.

［26］傅娟，孙久文．北京城市增长效率变化轨迹［J］．城市问题，2014（08）：31－38.

［27］郭凯明，杭静，徐亚男．劳动生产率、鲍莫尔病效应与区域结构转型［J］．经济学动态，2020（4）：79－95.

［28］黄森忠，彭志行，靳祯．新型冠状病毒肺炎疫情控制策略研究：效率评估及建议［J］．中国科学：数学，2020，50（06）：885－898.

［29］赖敏．土地要素错配阻碍了中国产业结构升级吗？——基于中国230个地级市的经验证据［J］．产业经济研究，2019（02）：39－49.

［30］李艳军，华民．中国城市经济的绿色效率及其影响因素研究［［J］．城市与环境研究，2014，1（02）：36－52.

［31］林盾，李建生．论突发公共事件应急信息平台的构建［J］．湖南科技大学学报（社会科学版），2011，14（01）：131－134.

［32］刘秉镰，李清彬．中国城市全要素生产率的动态实证分析：1990－2006——基于DEA模型的Malmquist指数方法［J］．南开经济研究，2009（03）：139－152.

［33］刘建翠，郑世林．研发投入对中国区域全要素生产率的影响研究——基于DEA－Tobit模型［J］．城市与环境研究，2018（04）：17－37.

［34］刘瑞明，赵仁杰．西部大开发：增长驱动还是政策陷阱——基于PSM－DID方法的研究［J］．中国工业经济，2015（06）：32－43.

［35］梅林，席强敏．土地价格、产业结构与城市效率——基于中国城市面板数据的经验分析［J］．经济科学，2018（04）：61－74.

［36］潘竟虎，尹君．中国地级及以上城市发展效率差异的DEA－ESDA测度［J］．经济地理，2012，32（12）：53－60.

［37］宋建国．面对突发事件，如何引导网络舆论［J］．人民论坛，2018（14）：118－119.

［38］涂俊，吴贵生．基于DEATobit两步法的区域农业创新系统评价及分析［J］．数量经济技术经济研究，2006（04）：136－145.

［39］王嗣均．城市效率差异对中国未来城镇化的影响［J］．经济地理，1994，14（1）：46－52.

［40］卫平，余奕杉．产业结构变迁对城市经济效率的影响——以中国285个城市为例［J］．城市问题，2018（11）：4－11.

［41］肖文涛，曾煌林．突发事件政务舆情回应：面临态势、困局与对策思路

[J]. 中国行政管理, 2017 (12): 111 - 116.

[42] 徐丽. 长三角城市群16城市经济效率及其影响因素研究 [D]. 上海: 复旦大学, 2010.

[43] 颜色, 郭凯明, 杭静. 需求结构变迁、产业结构转型和生产率提高 [J]. 经济研究, 2018, 53 (12): 83 - 96.

[44] 张军涛, 刘建国. 城市效率极其影响因素——基于东北三省34个城市的比较分析 [J]. 数学的实践与认识, 2011, 41 (5): 35 - 46.

[45] 赵东旭. 美国、欧盟、日本食品安全突发事件法律应对机制比较研究 [J]. 世界农业, 2017 (11): 197 - 202.

[46] 赵军锋, 金太军. 突发事件中公共产品的需求与供给 [J]. 中国行政管理, 2012 (01): 101 - 105.

[47] 赵向琴, 袁靖, 陈国进. 灾难冲击与中国最优财政货币政策选择 [J]. 经济研究, 2017, 52 (04): 34 - 47.

[48] 钟业喜, 徐羽, 徐丽婷. 江西省城市效率与经济增长协调性研究 [J]. 江西师范大学学报 (哲学社会科学版), 2017, 50 (1): 125 - 131.

[49] 庄子罐. 中国经济周期波动的福利成本研究——基于小概率“严重衰退”事件的视角 [J]. 金融研究, 2011 (04): 31 - 43.

[50] 踪家峰, 潘芬超. 集聚是否影响了中国城市发展的效率——基于262个地级市的SBM - DEA分析 [J]. 区域经济评论, 2016 (03): 83 - 90.

[51] 成刚. 数据包络分析方法与MaxDEA软件 [M]. 北京: 知识产权出版社, 2014.

8.

新冠肺炎疫情冲击下跨境资本流动管理及金融风险防范研究[①]

本报告主要研究新冠肺炎疫情冲击下如何兼顾经济增长与金融稳定双重目标，做好跨境资本流动管理防范金融风险。首先，通过翔实的经济数据，本报告发现，新冠肺炎疫情不仅导致以中国为代表的新兴经济体遭遇远超2008年全球金融危机的跨境资本流动波动，而且使全球主要经济体经济停摆，对经济增长产生的拖累作用远超2008年全球金融危机的影响。管理跨境资本流动波动的宏观审慎政策可能拖累经济增长，而刺激经济增长的宏观经济政策可能加剧跨境资本流动波动进而增加金融风险。如何兼顾金融稳定与经济增长双重目标，这对管理跨境资本流动提出了全新的挑战。其次，本报告梳理了各国为应对“史无前例”的新冠肺炎疫情冲击而实施的恢复经济和维持金融稳定的宏观经济金融政策，对比分析了发达经济体、新兴经济体以及中国政策实施的差异及原因。最后，本报告基于双支柱政策理论，结合跨国际政策溢出效应，深入分析了中国应对新冠肺炎疫情冲击的宏观经济政策效果，并为中国保增长和防风险提供政策建议。

① 本部分由苟琴、张石昌、吴谦、韩雨迪、孙文豪撰写。

8.1 新冠肺炎疫情冲击与跨境资本流动

自2020年1月下旬局部地区出现新型冠状病毒肺炎病例后，短短数月时间就演变为全球扩散、席卷世界各国的全球性公共突发事件。由于新型冠状病毒传染速度快、致死率高、没有特效药和完备的治疗体系，全世界有超过60个国家曾宣布进入“紧急状态”。在政府的强制要求下，人们在工作、生活等多方面受到限制：学校停课、工厂停工、部分城市甚至采取“封城”的政策。

疫情蔓延下各国出台的各种保护性措施虽在防控疫情的工作上取得成效，但从社会整体来看，无论是需求端还是供给侧，都受到了不同程度的冲击，在疫情严重地区社会生产生活甚至出现停滞现象。综合以上各种因素，实体经济在疫情冲击下产生了明显的下滑迹象，而与此同时疫情带来的各种外生性、不确定性也为市场带了较低预期。此种大环境下，投资者往往会采取保守性的投资策略，会偏好选择风险较小的国家和地区进行投资。与之对应的新兴经济体由于金融市场发展不成熟、不完善，面对外部冲击更为脆弱，其跨境资本流动很可能出现净流出的趋势。

在数据选择上，我们选用证券投资资本流动（Portfolio Flow）作为跨境资本流动的衡量标准。原因主要有以下几点。第一，自2008年全球金融危机以来，各国BOP表中的证券投资项目，尤其是负债项目增长迅速，并逐步成为跨境资本流动中最不稳定的部分。证券投资项目在面临外部冲击时表现出更强的波动性，反应也更为迅速，能够很好地体现出跨境资本流动的变化情况。第二，相关研究表明，证券投资项目中负债和资产的流动与资产价格和汇率波动有很强的相关性（Bergant 和 Schmitz，2018），这也使得这些数据对政策制定者来说有很强的借鉴意义。第三，证券投资资本流动与其他项目如外国直接投资（FDI）相比，可以观测到每月、每周甚至每日的数据，其时效性明显优于跨境资本流动中的其他任何组合部分。

本节分别从新兴经济体和中国两个维度来展开研究，观察分析疫情冲击后两者跨境资本流动的趋势，探究此次疫情是否对跨境资本流动产生显著影响。

8.1.1 疫情冲击后新兴经济体跨境资本流动

由于新兴经济体的金融市场的发展可能存在不平衡、不完备的情况，在受到冲击时往往表现得较为脆弱。图8-1为新兴经济体自2008年全球金融危机以来，面临4次较为严重的冲击时，证券投资资本净流入量的横向比较。其中横坐标为冲击后的以天为单位的时间，纵坐标为证券投资资本净流入量的百分比变化。从图中可以很明显地看出4次冲击过后，新兴经济体的跨境资本流动呈净流出的趋势。根据证券投资资本流入量的变化我们可以发现，此次疫情对新兴经济体跨境资本流动量的变化冲击要明显超过2008年全球金融危机，新兴经济体的跨境资本流出更为明显。

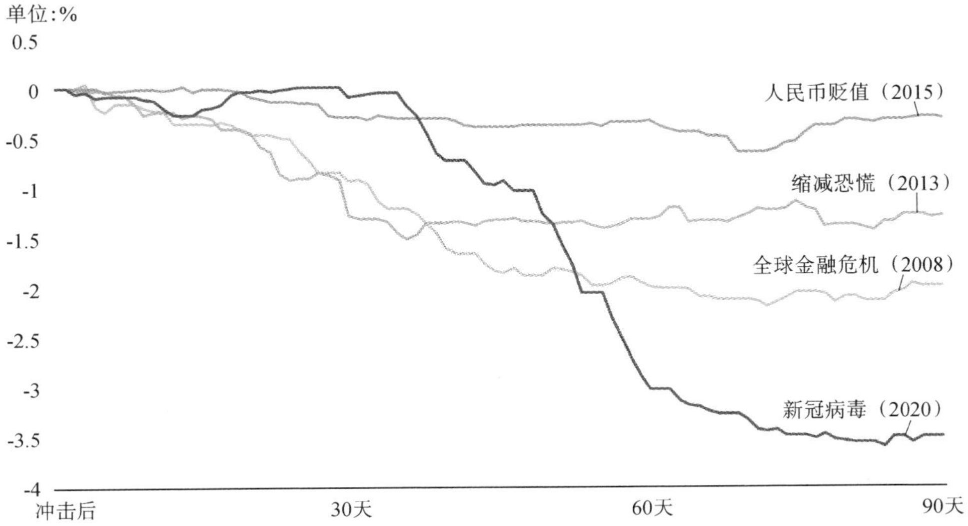

图8-1　新兴经济体冲击后证券投资资本流入比较

资料来源：IMF（2020a）。

图8-2我们集中选取巴西、中国大陆、匈牙利、印度、印度尼西亚、韩国、墨西哥、巴基斯坦、菲律宾、卡塔尔、斯里兰卡、南非、中国台湾地区、泰国和乌克兰15个国家和地区，观察其非居民证券投资资本净流入量的变化。我们发现全球金融危机、缩减恐慌和人民币贬值等冲击均对非居民证券投资资本流入有不同程度的影响，且均表现为净流出。而本次疫情爆发后，可以发现证券投资资本的流入有非常明显的下降，降低幅度超过了4%。与图8-1类似，从非居民证券投资尺度进行衡量我们可以发现，本次疫情对跨境资本流动变化的影响要强于2008年全球金融危机，表现为更强的波动性。

总体来看，新兴经济体在面临新冠肺炎疫情带来的对金融市场的冲击时，从证券市场证券投资的跨境资本流动上来看，表现为净流出的趋势。我们在前文也解释过证券市场中证券投资的变化能很好体现跨境资本流动的变化，在面对类似外生性的冲击时，其变化更为明显，投资者的反应更为迅速和敏感。因此我们可以认为新冠肺炎疫情对新兴经济体的跨境资本流动施加了负向效应，具体过程为新冠肺炎爆发后，投资者也许出于规避风险的原因，更多地选择撤出其在新兴经济体市场的投资，最终体现为跨境资本发生净流出。

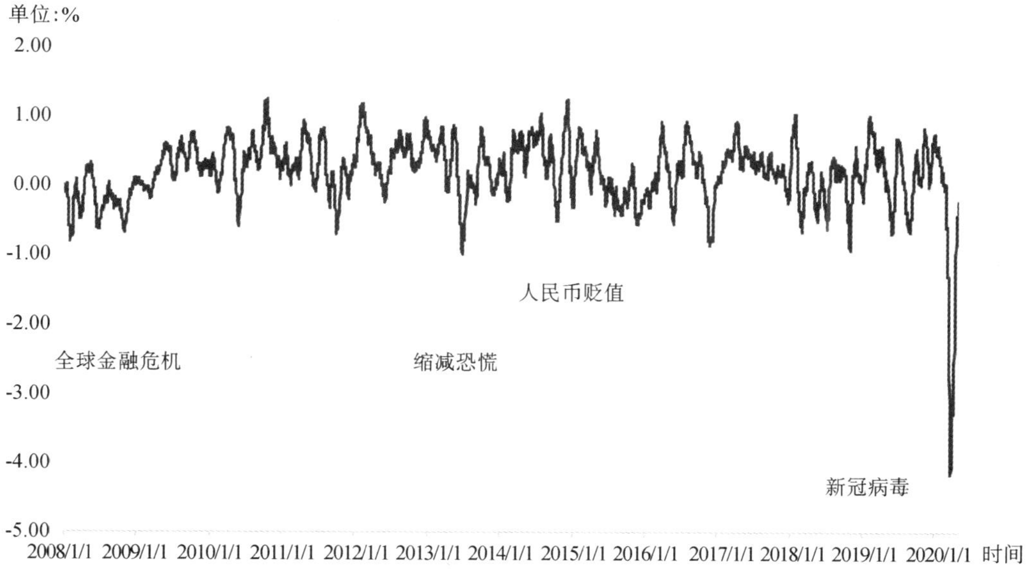

图 8-2　新兴经济体非居民证券投资资本流入变化

资料来源：IMF（2020a）。

8.1.2　疫情冲击后中国跨境资本流动

上一节我们探究了疫情冲击后新兴经济体跨境资本流动的变化，而中国作为新兴经济体，是否也与总体表现为相同的趋势呢？图 8-3 为疫情冲击后，按照地区对新兴经济体各国进行分组后非居民证券投资资本流入的横向比较。亚洲的样本中我们将中国单独进行列示。作为比较我们又加入了拉丁美洲以及欧洲、中东和非洲（EMEA）的数据。从图 8-3 中我们可以发现，与拉丁美洲及 EMEA 相比，亚洲的非居民证券投资资本流入减少得更为明显，受冲击影响更大。但单独看中国证券投资资本流入的变化，可以发现前 50 天呈现上下波动的小幅度变化，之后整体呈下降趋势，但与其他地区相比，尤其是与亚洲其他新兴经济体相比，下降幅度要小，总体上降幅不到 0.1%。通过比较我们可以得出中国的跨境资本流动一定程度上也受到了疫情影响的冲击，但与其他新兴经济体相比影响要更小。

与其他地区进行横向比较后，我们又具体来看中国的 BOP 表历年来证券投资项目的变化，即中国证券投资资本流入的变化。图 8-4 为以 2005 年第一季度的值为基准，中国证券投资资本流入的百分比变化量。从图中我们可以看出 2008 年全球金融危机、2015 年人民币贬值都使中国证券投资资本流入有了较大幅度下降，而新冠肺炎疫情的爆发使该项目发生了更大幅度的下降，且与前两次冲击相比影响更为强烈。

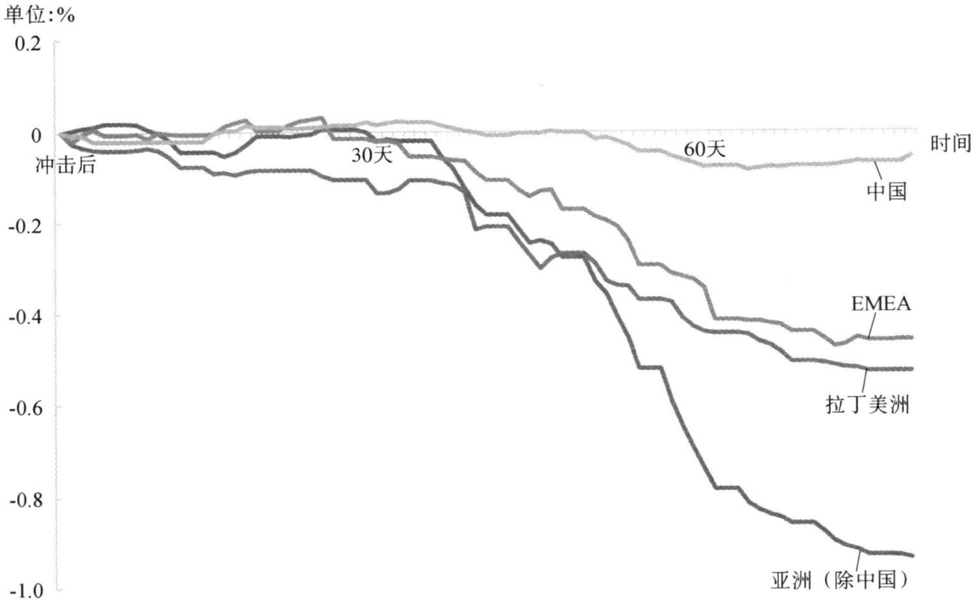

图 8-3　不同地区非居民证券投资资本流入比较

资料来源：IIF（2020），IMF（2020a）。

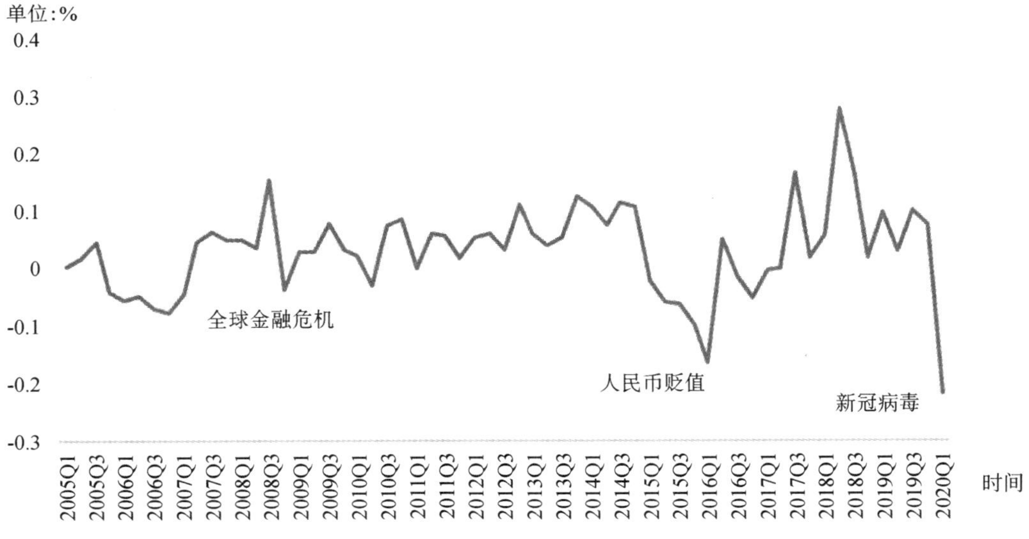

图 8-4　中国证券投资资本流入变化

注：Q 表示季度。

资料来源：国家外汇管理局。

为了探究证券投资项目下跨境资本为净流入还是净流出，我们将 2005 年至今的数据绘制成图 8-5。由图 8-5 我们可以看出中国证券投资项目自 2017 年第四季度起直至 2019 年年末均表现为净流入。而新冠病毒爆发以后由净流入转为净流出。具体来看负债项目，除2015年人民币贬值外，基本为正，表现为净流入。而2020年第一季度则由正转负，负债项目为净流出。资产项目也增大，表现为更多的流出，投向国外市场。另外与2008年全球金融危机相比，此次疫情冲击所造成的影响更为显著，证券投资资本流入量的波动更为剧烈。

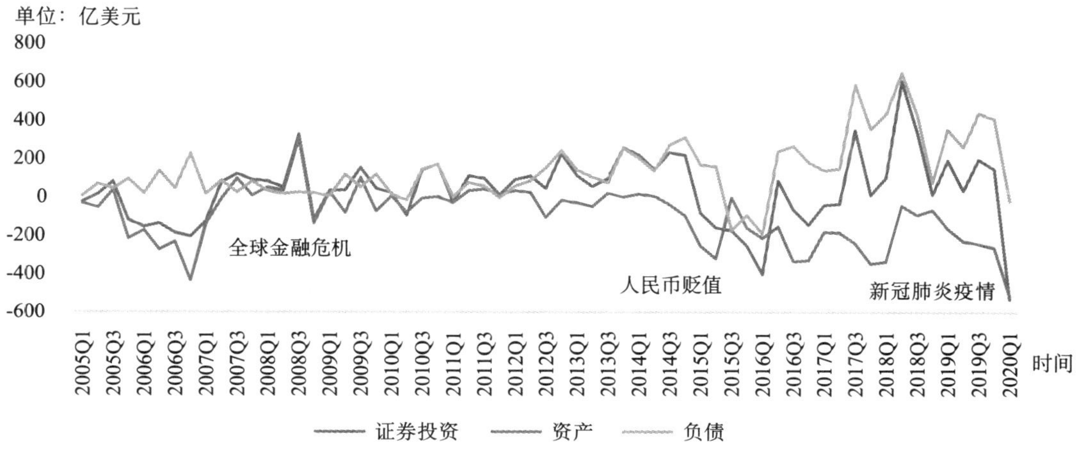

图8-5 中国证券投资流入量变化

注：Q表示季度。

资料来源：国家外汇管理局。

8.1.3 银行结售汇与人民币汇率变化

考虑到中国国际收支平衡表的数据为季度数据且目前仅更新至2020年第一季度，我们又选取了银行结售汇及人民币汇率的数据进行整理分析，以更加全面地了解疫情后，特别是2020年第二季度以来中国汇率市场上的波动与变化，进而更好地对中国跨境资本流动的变化做出解释。

8.1.3.1 银行结售汇

首先我们从国家外汇管理局选取2018年年初至2020年7月中国银行结售汇业务的月度数据，并整理绘制成图8-6。从图8-6中我们可以发现，新冠肺炎疫情以前中国银行无论是结汇还是售汇业务虽有波动但基本平衡，没有出现较大差额。而2018年7月至2019年11月，银行结售汇差额基本表现为逆差。疫情爆发后，2月结汇业务上升，售汇业务下降，总体保持平稳，结售汇顺差额增大；3月结汇和售汇总量均上升，结售汇顺差仍在增加；4、5月结汇和售汇总量均下降，但结售汇仍保持顺差，先降后升，且5月顺差额甚至超过3月；6月结汇总量基本不变但售汇有显著提升，表现在结售汇额差额上虽仍为顺差，但有较大幅度下跌；7 月中国结汇售汇总量均呈现上升趋势，但结售汇差额半年来首次为逆差。此次逆差一定程度上受季节性派息分红影响，导致售汇业务有明显提升。

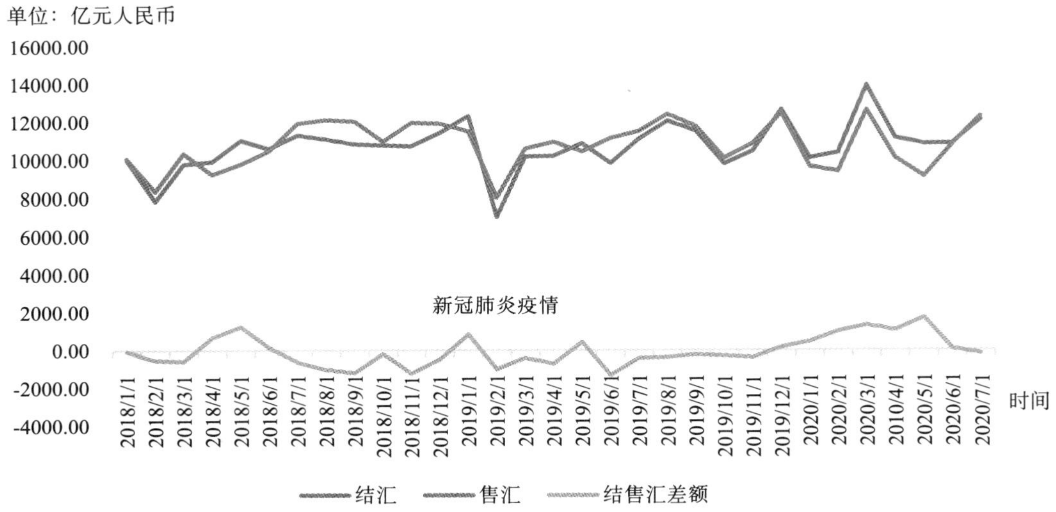

图 8－6　中国银行结售汇变化趋势

资料来源：国家外汇管理局。

8.1.3.2　人民币汇率变化

为观测疫情冲击以来人民币汇率变化，我们主要考虑了人民币对美元汇率和人民币汇率指数两个指标。首先我们将近 10 个月以来的人民币对美元汇率绘制成图 8－7。由图 8－7 我们可以看出，新冠肺炎疫情爆发后，1 月下旬至 2 月，人民币开始对美元发生贬值，幅度约 0.2%；直接标价法下，3 月人民币对美元汇率先降后升；4 月、5 月汇率虽有波动但走势基本平稳；6 月至今（8 月 28 日），直接标价法下，人民币对美元汇率整体呈下降趋势，下降约 0.3%，人民币不断升值。

关于人民币汇率指数，我们从中国货币网截取了一年来 CFETS、BIS 和 SDR 的货币篮子人民币指数并绘制成图 8－8。与图 8－7 对比我们发现，新冠肺炎疫情爆发后，1 月下旬至 2 月各汇率指数波动较小，基本稳定，而人民币对美元汇率却上升；3 月、4 月人民币汇率指数虽发生较大幅度升降，但均为范围内双向波动；5 月中旬至 6 月上旬，人民币汇率指数持续走低；6 月中旬至 8 月下旬，汇率指数先走低后走高，基本保持稳定。

图 8-7 人民币对美元双边汇率

资料来源：国家外汇管理局。

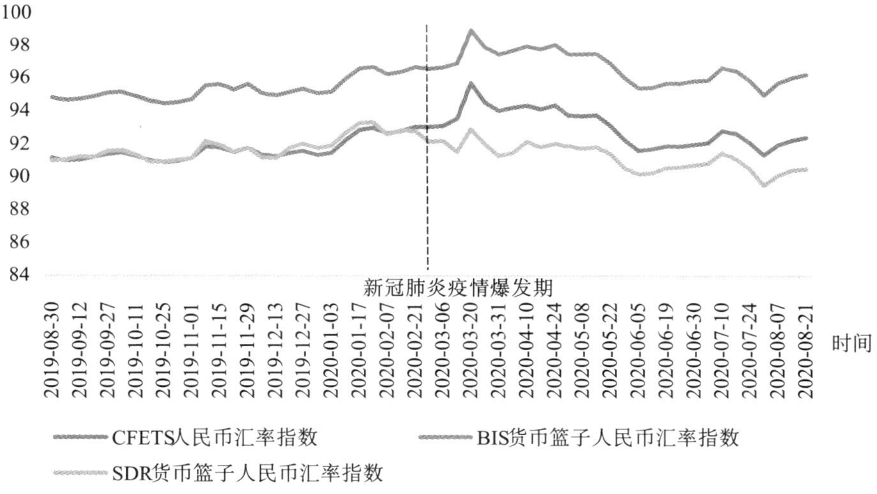

图 8-8 人民币汇率指数

资料来源：中国货币网。

8.2 新冠肺炎疫情冲击与经济增长

2020 年年初爆发的新冠肺炎疫情对全球产生了巨大的影响，疫情的冲击打断了人们正常的生活节奏，也中止了企业的生产活动，全球经济增长被迫按下了暂停键甚至倒退键。Boissay 和 Rungcharoenkitkul（2020）的研究表明，历史上疫情的爆发都对经济增长有冲击作用，冲击作用有大有小，有全球性也有局部性，如 1918～1919 年的西班牙大流感导致全球 GDP 增长降低了 6%；2003 年的 SARS 病毒导致全球 GDP 增长率下降 0.1%，导致中国 GDP 增长率下降了 1 到 2 个百分点；同期爆发的 H5N1 禽流感导致全球年度 GDP 增长损失 0.1%；2014 年爆发的 Ebola 病毒使得几内亚的 GDP 增长率下降了 2.1 个百分点，利比里亚的增长率下降 3.4 个百分点，塞拉利昂的增长率下降 3.3 个百分点。Barro 等（2020）指出新冠肺炎疫情前，历史上 1918 年大流感对经济增长的影响最为强烈，虽然当时也引入了社会隔离措施以遏制疫情发展，但经济活动没有同步停止。但根据 IMF（2020b）发布的数据，新冠肺炎疫情的爆发导致全球经济增长率的急剧下降。在疫情爆发之前，IMF 对 2020 年全球经济增长率的预测值为 3.3%；疫情爆发后，其 6 月刊预测，2020 年全球经济增长率调整为 -4.9%。如此大幅度的调整，以及对全球经济活动的冲击，这在以往是非常少见的。本部分主要聚焦于新兴经济体和中国，具体探讨新冠肺炎疫情对经济增长所产生的影响。

8.2.1 疫情冲击对新兴经济体经济增长的影响

新冠肺炎疫情的全球性爆发对新兴经济体的冲击是全方位的。新冠肺炎疫情的迅速全球传播，加上更紧密的国际一体化以及通过无症状携带者传播的可能性，促使大规模遏制政策以几乎同步的方式在全球范围内实施，进而导致全球经济活动突然停止（Boissay 和 Rungcharoenkitkul，2020）。首先，疫情直接冲击了实体经济，应对疫情的管制措施，使需求与供给同时下降，如工厂停工停产；国内、国外需求减少（对服务业的冲击尤甚）；出口受限，全球产业链阻断等。其次，疫情也冲击了金融市场，全球资金寻求安全的避风港，投资者更倾向于高流动性、安全性资产和“硬”通货，使新兴经济体国家资本外逃，汇率降低，各国不得不出台宽松政策来刺激经济。

由于新兴经济体处于经济的高速发展期，受新冠肺炎疫情的冲击，其经济增长受影响程度明显低于发达经济体与全球总体水平。我们从 IMF 获取了新兴经济体、发达经济体和全球的 2000～2019 年实际的 GDP 增长率以及 2020 年与 2021 年的预测 GDP 增长率，从图 8-9 中可以看出，三者受疫情冲击都产生了明显的下降，发达经济体 GDP 增长率受疫情冲击最大，2020 年的预期 GDP 增长率为 -6.1%，新兴经济体受疫情冲击最小，为 -1%。

我们继续将新兴经济体分为具有代表性的“金砖五国”，即巴西、印度、俄罗斯、中国和南非，进一步探讨新冠肺炎疫情对新兴经济体经济增长的影响。从图 8-10 中可以看出疫情冲击对巴西、俄罗斯和南非的冲击更大，对中国和印度的冲击较小。这可能得益于中国和印度较强的经济基本面。

图 8－9 新兴经济体、发达经济体与全球 GDP 增长率

资料来源：IMF。

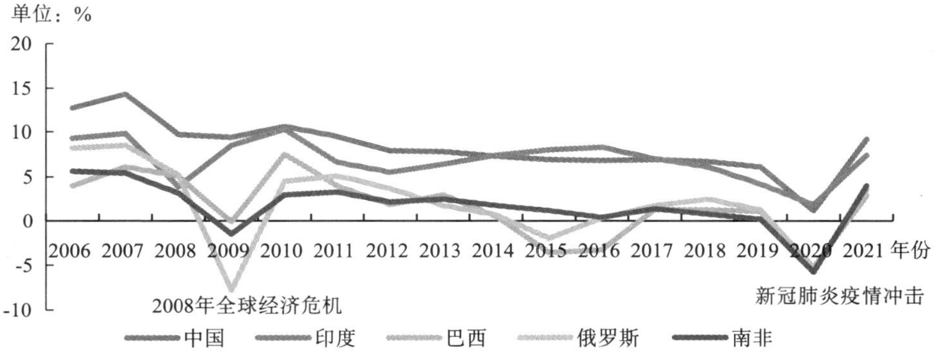

图 8－10 "金砖五国" GDP 增长率

资料来源：IMF。

最后，我们从 2008 年全球经济危机和新冠肺炎疫情冲击的对比，分析疫情对新兴经济体经济增长的影响。由前文所列示的图 8－9 与图 8－10 中可以看出，相对于2008 年的全球经济危机，从整体来看，新冠肺炎疫情导致的新兴经济体 GDP 增长率下降的影响更严重。

8.2.2 疫情冲击对中国经济增长的影响

新冠肺炎疫情从 2020 年 1 月下旬到 2 月中旬于中国开始爆发，中国及时实行了严格的疫情管控，控制人口流动与人员聚集，使得疫情冲击对中国经济增长的损伤降低到最小。从国家统计局获取的 12 期数据我们可以看出，从 2017 年第三季度开始，中国 GDP 的季度环比增速一直在 1% 到 2% 之间，变化不大。但疫情爆发的 2020 年第一季度中，GDP 的环比增速降低到了－10%。也是因为中国实行的严格管控措施，使中国在 2020 年第二季度 GDP 环比增速上升到了 11.5%。

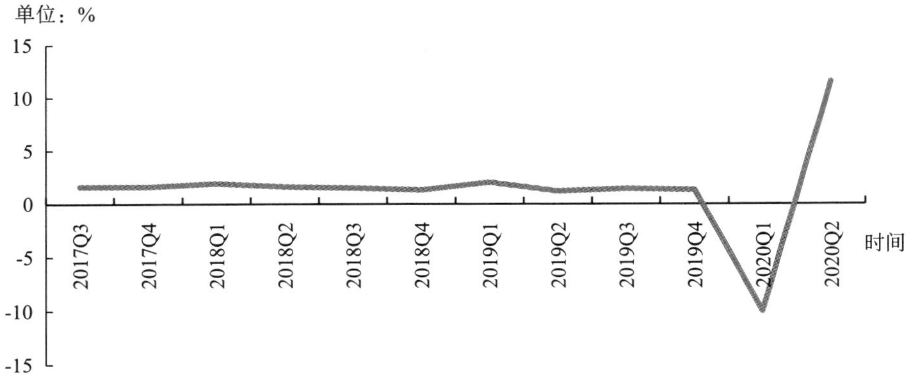

图 8－11　中国 GDP 增长率（环比）

注：Q 表示季度。

资料来源：国家统计局。

从全球视角来看，新冠肺炎疫情对中国经济增长的冲击低于全球平均水平，并且恢复时间更早、速度也快于全球水平。我们从 IMF《世界经济展望》获取了数据，该数据将 2019 年第一季度作为基期，设定为 100%，受新冠肺炎疫情冲击后，中国 GDP 增长率从 2019 年第四季度开始出现下降，并在 2020 年第一季度到达低点，发达经济体、新兴经济体和全球均在 2020 年第一季度开始出现下降，在第二季度到达低点，并且均低于中国低点。中国经济增长受疫情冲击较早，但由于中国经济基本面的强势与国家实施了强有力的疫情防控手段和经济干预政策，使中国经济增长受疫情冲击相对较小，并且恢复时间快。在全球处在新冠肺炎疫情爆发阶段，且疫情发展方向不明确，各国实施的疫情管控与政策干预的程度和手段不同，随着中国经济的恢复，使得中国可能成为全球资金的避风港和全球投资的洼地。

从 2008 年经济危机和新冠肺炎疫情冲击的对比来看。新冠肺炎疫情从供给与需求方面都对中国的经济增长产生了巨大影响，由于中国经济的产业转型升级与全球产业链的进一步形成，这次冲击对经济增长的影响相对于 2008 年更为严重。根据前面的年度数据图 8－10 中我们可以看出，对于中国的经济增长而言，无疑新冠肺炎疫情的冲击更大。

从需求层面看，疫情在中国爆发时正值农历新年，无疑对需求的冲击是很大的，尤其是直接遭受疫情影响的行业，例如交通运输、旅游、餐饮等。随后 2 月中旬开始，疫情在全球爆发，防范境外输入、疫情常态化管理成了当务之急，这又拖累了中国国内需求的复苏，也限制了出口需求，进一步拖累了中国经济增长的复苏。

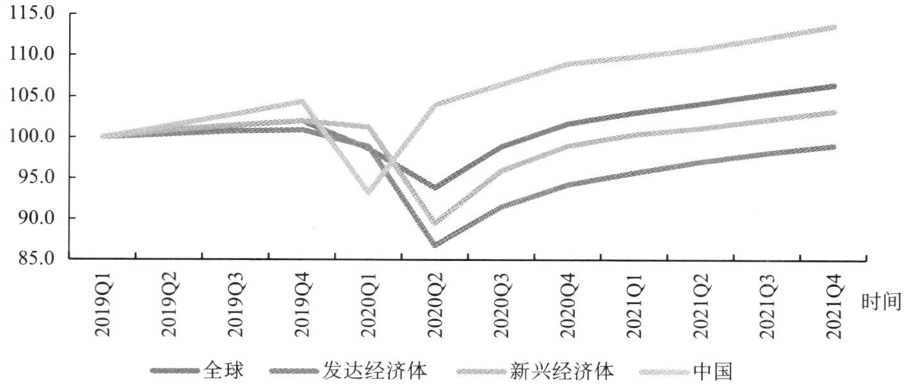

图 8-12　中国、新兴经济体、发达经济体及全球 GDP 增长率

注：Q 表示季度。

资料来源：IMF 2020 年 6 月《世界经济展望》。

从供给层面看，疫情爆发前期，由于企业复工复产的难度大，很多企业的生产活动被迫中止，随着疫情扩大至全球范围，受全球产业链影响的行业，上游产业供给的紧缩，使复工生产难度加大。

从行业来看，受疫情影响较小的是第一产业，由于限制出行和人员流动，企业复工复产难度大，前期影响较大是第二产业。由国家统计局数据，我们整理了图 8-13。由图 8-13 可以看出，在疫情爆发后，即 2020 年第一季度，受到冲击最大的是第二产业，同比下降 9.6%；其次是第三产业，同比下降 5.2%；受疫情冲击最小的是第一产业，同比下降 3.2%。随着疫情得到有效防控，在 2020 年第一、二季度，各个产业开始恢复，其中第一产业同比上升 0.9%，恢复得最快，其次是第二产业，同比下降 1.9%；恢复最慢的是第三产业，同比下降 -1.6%。

第三产业主要指服务业，随着中国产业转型升级，中国的第三产业对 GDP 贡献率不断扩大。如图 8-14 和图 8-15 所示，根据国家统计局数据，2008 年中国第一产业对 GDP 贡献率为 5.2%，第二产业贡献率约 48.6%，第三产业贡献率约 46.2%。到了 2019 年，中国第一产业对 GDP 贡献率降低到了 3.8%，第二产业贡献率降低到了约 36.8%，而第三产业贡献率则升高到了 59.4%，短短 10 年时间，中国的第三产业服务业对 GDP 的贡献率升高了 13 个百分点。根据 2008 年金融危机的特点，可以将它定义为经济的内生性危机，而这次新冠肺炎疫情引发的全球经济问题则可以视为由外生性冲击进而影响到经济系统的内部危机，其对第三产业的影响更为严重且恢复较慢，而中国的第三产业在近几年的迅速发展，使得中国经济增长受这次危机的影响更大，这也部分解释了为什么这次新冠肺炎疫情使得中国经济增长增速下降得比 2008 年全球金融危机更大。

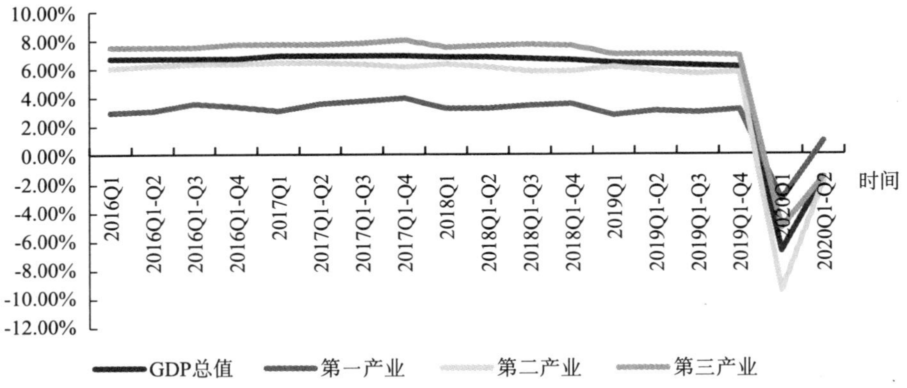

图 8－13　GDP 总值与第一产业、第二产业、第三产业增长率（同比）

注：Q 表示季度。

资料来源：国家统计局。

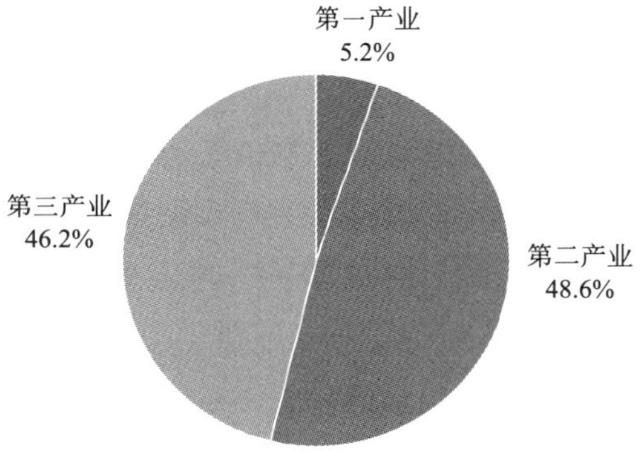

图 8－14　2008 年第一、第二与第三产业对 GDP 贡献率

资料来源：国家统计局。

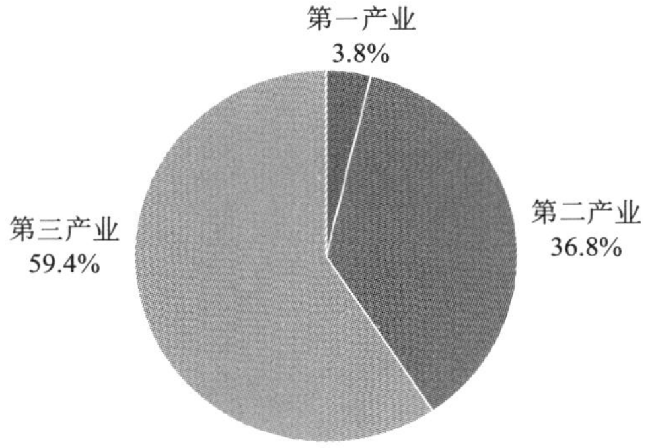

图 8－15　2019 年第一、第二与第三产业对 GDP 贡献率

资料来源：国家统计局。

8.3 应对新冠肺炎疫情冲击的宏观经济金融政策

8.3.1 他国应对疫情的宏观经济政策

各国为应对新冠肺炎疫情的冲击而采取的经济政策包括财政政策、货币政策和宏观审慎政策三大类，大部分国家构建了同时包含上述三类政策的政策组合，以求在兼顾其他经济目标的同时应对新冠肺炎疫情的冲击。与以往的历次危机不同，在本次应对新冠肺炎疫情冲击的政策组合中，无论是发达经济体还是新兴经济体都将宏观审慎政策作为重要内容，这是2008年金融危机后国际社会对宏观审慎政策的认识不断加深的结果。

8.3.1.1 财政政策

各国都采取了积极的财政政策以应对新冠肺炎疫情冲击，旨在对受冲击群体提供直接财政支持和抵御经济下行。各国所采取的财政政策具体包括对医疗卫生体系提供资金支持、增加失业救济、针对特定群体（如儿童、低收入者）或全体居民发放一次性补助、向家庭或企业发放补贴、税收减免或延期、增加信贷担保、贷款延期偿还（针对个人、家庭以及中小企业）、向地方政府转移支付、为特定产业提供支持等（见表8－1）。比较有代表性的是美国于2020年3月27日出台的2.2万亿美元财政刺激计划（《冠状病毒援助、救济和经济安全法案》），该计划对居民、企业、政府和公共卫生部门都提供了直接援助，并为大型企业提供了信贷支持、为中小型企业提供了工资保障计划（PPP）。此外，美国还于2020年4月15日宣布将个人和企业的纳税申报截止日期推迟两个月。

表8－1　　其他国家为应对新冠肺炎疫情采取的财政政策

财政政策措施	采取措施的国家	
	发达经济体	新兴经济体
为医疗卫生体系提供资金支持	美国、日本、德国、法国、芬兰、意大利、荷兰、西班牙、瑞典、英国、加拿大、澳大利亚	巴西、印度、墨西哥、俄罗斯、印度尼西亚等
增加失业救济	美国、法国、芬兰、意大利、荷兰、西班牙、瑞典、英国、加拿大、澳大利亚	巴西、俄罗斯、南非、土耳其、阿根廷、哥伦比亚等
发放一次性补助	美国、日本、德国、澳大利亚	

续表

财政政策措施	采取措施的国家	
	发达经济体	新兴经济体
向家庭、企业发放补贴	美国、日本 、法国、芬兰、荷兰、西班牙、英国、加拿大、澳大利亚	巴西、俄罗斯、南非、智利等
税收减免或延期	美国、日本、德国、法国、意大利、荷兰、西班牙、瑞典、英国、加拿大	俄罗斯、土耳其、哥伦比亚、印度尼西亚等
增加信贷担保	美国、日本、德国、法国、芬兰、意大利、荷兰、瑞典、西班牙、英国、加拿大、澳大利亚	巴西、印度、墨西哥、俄罗斯、南非、土耳其、阿根廷、韩国等
贷款延期偿还	美国、法国、意大利、西班牙、英国、加拿大、澳大利亚	俄罗斯、智利等
向地方政府转移支付	美国、日本、意大利	印度尼西亚等
为特定产业提供支持	法国（旅游业）、瑞典（农业、文化产业）	印度（农业）、埃及（旅游业）、马来西亚（汽车制造、旅游业）

资料来源：IIF 报告。

截至 2020 年 7 月 21 日，世界主要发达经济体和新兴经济体为应对新冠肺炎疫情所采取的财政政策如表 8－1 所示。从表 8－1 可以看出，发达经济体和新兴经济体在财政政策的采用上高度一致，仅在发放一次性补助这一项上存在较大差异。

8.3.1.2　货币政策

各国为应对新冠肺炎疫情冲击而采取的货币政策主要包括降低利率、公开市场操作或设立流动性工具以提升市场流动性、降低存款准备金率、量化宽松、设立专项计划为企业提供融资支持等。以美国为例，利率政策方面，美国联邦公开市场委员会分别于 3 月 3 日和 3 月 15 日将利率目标区间下调了 50 个和 100 个基点，并一直保持；非利率政策方面，美国采取的措施包括为银行间市场注入流动性、公开市场操作购买国债和抵押支持证券、启动与他国央行的美元互换协议、建立货币市场共同基金流动性工具等，这一系列举措都旨在为市场提供足够的流动性。此外，一些国家还采取了降低准备金率的措施，如巴西分别采取了扣除对中小微企业的信贷业务的储蓄存款准备金要求和降低定期存款的准备金要求两项举措。日本则在 5 月 11 日宣布将购买大量政府债券以确保 10 年期政府债券的收益率为 0，属于量化宽松政策的范畴。

世界主要发达经济体和新兴经济体为应对新冠肺炎疫情所采取的货币政策如表 8－2 所示。表 8－2 显示，除量化宽松和降低存款准备金率以外，发达经济体和新兴经济体在货币政策的实施上未出现较大差异。

表 8－2　其他国家为应对新冠肺炎疫情采取的货币政策

货币政策措施	采取措施的国家	
	发达经济体	新兴经济体
降低利率	美国、日本、英国、加拿大、澳大利亚	巴西、印度、俄罗斯、墨西哥、南非、阿根廷等
公开市场操作	美国、日本、芬兰、瑞典、加拿大、澳大利亚	巴西、印度、俄罗斯、墨西哥、南非、土耳其等
设立流动性工具	美国、加拿大、英国	印度、俄罗斯
降低存款准备金率		巴西
量化宽松	日本、英国	
设立专项计划为企业提供融资支持	德国、意大利、英国、加拿大	俄罗斯、印度、阿根廷、沙特阿拉伯等

资料来源：IIF 报告。

8.3.1.3　宏观审慎政策

各国高度重视宏观审慎政策的原因主要包括两个方面：其一，传统货币政策的空间不足，欧、美、日等国长期采取很低的利率水平，甚至采取负利率政策，导致难以进一步下调利率以应对本次新冠肺炎疫情冲击造成的流动性不足；其二，2008 年金融危机之后，国际社会认识到了宏观审慎政策防范系统性金融风险、维护金融稳定的重要作用，并相应进行了金融监管体系的改革，如美国设立了金融稳定监督委员会（FSOC）、英国设立了金融政策委员会（FPC）和审慎监管局（PRA）。

各国应对新冠肺炎疫情的宏观审慎政策主要从金融机构资本要求、推迟金融监管要求的执行期限、放宽审慎监管要求等方面入手，详情如表 8－3 所示。

表 8－3　其他国家为应对新冠肺炎疫情采取的宏观审慎政策

宏观审慎政策措施	采取措施的国家	
	发达经济体	新兴经济体
放松资本缓冲要求	法国、德国、英国、比利时、西班牙、瑞典、挪威等	巴西、印度、俄罗斯、韩国、墨西哥、印度尼西亚等
允许或鼓励商业银行动用资本留存缓冲	美国、日本、新加坡等	墨西哥、南非等
限制金融机构实施利润分配和股票回购	美国、日本、法国、德国、意大利、英国等	南非、俄罗斯等
推迟金融监管要求的执行期限	美国、英国、加拿大、澳大利亚等	俄罗斯、印度尼西亚等
放松审慎监管要求	美国、德国、澳大利亚、英国、葡萄牙等	匈牙利、波兰、罗马尼亚等

资料来源：公开资料整理。

在资本要求方面的措施主要包括放松资本缓冲要求、允许或鼓励商业银行动用资本留存缓冲以维持正常运营、呼吁或限制金融机构利润分配和股票回购等。其中，采取放松资本缓冲要求措施的国家包括法国、德国、英国、比利时、西班牙、瑞典、挪威等发达经济体和巴西、印度、俄罗斯、韩国、墨西哥、印度尼西亚等新兴经济体，这些国家都下调了逆周期资本缓冲比率（CCyB）。采取允许或鼓励商业银行动用资本留存缓冲的国家主要包括美国、日本、新加坡、墨西哥、南非等。此外，部分国家采取了限制金融机构利润分配和股票回购的措施，如法国审慎监管局（ACPR）呼吁其直接监管的金融机构在2020年10月1日之前停止派发股息和实施股票回购。

巴塞尔银行监管委员会（BCBS）于3月27日出台举措，将《巴塞尔协议Ⅲ》的实施时间从2022年1月1日推迟至2023年1月1日，又于4月3日决定将修订后的《全球系统重要性银行监管框架》（GSIB框架）的实施时间从2021年推迟至2022年。这两项举措旨在为商业银行提供充足的时间以恢复缓冲，从而避免金融监管与应对疫情冲击政策的冲突。受此影响，众多国家采取了推迟金融监管要求的执行期限这一举措。如美联储通过调整补充杠杆率（SLR）的规则从而降低了对银行的资本金要求，并将原定的实施日期2020年4月1日修改为2021年3月31日恢复SLR的原定规则。此外，澳大利亚、加拿大、英国、印尼等国都推迟了《巴塞尔协议Ⅲ》的实施期限。

新冠肺炎疫情爆发后，各国都放松了审慎监管的要求，采取的具体措施有放宽损失吸收能力的执行与贷款拨备要求、推迟或暂停压力测试、对检查和报告相关的工作进行调整等。

8.3.2 中国应对疫情的宏观经济政策

为应对海内外疫情对中国经济的影响，中国加强了逆周期调节力度，通过更加灵活的货币政策以及积极有为的财政政策，减轻困难企业的成本负担，帮助企业尽快恢复正常运营，缓解就业压力，促进实体经济投资和消费，对冲经济下行压力。

8.3.2.1 财政政策

在财政政策方面，财政部自疫情发生以来，出台了一系列针对个人、企业、和地方财政的财税政策措施，主要内容如表8-4所示。

《政府工作报告》指出积极的财政政策要更加积极有为。今年赤字率按3.6%以上安排，财政赤字规模比去年增加1万亿元，同时发行1万亿元抗疫特别国债，扩大新增地方政府专项债规模至3.75万亿元，用于支持减税降费、减租降息、扩大消费和投资等。截至上半年，公共财政支出11.6万亿元，第二季度较第一季度增加近6000亿元，

表 8－4　　中国为应对疫情采取的财政政策

救助部门		具体措施
个人	新冠肺炎患者（包括确诊和疑似患者）	所发生的医疗费用，在基本医保、大病保险、医疗救助等按规定支付后，个人负担部分由财政给予补助
	一线疫情防控的医务人员和防疫工作者	按照风险程度等因素，分别给予每人每天 200～300 元补助，补助资金由中央财政全额负担。湖北省（含援湖北医疗队）一线医务人员临时性工作补助标准提高 1 倍。在重症危重症患者病区工作的一线医务人员，按实际工作天数的 1.5 倍计算应发工作天数
企业	2020 年新增的疫情防控重点保障企业	在中国人民银行专项再贷款支持金融机构提供优惠利率信贷的基础上，中央财政给予贴息支持，贴息期限不超过 1 年
	受疫情影响较大的困难行业企业	2020 年度发生的亏损，最长结转年限由 5 年延长至 8 年
	所有企业	自 2020 年 2 月起，各省、自治区、直辖市及新疆生产建设兵团可指导统筹地区，对职工医保单位缴费部分实行减半征收，减征期限不超过 5 个月
	湖北省企业	自 2020 年 3 月 1 日至 5 月 31 日，对湖北省增值税小规模纳税人，适用 3% 征收率的应税销售收入，免征增值税；适用 3% 预征率的预缴增值税项目，暂停预缴增值税；自 2020 年 2 月起，湖北省可免征各类参保单位（不含机关事业单位）三项社会保险单位缴费，免征期限不超过 5 个月
	中小微企业	自 2020 年 3 月 1 日至 5 月 31 日，湖北以外各省、自治区、直辖市的增值税小规模纳税人，适用 3% 征收率的应税销售收入，减按 1% 征收率征收增值税；适用 3% 预征率的预缴增值税项目，减按 1% 预征率预缴增值税
		自 2020 年 2 月起，湖北以外各省（区、市）可免征中小微企业基本养老、失业和工伤保险单位缴费，免征期限不超过 5 个月
	大型企业	自 2020 年 2 月起，湖北以外各省（区、市）减半征收大型企业等其他参保单位（不含机关事业单位）三项社会保险单位缴费，减征期限不超过 3 个月
地方财政		中央财政出台了阶段性提高地方财政资金留用比例政策。2020 年 3 月 1 日至 6 月底，在已核定的各地当年留用比例基础上统一提高 5 个百分点

资料来源：公开资料整理。

主要流向社保就业、医疗卫生以及扶贫领域。截至 7 月 14 日，3.75 万亿元的新增地方政府专项债已发行 2.24 万亿元，剩余约 1.5 万亿元的专项债计划在 9 月底全部发行完毕。特别国债方面，截至 7 月 16 日，全国已发行 7200 亿元，并计划在 7 月底完成全部发行。

8.3.2.2 货币政策

在货币政策方面，与2019年“稳健的货币政策要松紧适度”相比，今年货币政策基调调整为“稳健的货币政策更加灵活适度”，目标为“把疫情防控作为最重要的工作来抓，并把支持实体经济恢复发展放到突出位置，综合运用多种工具有效应对疫情冲击”。自2020年2月起，央行采取了一系列降息、降准、专项再贷款再贴现等措施，保持银行体系流动性合理充裕，帮助中小微企业解决资金困难。2020年前两季度的货币政策实施情况如表8-5所示。

表8-5　　中国为应对疫情采取的货币政策（2020年）

事项		具体措施
降息	7天逆回购利率	分别于2月3日、3月3日通过公开市场操作下调7天逆回购利率供给30个基点。一年期MLF利率分别于2月17日、4月15日下调一年
	一年期MLF利率	分别于2月17日、4月15日下调一年期MLF利率共计30个基点
	一年期LPR	分别于2月20日、4月20日下调五年期LPR共计30个基点
	五年期LPR	分别于2月20日、4月20日下调五年期LPR共计15个基点
降准	全面降准	1月16日，央行全面下调金融机构存款准备金率0.5个百分点，释放资金约8000亿元
	普惠金融降准	3月16日，央行对达到考核标准的银行定向降准0.5%~0.1%；对符合条件的股份制商业银行再额外定向降准1%，共释放长期资金5500亿元
	中小银行定向降准	4月3日，央行宣布对中小银行定向降准100bp，于4月15日和5月15日分两次实施到位，共释放长期资金约4000亿元
再贷款再贴现	抗疫保供专项再贷款	2月7日，央行设立3000亿元专项再贷款，实行重点企业名单制管理，确保重点企业实际融资成本降至1.6%以下
	中小企业再贷款再贴现	2月26日，央行增加再贷款再贴现专用额度5000亿元；其中支农、支小再贷款额度分别为1000亿元、3000亿元，再贴现额度1000亿元；3月31日，国常会决定增加中小银行再贷款再贴现额度1万亿元
	政策性银行专项信贷	2月26日，央行向政策性银行增加3500亿元的专项信贷，以优惠利率向民营、中小微企业发放
其他	创设新型小微企业支持工具	6月初，央行设立普惠小微企业贷款延期支持工具和普惠小微企业信用贷款支持计划
	利率市场化改革	3月1日，央行启动存量浮动利率贷款定价基准转换工作

资料来源：公开资料整理。

2020 年《政府工作报告》提出广义货币供应和社融增长要显著高于去年，并创新货币政策工具，直达实体经济。1 月到 4 月先后三次降低存款准备金率，两次下调贷款市场报价利率（LPR），加大市场流动性，稳定市场信心。第二季度，利率方面，与一季度大幅降息不同，7 天逆回购利率、MLF 利率、LPR 均未做出调整。从流动性供给来看，央行于 4 月 3 日宣布对中小银行定向降准 100bp，分别在 4 月 15 日和 5 月 15 日实施到位，共释放长期资金约 4000 亿元。此外，央行继续延用一季度针对抗疫保供、中小企业出台的 1.8 万亿元再贷款再贴现额度。截至 5 月 30 日，3000 亿元的专项再贷款已为 7400 家企业发放了贷款 2800 亿元；5000 亿元部分已支持金融机构累计发放优惠利率贷款 4800 亿元。

进入二季度以来，央行没有进一步采取大规模降息降准，而是逐步转向更为适度精准的措施，使资金直达实体经济。首先，央行继续延用一季度针对抗疫保供、中小企业出台的 1.8 万亿元再贷款再贴现额度。其次，6 月初央行设立普惠小微企业贷款延期支持工具和普惠小微企业信用贷款支持计划，分别为小微企业提供了 400 亿元和 4000 亿元再贷款资金。此外，7 月 1 日起，央行年内第二次下调支农支小再贷款利率 0.25 个百分点，有利于商业银行从央行获取更低成本的资金，进而带动农业、小微企业融资成本的下行，实现精准滴灌。

8.3.2.3 宏观审慎政策

在宏观审慎方面，国内宏观审慎政策的重点是发挥好宏观审慎评估（MPA）在优化信贷结构和促进金融供给侧结构性改革中的作用，从而提升宏观审慎政策的针对性和有效性。

第一季度，央行在宏观审慎评估中进一步提高了小微、民营企业融资和制造业融资的考核权重，引导金融机构加大对小微、民营企业和制造业的信贷支持力度。设立“再贷款运用”考核指标，引导 17 家地方法人银行更好地运用新增 5000 亿元再贷款再贴现额度，发放中小微企业优惠利率贷款。将股份制银行定向降准资金使用情况纳入宏观审慎评估考核，要求股份制银行进一步增加对普惠金融领域的贷款投放。3 月 11 日，中国人民银行、国家外汇管理局发布《关于调整全口径跨境融资宏观审慎调节参数的通知》，将全口径跨境融资宏观审慎调节参数由 1 调至 1.25。政策调整后跨境融资风险加权余额上限相应提高，将有助于便利境内机构特别是中小企业、民营企业充分利用国际国内两种资源、两个市场，多渠道筹集资金，缓解融资难、融资贵等问题，推动企业复工复产。

8.4 疫情应对宏观经济政策：理论及实践效果

8.4.1 双支柱政策文献综述

8.4.1.1 “双支柱”调控框架的实践渊源和理论依据

长期以来，货币政策被视为维持宏观经济稳定的重要手段，其稳定经济的作用主要通过稳定价格来实现，但随着全球范围内的金融大发展，金融体系与实体经济之间的联系越来越紧密、互动越来越复杂，金融体系的稳定性对宏观经济稳定的影响也日益增强。马勇（2019）指出，货币政策所带来的价格稳定并不一定带来金融稳定，全球20世纪70年代至21世纪初的大部分金融危机都是在价格稳定的背景下发生的，发生的原因多在于金融体系的不稳定。世界各国长期的政策实践也印证了传统政策工具（财政政策、货币政策、微观审慎政策）的不足，特别是在2008年国际金融危机之后，各国逐步认识到了宏观审慎政策的重要意义，从而相应地建立起了“双支柱”调控框架。建立“双支柱”框架的理论依据来源于丁伯根法则和政策比较优势原理（马勇，2019）。李斌和吴恒宇（2019）对“双支柱”调控框架做了深入的思考，剖析了货币政策与宏观审慎政策的关系，指出二者虽然具有不同的政策目标（即货币政策关注物价稳定和经济增长，宏观审慎政策关注金融稳定），但仍具有复杂的交互影响，即货币政策的适宜与否会影响到金融体系的稳定，宏观审慎政策会影响到相关金融机构的业务活动从而间接影响物价和产出水平，因此二者的协调配合具有重要的意义。

8.4.1.2 “双支柱”调控框架的效果与协调配合

国内外学者高度关注“双支柱”调控框架的实际效果。梁璐璐等（2014）通过基于DSGE框架的分析得出，无论经济面临传统冲击还是非传统冲击，只要二者协同配合，宏观审慎政策都不会对货币政策目标带来副作用，这与Antipa等（2011）针对欧美国家的研究结论一致。从而，在货币政策与宏观审慎政策协调配合的情况下，二者可以分别服务于稳定价格、保持经济增长和稳定金融体系、减少系统性金融风险，从而兼顾“保增长”和“保稳定”。黄益平等（2019）研究了开放条件下“双支柱”调控框架的作用，考察了不同政策机制应对“资金流动突然停顿”的影响，指出在开放条件下，汇率制度越偏向浮动，货币政策稳定经济的效果越好。在此基础上增加以跨境资本流入税为代表的宏观审慎政策的运用可以进一步稳定宏观经济，并且福利收益也会随之提升，其机理在于减轻了金融加速器机制和杠杆作用的顺周期性。与之类似，Unsal（2013）的研究也证明了在资本流动的背景下宏观审慎政策对货币政策在稳定经济方面的协助作用和增进社会福利的作用。赵胜民和张瀚文（2020）的DSGE分析表明，在国际资本流动的背景下，宏观审慎政策能够影响国内金融机构的境外融资成本和国际金融机构购买国内债券的成本，从而稳定跨境资本流动，进而有助于经济稳定。

除上述文献之外，众多国内外学者的研究成果（如Beau等，2012；Bailliu等，2012；方意，2016）也指出，在面临不同的金融摩擦的情况下，宏观审慎政策都能够有效致力于金融体系的稳定。这说明宏观审慎政策具有高度的有效性和普遍的适用性，能够通过维持金融系统的稳定进而维持经济稳定，避免系统性金融风险的累积和金融危机的爆发。

为使“双支柱”调控框架能够同时服务于“保增长”和“保稳定”两个目标，货币政策与宏观审慎政策应依据表8-6进行搭配。在搭配的过程中需要考虑二者的协调问题，即采取“双松”或“双紧”组合时需要避免效果的叠加造成政策过度，在采取“一松一紧”组合时则要避免效果的相互抵消。

表8-6　　货币政策与宏观审慎政策的协调配合

经济稳定和金融稳定场景	金融体系稳定性过低	金融体系稳定性正常	金融体系稳定性过高
经济过热、通胀超过目标	紧缩性的货币政策和宏观审慎政策	紧缩性的货币政策	紧缩性的货币政策和扩张性的宏观审慎政策
经济正常、通胀符合目标	紧缩性的宏观审慎政策	无	扩张性的宏观审慎政策
经济低迷、通胀低于目标	扩张性的货币政策和紧缩性的宏观审慎政策	扩张性的货币政策	扩张性的货币政策和宏观审慎政策

8.4.2　其他国家疫情应对政策对中国的外溢影响

由上述内容可知，目前世界各国应对新冠肺炎疫情的政策可以归结为以减免缓征税费、发放补贴和助力企业融资为主要内容的财政政策，以降息、公开市场操作、设立流动性工具和量化宽松为主要内容的货币政策，和以放松资本要求、推迟监管要求的执行期限和放松审慎监管要求为主要内容的宏观审慎政策。在政策方向上，无论是发达经济体还是新兴经济体，都采取了扩张性的政策，且力度均较大。

与其他国家相比，中国应对疫情的政策体现出了不同的特征。中国同样采取了扩张性的财政政策和货币政策，但其不同之处在于：其一，中国的降息幅度相对较小，与巴西、印度、墨西哥、俄罗斯、南非等新兴经济体和美国、英国、加拿大等发达经济体动辄50~100基点的降息力度相比，中国各项降息政策的降息幅度均在15~30基点的范围内，降息力度在全球处于低位；其二，在跨境融资的宏观审慎监管方面，中国采取了将全口径跨境融资宏观审慎调节参数由1上调至1.25的措施，该项措施属于紧缩性宏观审慎政策。

出现这一情况的原因在于，其他国家的扩张性经济政策造成了对中国的外溢影响。中国在全球范围内率先走出新冠肺炎疫情的影响，率先实现经济复苏运转，在此背景下，其他国家为了应对新冠肺炎疫情而出台的扩张性经济政策导致了国际流动资本向中国的流入，中国因此面临较大的资本流入压力，这一外溢影响可以由汇率和结售汇指标反映得出。如前文图8-7和图8-8所示，自六月中旬开始，人民币对美元持续升值，人民币汇率指数也止住了下降趋势，至今总体水平未发生明显变化；图8-6显示，2020年除7月受季节性派息分红影响出现结售汇少量逆差外，中国银行结售汇一直保持顺差。从资本市场角度看，通过沪港通和深港通渠道流入内地的资金不断增多，如图8-16所示，一年以来北向资金累计净买入总体保持上升趋势，仅在中国大陆新冠肺炎疫情的爆发期（即2020年1月至3月）出现显著下降，随着中国疫情得到控制，北向资金累计净买入的上升趋势得以恢复。

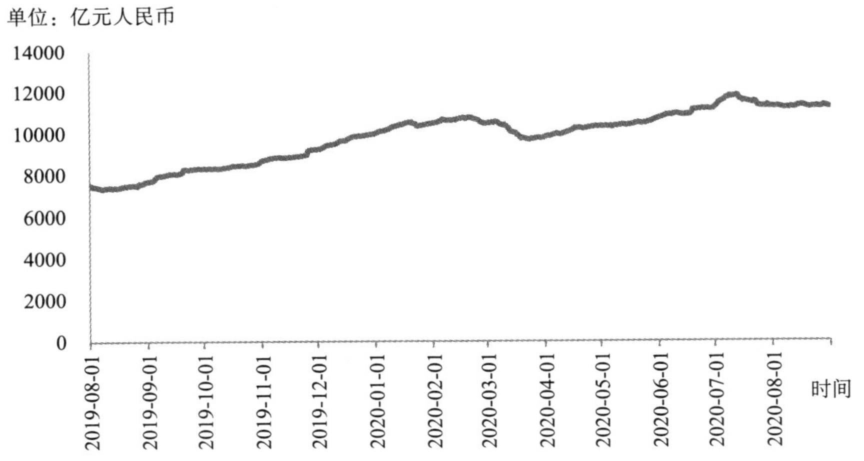

图8-16 北向资金累计净买入

资料来源：Wind。

其他国家扩张性经济政策为中国带来了资本流入压力，在此背景下，中国货币政策和宏观审慎政策的扩张力度低于其他国家，体现了“稳健的货币政策更加灵活适度”原则的贯彻落实和中国宏观经济政策兼顾内外两个平衡的总体要求。

8.4.3 中国应对政策对宏观经济增长和金融稳定的影响

在统筹疫情防控和经济社会发展一系列政策措施的作用下，积极的财政政策、稳健的货币政策及宏观审慎政策持续显效发力，上半年国内经济先降后升、稳步复苏，2020年上半年中国国内生产总值（GDP）同比下降1.6%，其中一季度同比下降6.8%，二季度同比增长3.2%，好于市场预测的2.9%，如图8－17所示。二季度以来经济运行逐月好转，克服了疫情和汛情的不利影响，继续保持了稳定复苏态势，主要指标继续回暖，市场预期持续向好。

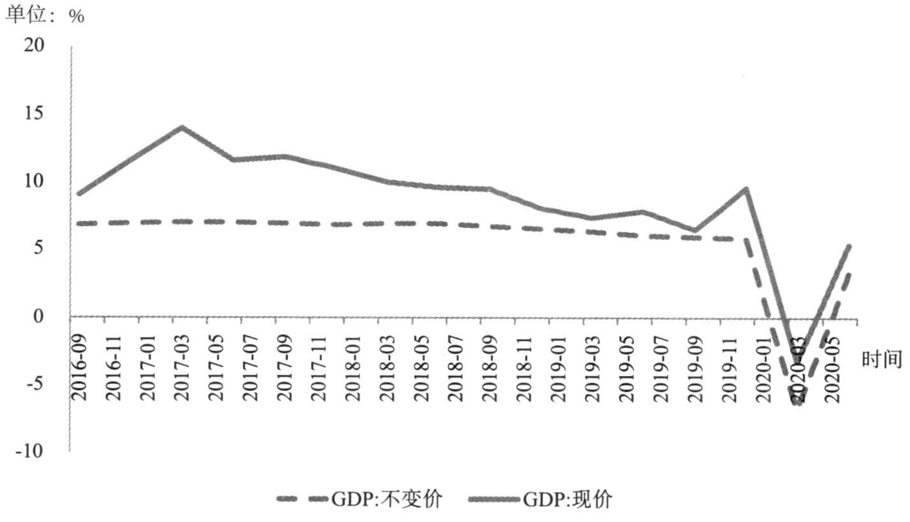

图8－17 GDP增速（当季同比）

资料来源：Wind。

8.4.3.1 货币政策对金融体系和实体经济的支撑作用

总量上，央行通过灵活运用降准、中期借贷便利、公开市场操作、再贷款、再贴现等工具，保持了市场流动性稳定充裕：6月末，广义货币供应量（M2）同比增长11.1%，社会融资规模存量同比增长12.8%，增速均明显高于2019年。社融和M2的大幅上升，符合《政府工作报告》中关于“引导广义货币供应量和社会融资规模增速明显高于去年”的表述。总体来看，央行在上半年为市场提供了充裕的流动性以应对冲疫情对经济的冲击，如图8－18所示。

价格上，不论是央行通过引导中期借贷便利和公开市场操作中标利率下行30个基点，带动贷款市场报价利率（LPR）下降；还是稳步推进存量浮动利率贷款定价基准

图 8－18　广义货币供应量（M2）（当月同比）

资料来源：Wind。

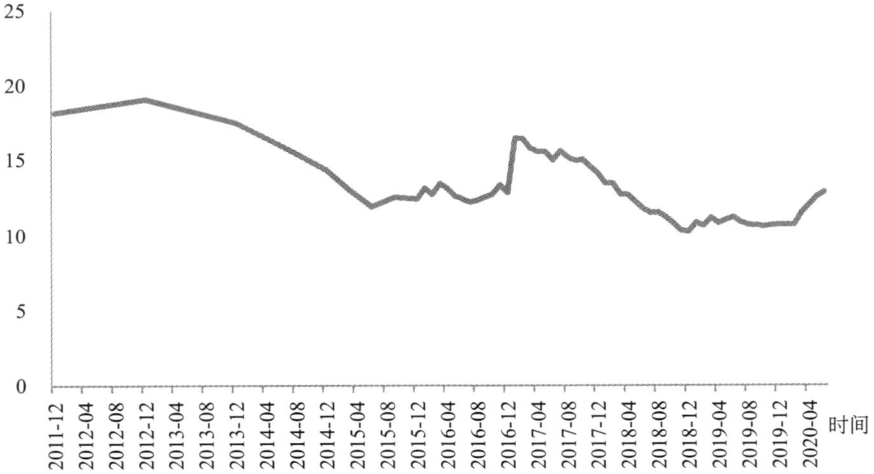

图 8－19　社会融资规模存量（当月同比）

资料来源：Wind。

转换，推动降低存量贷款利息支出，都使企业融资成本明显下降。6 月，1 年期 LPR 及 5 年期以上 LPR 较上年 12 月分别下降 0.3 个百分点、0.15 个百分点。6 月，贷款加权平均利率比上年 12 月下降 0.38 个百分点，同比下降 0.6 个百分点。其中，一般贷款加权平均利率和企业贷款加权平均利率下降幅度都明显超过同期 LPR 降幅，如表 8－7 所示。

结构上，央行通过完善结构性货币政策工具体系，使货币信贷结构进一步优化，6 月末普惠小微贷款同比增长 26.5%，制造业中长期贷款同比增长 24.7%，表明货币

表 8－7　　　　　　2020 年 6 月新发贷款加权平均利率情况

	6 月	比去年 12 月变化	同比变化
新发放贷款加权平均利率	5.06	－0.38	－0.60
一般贷款加权平均利率	5.24	－0.48	－0.68
其中：企业贷款加权平均利率	4.64	－0.48	－0.64
票据融资加权平均利率	2.85	－0.41	－0.79
个人住房贷款加权平均利率	5.42	－0.21	－0.11

资料来源：2020 年第二季度中国货币政策执行报告。

政策对中小微企业定向支持力度继续加码，进一步发挥了中小银行与中小微企业之间的天然对接优势，并增强其向中小微企业的贷款投放能力。

由此可以看出，稳健的货币政策成效显著，货币政策从总量政策适度、融资成本明显下降、支持实体经济三方面较好地支持了经济增长向潜在增速回归，为做好“六稳”“六保”工作营造了适宜的货币金融环境。

8.4.3.2 供给端的恢复情况

工业上，如图 8－20 所示，受新冠肺炎疫情冲击，2020 年第一季度工业回落幅度比较大，第二季度整体上在稳步复苏。从总量上看，工业生产由下降转为增长；从结构上看，高技术和装备制造业增长比较快，工业中新动能保持了较快增长。2020 年上半年规模以上工业增加值累计同比下降 1.3%，较 2019 年同期回落 7.3 个百分点，降幅比第一季度收窄 7.1 个百分点。第二季度以来工业同比连续 3 个月保持正增长，6 月工业同比增速 4.8%，较 3 月增长 5.9 个百分点。

服务业上，如图 8－21 所示，服务业生产指数 7 月同比增长 3.5%，增速比上月加快 1.2 个百分点。制造业 PMI 连续 4 个月位于荣枯线上方，表明生产活动正在稳步恢复，制造业基本面继续改善。不仅是制造业有向好趋势，6 月服务业 PMI 指数，综合 PMI 产出指数较上月均有所提升，表明经济持续回暖。

8.4.3.3 需求端的恢复情况

从需求端来看，投资需求对经济增长的贡献率大幅回升，但消费需求仍然偏弱。上半年全国固定资产投资同比增速 －3.1%，但较第一季度降幅收窄 13 个百分点。民间固定资产投资累计同比下降 7.3%，比上年同期下滑 13 个百分点。

2020 年上半年房地产开发投资累计同比增速在 6 月首次转正，并高于同期制造业和基建投资。一方面，充裕的流动性在一定程度上支撑房地产投资进入平稳修复期。

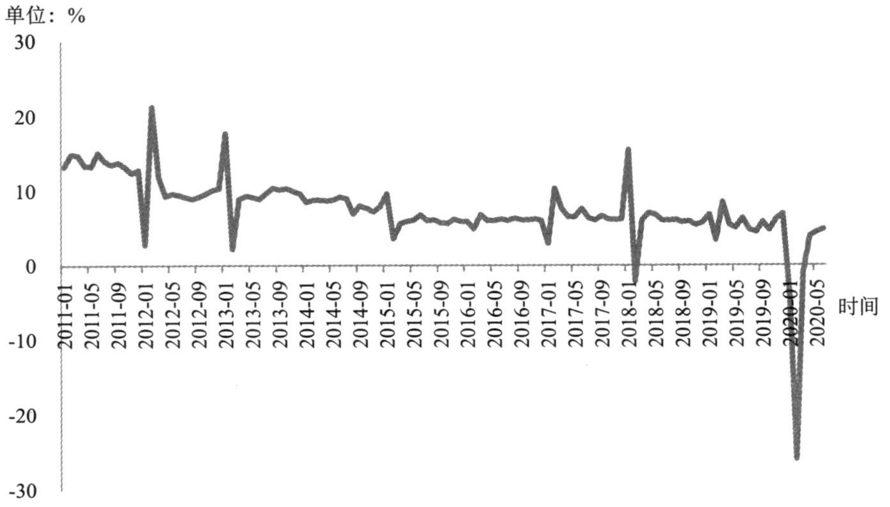

图 8－20　工业增加累计增速走势

资料来源：Wind。

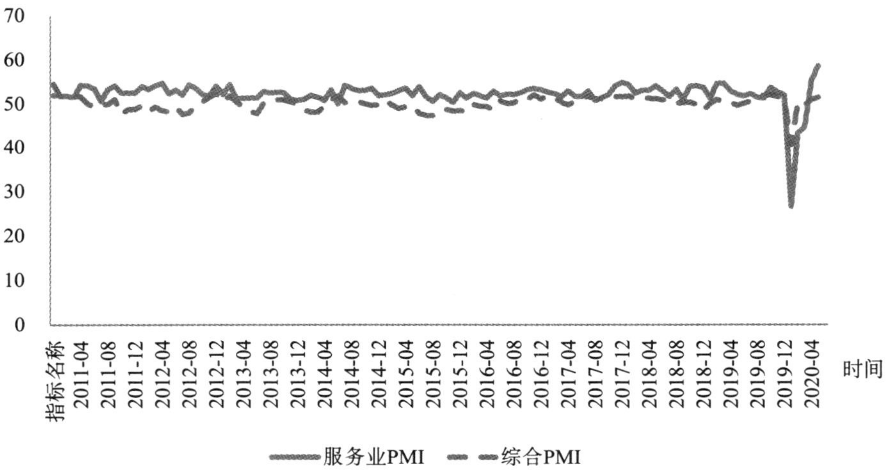

图 8－21　中国制造业 PMI 和服务业 PMI 当月值

资料来源：Wind。

同时，由于多地出台土地出让优惠政策，如取消限制性规定、增加优质土地供给等，进入第二季度后土地成交量大幅回升。截至第二季度，房地产投资累计同比增速 1.9%，较 2019 年同期下滑 9 个百分点，较第一季度提升 9.6 个百分点。

2020 年上半年基建投资累计同比 －2.7%，较上年同期下滑 6.8 个百分点。由于第二季度以来，疫情防控形势持续向好，复工复产加快推进，政府也加大了对交通运输领域等传统基建以及与数字经济相关的新基建的投资力度，基建投资连续 3 个月维持正增长，累计同比也较第一季度降幅收窄明显，达 17 个百分点，按部门分类的固定资产投资情况如图 8－22 所示。

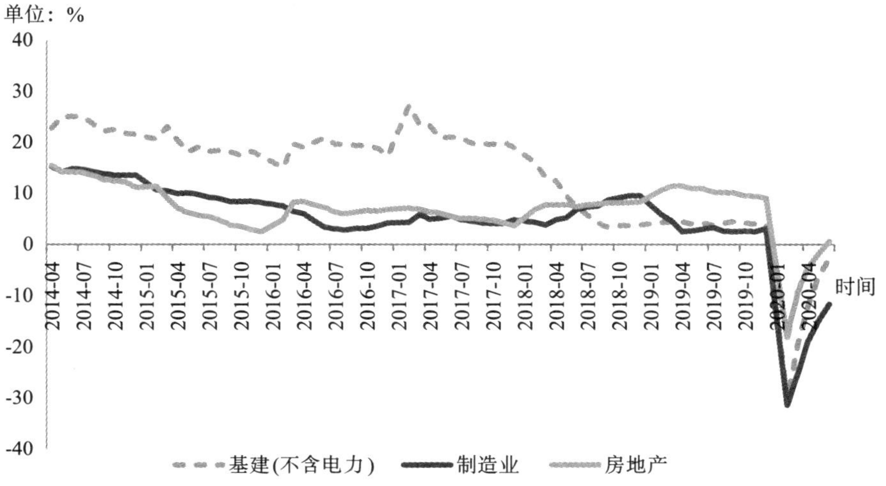

图 8－22　固定资产投资分部门（累计同比）

资料来源：Wind。

由于居民边际消费倾向下降，2020 年上半年消费需求维持低迷，尽管政府加大对汽车消费的支持力度，以及各省市发放消费券以补贴方式刺激消费，消费修复依旧缓慢。6 月社会消费品零售总额名义和实际同比较 5 月收窄 1 个和 0.8 个百分点，反弹力度则较 4～5 月偏弱。如图 8－23 所示，上半年社会消费品零售总额累计同比 －11.4%，较去年同期下降约 20 个百分点，比第一季度收窄 7.6 个百分点。

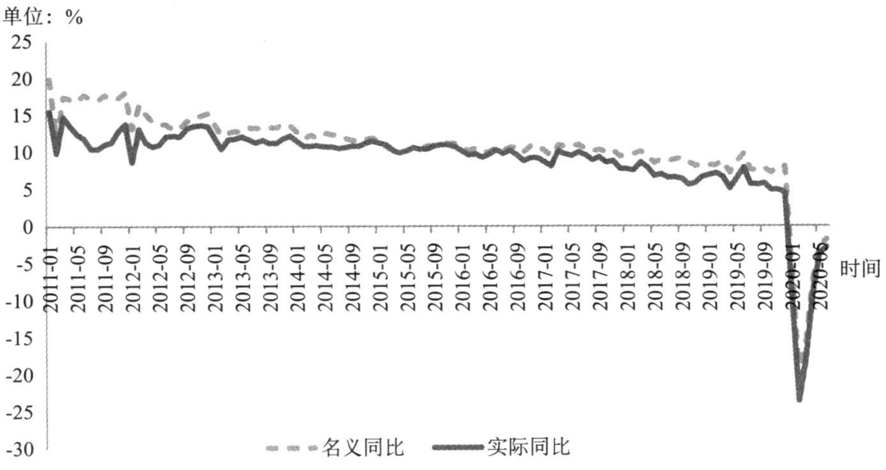

图 8－23　社会消费品零售总额（当月同比）

资料来源：Wind。

8.4.3.4 就业水平的恢复情况

从就业水平分析，2020 年上半年就业形势总体稳定。面对疫情的冲击，党中央、国务院对就业问题高度重视。无论是“六保”还是“六稳”，就业都位于首位，就业优先政策在今年稳定就业中发挥了重要作用。从就业形势看，7 月全国城镇调查失业率是 5.7%，其中就业主体人群（25～59 岁）的城镇调查失业率是 5.0%，比上月下降了 0.2 个百分点。随着稳就业政策效应的发挥，农民工的就业形势整体改善。但目前看，就业压力还是存在的，7 月城镇调查失业率为 5.7%，比上年同期高 0.4 个百分点。同时 7 月随着大学生集中进入劳动力市场，20～24 岁大专及以上人员（主要为新毕业大学生）失业率上升，比去年同期高 3.3 个百分点。因此，接下来对于稳定就业，要落实好相关的援企稳岗政策，坚定扩大内需，推动经济稳定恢复，带动整体就业岗位的增加。

8.5 总结及建议

8.5.1 总结

新冠病毒的爆发对全球经济造成了一定冲击，在跨境资本流动方面，也同样造成很大程度的影响。本报告从新兴经济体和中国两个维度进行数据分析，研究发现：第一，无论是中国还是新兴经济体，在疫情爆发后，证券投资项目均有流出倾向，但中国与其他新兴经济体相比受到的冲击影响较弱。再因证券投资项目在面对冲击时反应更为迅速、更为灵敏，是跨境资本流动项目中不确定性最大的，故可以合理推测此次疫情对中国及新兴经济体的跨境资本流动产生负向影响，表现为更多的跨境资本流出。第二，与 2008 年金融危机以来国际金融市场遭受到的几次冲击相比，本次疫情对跨境资本流动的影响更为显著，中国和各新兴经济体的跨境资本流动项目波动更为剧烈。第三，根据中国 BOP 表的最新数据可以发现，一方面证券投资项目的负债项三年来首次由正转负，表明境外投资者有大量抛售的现象；另一方面资产项目也较上一季度有很大上涨，表明国内投资者在国外证券市场也进行了更多的投资。第四，从银行结售汇和人民币汇率变化来看，中国外汇市场虽受疫情冲击，发生小幅波动，但总体平稳。

此次，新冠肺炎疫情的爆发引起的经济衰退不同于以往，具“外生性转内生性，内生性与外生性相互影响”的特点（上海交通大学上海高级金融学院课题组，2020），其对经济增长的影响与疫情发展的趋势密切相关，通过分析我们发现：（1）新冠肺炎疫情主要从实体经济与金融市场渠道对经济增长产生了冲击影响。（2）新冠肺炎疫情对新兴经济体经济增长的影响程度比对发达经济体更小。（3）新冠肺炎疫情对中国经济增长的冲击最早，对需求端和供给端都产生了负面影响，其中在前期第二产业受到的冲击最大，但第三产业恢复较慢，由于中国产业升级的因素，中国第三产业比重有所增加，部分使得疫情对中国经济增长的冲击大于2008年的全球性经济危机。但总体上看中国受疫情冲击的恢复时期也早于其他国家，可能成为全球市场的避风港与投资的洼地。（4）相对于2008年全球经济危机，新冠肺炎疫情造成的冲击更为强烈。

为应对此次疫情造成的巨大经济冲击，无论是新兴经济体还是发达经济体都相继出台了力度空前的宏观经济政策。财政政策方面，通过扩大财政支持，减免缓征税费，增加政府补贴，来保障医疗卫生系统，保障民生，保障企业生产；货币政策方面，通过紧急降息、扩大资产购买计划，实施量化宽松政策，来降低企业融资成本，增加流动性供给，保障金融市场稳定。此外，实施宏观审慎政策与财政货币政策一起协调搭配，通过降低金融机构资本要求、推迟金融监管要求的执行期限、放宽审慎监管要求等方面构建“双支柱”调控框架，降低金融系统的风险，维护金融稳定。

不同于国外宽松的货币政策，疫情期间，中国央行在保持稳健的货币政策基础上，更加注重政策的灵活性和精准性，通过结构性货币政策工具，实现“精准滴灌”，多举措确保货币政策效果直达实体经济；此外，实施积极有为的财政政策，适当提高财政赤字率，发行特别国债，增加地方政府专项债券规模、扩大转移支付规模等措施在疫情防控、恢复经济和稳定市场方面起到了直接、见效迅速的作用；宏观审慎政策以引导金融机构加大对小微、民营企业和制造业的信贷支持力度为主，并加强了跨境资本的宏观审慎管理，由此运用“双支柱”调控框架，在应对疫情给经济带来冲击的同时，降低系统性风险的积累，维护了金融稳定。

从政策影响上，从2020年上半年的经济运行情况看，尽管疫情给经济带来了巨大冲击以及国外政策对中国产生外溢影响，国内经济在“双支柱”调控政策——稳健货币政策、积极财政政策和紧缩性宏观审慎政策的引导下稳定恢复，且向好态势持续发展，集中体现在这四个方面：一是生产稳中有升；二是需求逐渐改善；三是就业形势总体稳定；四是市场预期整体改善。

尽管当前经济复苏形势较好，但中小企业生产经营仍面临不小的困难，重点群体失业率仍然偏高，全国居民实际人均可支配收入尚未恢复到疫情前的水平。并且目前的国际形势复杂严峻，全球疫情还在蔓延，同时世界经贸增长出现萎缩，第二季度主要经济体经济增长都明显下滑。2020年下半年央行将继续保持较宽松的货币政策和紧缩性宏观审慎政策，为实体经济注入流动性的同时降低系统性金融风险的累积，维护金融稳定；财政方面，随着财政收入增速回升，专项债和国债资金逐步到位，下半年财政支出将进一步加速提升。在疫情防控常态化的情况下，新基建、新型城镇化、医疗健康等领域有望加大投资。因此，下一步要坚决落实好党中央、国务院决策部署，在“双支柱”调控政策的引导下，持续地推动“六稳”工作，落实“六保”任务，促进经济平稳健康发展，努力实现全年预期发展目标。

8.5.2 政策建议

综合而言，新冠肺炎疫情不仅导致以中国为代表的新兴经济体遭遇远超2008年全球金融危机的跨境资本流动波动，而且使全球主要经济体经济停摆，对经济增长产生的拖累作用远超2008年全球金融危机的影响。管理跨境资本流动波动的宏观审慎政策可能拖累经济增长，而刺激经济增长的宏观经济政策可能加剧跨境资本流动波动进而增加金融风险。与此同时，应对新冠肺炎疫情的国际政策环境进一步加剧中国跨境资本流动波动，增加了宏观金融风险。如何兼顾金融稳定与经济增长双重目标，对管理跨境资本流动提出了全新的挑战。

为应对新冠肺炎疫情冲击，同时兼顾中国扩大金融对外开放的大趋势，中国应继续保持对“双支柱”政策，通过财政货币政策调控内部经济增长目标，密切结合宏观审慎政策管理跨境资本流动，在促进经济增长的同时，降低跨境资本流动引发的外部输入性金融风险。同时，密切关注国际政策和经济环境变化，动态调整宏观审慎政策和资本管制政策，降低跨境资本流动风险压力，提高内部宏观经济政策实施空间。

参考文献

[1] 方意. 宏观审慎政策有效性研究 [J]. 世界经济，2016，39（08）：25－49.

[2] 黄益平，曹裕静，陶坤玉，余昌华. 货币政策与宏观审慎政策共同支持宏观经济稳定 [J]. 金融研究，2019（12）：70－91.

[3] 李斌，吴恒宇. 对货币政策和宏观审慎政策双支柱调控框架内在逻辑的思考 [J]. 金融研究，2019（12）：1－17.

[4] 梁璐璐，赵胜民，田昕明，罗金峰. 宏观审慎政策及货币政策效果探讨：基于DSGE框架的分析 [J]. 财经研究，2014，40（03）：94－103.

[5] 马勇. “双支柱”调控框架的理论与经验基础 [J]. 金融研究，2019（12）：18－37.

［6］赵胜民，张瀚文．资本流动宏观审慎政策有效性研究——基于包含国内外金融机构的 DSGE 分析［J］．财经研究，2020，46（08）：156－169.

［7］Antipa P，Mengus E，Mojon B，2012，Would macprudential policies have prevented the great recession?［R］．Banque de France Occasional Papers No. 8..

［8］Bailliu，Jeannine，Kartashova，Katsiaryna，Meh，& Césaire.，2012. Household borrowing and spending in canada［J］．Bank of Canada Review，2011，16－29.

［9］Beau D，Clerc L，Mojon B．2013，Macro－Prudential Policy and the Conduct of MonetaryPolicy［J］．SSRN Electronic Journal，234（6）：120－141.

［10］Frederic Boissay and Phurichai Rungcharoenkitkul，2020，Macroeconomic effects of Covid－19：an early review，2－4

［11］International Monetary Fund，2020a，Financial Stability Report.

［12］International Monetary Fund，2020b，World Economic Outlook.

［13］Robert J. Barro，José F. Ursúa，Joanna Weng，2020，The Coronavirus and the Great Influenza Pandemic：Lessons from the "Spanish Flu" for the Coronavirus's Potential Effects on Mortality and Economic Activity.

［14］Unsal D. Filiz. 2011. Capital Flows and Financial Stability：Monetary Policy and Macroprudential Responses［J］．IMF Working Papers.

9.

新冠肺炎疫情冲击下国际资本流动“突然中断”风险与中国金融安全防范对策[①]

新冠肺炎疫情在全球范围内的蔓延对国际资本流动造成了较大冲击，资本流动的大幅减少甚至有触发新一轮金融危机的可能。因此，在新冠肺炎疫情冲击的背景下，研判资本流动“突然中断”的风险，探究该风险对中国金融安全的影响具有重要的实践价值。本报告分五部分对国际资本流动“突然中断”的风险进行研究。首先，从理论和经验两个角度探究了影响国际资本流动的因素。在理论部分，从多个角度对国际资本的驱动因素进行梳理，并在此基础上阐述了国际资本流动对不同类型经济体的影响。在经验部分，根据国际资本流动的特征及其影响因素得出了四点结论。其次，对新冠肺炎疫情对国际资本流动的冲击进行了理论分析和量化测算。理论分析部分阐述了国内外学者对新冠肺炎疫情造成的全球经济、金融以及债务等问题的一些研究结论。在量化测算部分，对美国与其他35个国家（地区）的长期证券交易金额数据进行了分析，得到了不同类型资本流动的极端事件的统计数据和相关结论。再次，对新冠肺炎疫情冲击下的国际资本流动“突然中断”的风险进行了综合研判。本报告使用高维矩阵时间序列因子模型，探讨了不同金融资产类型以及不同国家或地

① 本报告由苏治、李丰撰写。

区之间的协动性特征，并根据2002～2020年的数据分析结果，对新冠肺炎疫情是否会引发国际资本流动“突然中断”进行了综合分析；然后，探讨了新冠肺炎疫情冲击下国际资本流动“突然中断”对中国金融安全和经济发展的影响，梳理了全球性经济金融危机向中国宏观经济和金融体系的多途径传导机制；最后，从金融安全的角度得出新冠肺炎疫情冲击下国际资本流动“突然中断”对中国金融安全的启示，并提出相应的防范对策和建议。

9.1 引言

2020年伊始，新冠肺炎在全球范围内蔓延，美国约翰霍普金斯大学发布的实时统计数据显示，截至北京时间2020年8月27日，全球累计确诊超过2400万例。肆虐全球的新冠肺炎疫情“黑天鹅”已经对全球经济市场和国际资本市场造成严重冲击，极大增加了全球经济发展面临的不确定性。虽然中国成功采取了抗击疫情、金融去杠杆和恢复生产等一系列有力措施，但是仍然难以独善其身。随着经济全球化和金融一体化的不断发展，全球有大约一半的国家都会参与到国际资本流动的巨浪当中，国际资本流动直接关系着各个国家的经济金融发展，一旦国际资本市场出现明显动荡，全球金融系统的脆弱性也将进一步凸显。2000年以前国际资本流动较为稳定，但2000年之后国际金融市场发生了较多重大事件，如2008年全球金融危机、2010年欧洲主权债务危机等，导致国际资本流动的波动较为剧烈，2010年之后随着全球金融发展水平的整体提高，国际资本流动的波动特征也产生了变化。在近期新冠肺炎疫情全球范围内蔓延的新挑战下，除了贸易、供应链、外国直接投资受到显著冲击外，全球资本市场集体动荡，具体体现在两个方面：第一，美国10年期国债利率跌破0.5%，全球各国股票市场暴跌，美国股票市场短期内四次熔断；第二，从恐慌蔓延到流动性挤兑，债券、商品以及外汇市场同步下行。从短期看，对疫情的恐慌情绪，造成全球资本市场的波动；从长期看，疫情对全球经济的实质性破坏，将决定全球资本市场的未来发展趋势。

受新冠肺炎疫情影响，许多国家在国际投资和贸易政策上，采取更加严厉的限制和保护措施，导致国际资本市场遭遇前所未有的挑战。不少国家纷纷出台应对疫情的各类管控措施，使跨境投资活动受到明显抑制或延迟，投资效率大幅降低，国际资本市场受到重创。其中，受疫情影响较大的已有投资，预期投资收益明显下降，这也将减缓跨国公司及其外国附属公司的资本支出，对再投资产生影响，进而影响全球跨境投资规模。联合国贸易和发展会议发布的《2020年世界投资报告》显示，2020年全外商直接投资（FDI）流量或将在2019年1.54万亿美元的基础上下降近40%，这也将是FDI自2005年来首度回落至1万亿美元以下。此影响资本市场外，新冠肺炎疫情也将进一步加剧全球经济的下行风险，联合国预测2020年全球经济预计萎缩3.2%，其中发达国家经济将萎缩5%，发展中国家经济萎缩0.7%[①]。可见，新冠肺炎疫情对国际资本市场和全球经济的影响是直接的，其冲击将可能造成国际资本流动的大幅波

① 资料来源：联合国《2020年世界经济形势与展望年中报告》。

动，极易触发新一轮金融危机。

在此背景下，本报告旨在利用理论分析与经验分析方法，探究新冠肺炎疫情冲击是否会导致国际资本市场中出现“突然中断”的极端现象，识别影响国际资本流动的影响因素与传导渠道，并从金融安全角度为中国防范此类金融风险提出对策，为中国经济社会发展提供了相对稳定的金融环境，也为世界金融稳定与发展做出贡献。

本报告主要从以下五个方面展开分析：第一，结合理论分析和经验分析研究国际资本流动的影响因素；第二，从理论分析与量化测算两个方面探究新冠肺炎疫情对于国际资本流动的冲击影响；第三，对新冠肺炎疫情冲击下国际资本流动“突然中断”的风险进行综合研判；第四，识别新冠肺炎疫情冲击下国际资本流动“突然中断”对中国金融安全和经济发展的影响；第五，分析新冠肺炎疫情冲击下国际资本流动“突然中断”对中国金融安全的启示并提出金融安全防范对策。研究的内容逻辑关系如图9－1所示。

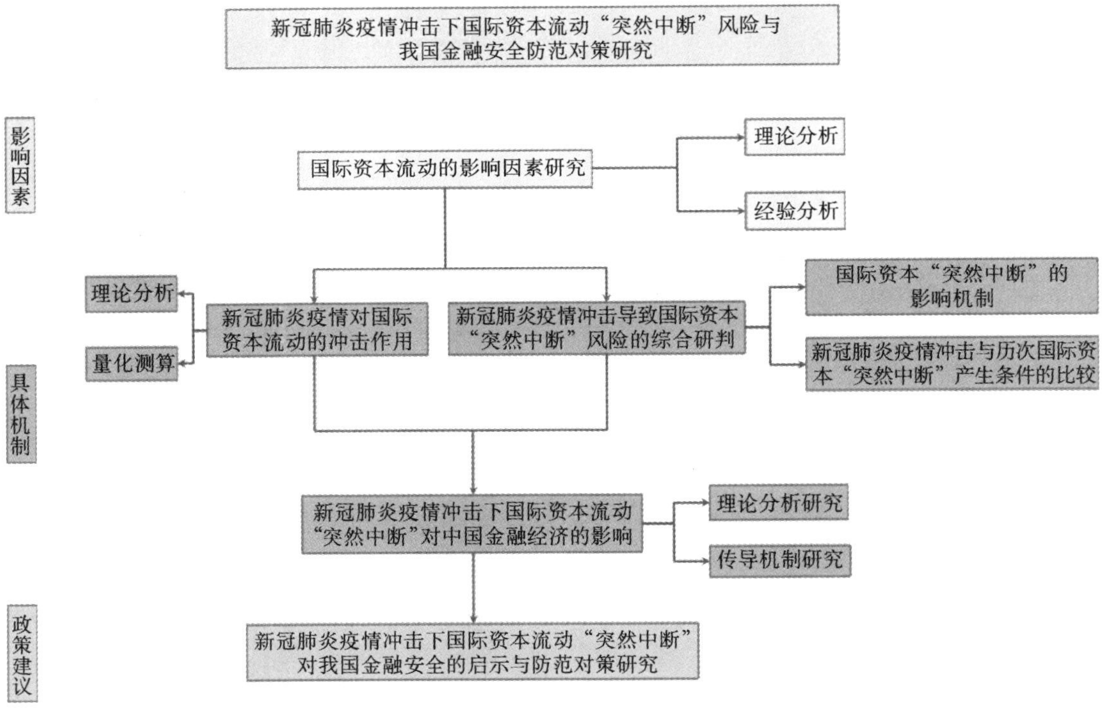

图9－1　研究内容逻辑关系图

通过上述五个方面的研究，本报告将对新冠肺炎疫情对国际资本流动的冲击和“突然中断”风险进行深入分析，同时能够识别疫情冲击对于中国金融安全和经济发展的影响，进而得出防范和化解中国金融风险的启示及政策建议。

9.2 国际资本流动影响因素的理论与经验分析

国际资本流动是指资本从一个国家或地区转移到另一个国家或地区，即资本在国与国之间的转移。按流动方向可分流入和流出两种：资本流入，是指外国输出资本，本国输入资本，表现为外国在本国的资产增加，即本国对外国的负债增加，或外国对本国的负债减少，即本国在国外的资产减少；资本流出，是指本国输出资本，外国输入资本，表现为本国在外国的资产增加，即外国对本国的负债增加，或本国对外国负债减少，即外国在本国的资产减少。国际资本流动一般分为四种主要方式：直接投资、权益类证券投资、债券类证券投资和其他投资（以银行借贷和商业信贷等债权债务资本流动为主）。其中，直接投资和权益类证券投资被归类为股权性质的资本流动，而债券类证券投资和其他投资被归类为债务性质的资本流动。从国际资本流动的实际经验来看，近年来世界各地爆发的多次金融危机身后均出现了国际资本流动的身影，国际资本流动问题备受人们的关注，其中对国际资本流动影响因素的研究是一个重要方面。因此，本报告从理论分析与经验分析相结合的角度，分析国际资本流动的影响因素，旨在探究国际资本流动背后的影响机制，为后续研究提供理论基础。

9.2.1 国际资本流动的影响因素——理论分析

国际资本流动影响着各国的宏观经济、金融资产的价格和流动性和汇率等（Gyntelberg 和 Loretan，2018；Pandolfi 和 Williams，2019），有众多学者从 20 世纪末开始就对国际资本流动的驱动因素进行研究。早期 Calvo 等（1993，1996）、Fernandez 等（1996）提出了资本流动的推动因素和拉动因素，推动因素指的是全球共同因子，即影响国际资本供给层面的因素，如关键危机事件、全球流动性和全球风险的变动等；拉动因素指的是特定国家的异质因子，即影响国际资本需求层面的因素，如国内金融机构的质量、国内风险、国内宏观经济强度等。推动因素和拉动因素的概念得到了学术界广泛认可并一直沿用至今。IMF（2011）将国际资本流动的驱动因素按照“拉动因素和推动因素”及“周期性因素和结构性因素”分类，如表 9－1 所示，周期性因素指的是短期因素，结构性因素指的是中长期因素。

2007～2008 年全球金融危机期间资本流动崩溃，而 2009 年之后资本流动逐渐复苏，引发了对全球资本流动驱动因素的争议。Fratzscher（2012）通过实证研究发现推动因素是危机期间资本流动的主要驱动因素，而拉动因素是复苏期间资本流动的主要驱动因素，特别是对于新兴经济体来说。同时，金融危机期间发达经济体和新兴经济

表 9－1　　国际资本流动的驱动因素

	周期性因素	结构性因素
推动因素	美元低利率 全球范围内高风险偏好 发达经济体资产负债表的改善	国际资产组合的多元化 发达经济体的低经济增长率
拉动因素	商品价格高企 资本流入国利率 资本流入国低通胀	资本流入国资产负债表的改善 资本流入国的高经济增长率 资本流入国的贸易开放度

体的资本流动动态也完全不同：在 2007 年 8 月金融危机开始时，发达经济体就遭受持续的净资本流出，而新兴经济体几乎不受影响反而保持着净资本流入；2009 年 4 月之后，流入新兴经济体的净资本大幅增加，其中拉丁美洲表现得最好，债务型资本几乎是权益型资本的两倍，而发达经济体却增加得非常缓慢；金融危机期间各国经历的资本流动变化具有显著差异，新兴经济体表现出较高的异质性。

许多新兴国家为避免全球资本流动带来的风险对国内经济造成不利影响而实行资本管控，但研究发现一个国家的经济金融开放度并不会导致全球冲击下的资本流动脆弱性，因此资本管控基本上是无效的，通过健全国内宏观经济政策、改善国内机构质量等或许更能帮助各国减少受到外部冲击的风险（Fratzscher，2012；Cerutti 和 Claessens，2017；Boero 和 Mandalinci，2019）。Forbes（2013）对金融传染的影响因素进行分析，认为以债务形式进行国际证券投资份额较大的国家更容易受到金融传染，而以股票形式进行国际证券投资份额较大的国家则较不容易受到金融传染。更为具体地，Koepke（2019）对不同类型资本流动的驱动因素进行了文献综述，并整理相关关系如表 9－2 所示。

表 9－2　　各类资本流动的驱动因素的驱动因素

	驱动因素	权益型资本流动	债务型资本流动	银行借贷资本流动	外国直接投资
推动因素	全球风险厌恶	强负相关	强负相关	强负相关	不清楚
	发达经济体的利率	强负相关	强负相关	弱负相关	不清楚
	发达经济体的经济增长	弱正相关	弱正相关	不清楚	不清楚
拉动因素	国内经济增长	弱正相关	弱正相关	强正相关	强正相关
	国内资产收益	弱正相关	弱正相关	强正相关	不清楚
	国内风险	弱负相关	弱负相关	强负相关	弱负相关

新古典经济理论认为，国际资本应从发达经济体流向发展中经济体，但现实情况更接近卢卡斯悖论的描述，即资本从欠发达地区流向发达地区，并且呈现双向流动的特征。

Caballero 等（2008）将世界上的国家分为三种：一种是高金融发展、高经济增长的国家，如美国；一种是低金融发展、高经济增长的国家，如中国；还有一种是高金融发展、低经济增长的国家，如欧洲国家和日本，研究发现金融发展水平的差异导致了各国提供优质金融资产的能力差异，金融市场相对发达的国家能够向其他各国供应优质金融资产而产生资本内流，而金融市场相对不发达的国家因国内无法满足其对优质金融资产的需求而产生资本外流。Mendoza 等（2006）、Ju 和 Wei（2006）也证明了一国金融发展水平与其对金融发展水平较高国家的投资具有负相关的关系。除了金融发展水平，金融结构的差异也会使不同国家产生不同的金融资产投资组合，金融结构可分为市场主导型和银行主导型（Zysman，1984；Kunt 和 Levine，2001），市场主导型金融体系的国家更多地持有股票，银行主导型金融体系的国家更多地持有债券，市场主导型金融体系的国家总是能吸引更多的投资者购买其金融资产（范小云等，2015）。

9.2.2 国际资本流动的影响因素——经验分析

全球金融危机爆发后，国际资本流动出现大幅波动，增加了金融系统的不稳定性，同时也为研究国际资本流动的影响因素分析提供大量经验分析的现实基础。根据实际数据分析国际资本流动的特征及其影响因素可得出以下结论。

第一，全球国际资本流动的活跃度远未恢复到危机之前的水平；全球风险因素解释了危机期间国际资本流动规模的快速下降。回顾近 30 年，国际资本“大进大出”的现象在新兴市场屡次发生。VIX 指数（衡量全球市场恐慌与波动程度或者说全球风险因素）在 2008 年雷曼事件爆发和 2011 年欧洲债务危机爆发期间，均出现过显著的上升。研究表明，全球风险因素上升期间，各个经济体的国际资本流入出现下降，资本撤回的情况也非常普遍，特别是银行信贷和商业信贷的收回。

第二，债务性质的国际资本流动大起大落；发达国家货币政策的外溢效应显著影响了国际资本流向。从过去的历史经验看，股权性质资本流动的波动性较低，稳定性较强；而债务性质的资本流动波动性高，大起大落，缺乏稳定性。从结构上来看，债务性质国际资本流动的大幅显著回落，是危机后全球国际资本流动活跃度远低于危机前的重要原因。国际清算银行的研究认为，发达国家货币政策的溢出效应通过货币政策渠道、全球金融市场渠道、汇率渠道、国际银行信贷渠道和资产组合再平衡等多个渠道影响其他经济体。

第三，欧洲商业银行是国际资本撤回的最主要源头；欧洲商业银行大规模撤资主要是由一系列结构性因素所致。由于受到美国次贷危机和欧洲主权债务危机的双重打击，且欧洲的商业银行传统上就在国际信贷市场非常活跃，所以，危机后当这些银行不得不收回大量国际银行信贷时，就成为全球国际资本撤回的主要“宗主国”或来源地。欧洲商业银行是国际债务性资本流动规模显著下降的主要源头。

第四，中国和俄罗斯等新兴经济体出现国际资本净流出，新兴经济体所受冲击不小但危机不多；新兴经济体的国内制度性改革对于次贷危机后的国际资本流动同样影响显著。次贷危机之后，相对于发达国家之间国际资本流动规模的下降（比如银行间的拆借和债券交易活跃度明显降低），新兴经济体受到的冲击更为明显。

9.2.3　新冠肺炎疫情对于国际资本流动的冲击影响——理论分析与量化测算

新冠肺炎疫情爆发后，国际投资面临负面影响，联合国贸发会议估计受疫情影响，企业盈利下降，对经济前景信心不足，投资意愿下降，2020 年国际直接投资或下降 5%～15%。全球化时代，各国经济因人员、商品、服务、资金等的跨国流动深度互联，但因疫情面临中断风险，世界经济增长蒙受额外阴影。

资本市场是实体经济的晴雨表，疫情对实体经济的现实冲击和预期冲击都会反应在资本市场中。在许多行业基本停摆的情况下，国家仍然较早果断地允许证券市场正常营运。一是对证券市场进行压力测试；二是让足不出户的投资者充分利用其闲暇时间。同时，推出了包括“松绑定向增发政策”在内的系列刺激性利好政策。本部分通过理论分析与量化测算分析新冠肺炎疫情对于国际资本流动的冲击影响。

9.2.3.1　新冠肺炎疫情对于国际资本流动的冲击影响理论分析

新冠肺炎疫情的爆发，引起了国际金融市场的剧烈震荡，使全球资本市场的信心大受打击。劳伦斯·布恩（2020）模拟了在基准情景下（即疫情在中国得到了广泛的控制，同时在其他国家温和可控）和下行情景下（即疫情在亚太地区和其他欧美发达经济体进一步扩散），新冠肺炎疫情对全球经济的影响：根据 NiGEM 全球宏观经济模型，基准情景下 2020 年上半年全球投资的风险溢出会上升 10 个基点，而下行情景下会上升 50 个基点。娄飞鹏（2020）对新冠肺炎疫情引起美国等国家金融市场大幅度震荡的原因进行了分析，认为疫情影响投资者信心、金融市场本身的风险需要释放以及经济基本面悲观预期等因素共同导致了金融市场震荡。田素华和李筱妍（2020）认为疫情在全球范围的扩散造成金融恐慌并增加全球经济深度衰退的可能性。恒大研究院（2020）指出由于新冠肺炎疫情的冲击，美国正在经历流动性危机，新一轮全球经济金融危机来袭，疫情只是导火索，根源是长期货币超发下的经济金融社会脆弱性。

不少学者对新冠肺炎疫情可能引发新一轮债务危机表示了担忧。谭海鸣（2020）认为在疫情冲击下，全球处于低利率、高风险的环境，债券投资的吸引力下降。张明

(2020)，李晓和陈煜（2020）认为南欧国家的国债收益率较低，随着疫情扩散、经济停滞，投资者可能会重新大规模做空南欧国家国债，部分南欧国家可能会再度陷入主权债务危机。梁艳芬（2020）认为应该警惕疫情诱发的经济灾难，例如外需市场萎缩、新一轮债务危机爆发以及资产新泡沫风险。

在此背景下，新冠肺炎疫情可能会或已经导致了一些地区发生资本流动突然中断。2020 年 3 月初，全球融资环境突然收紧，因投资者从风险较高的资产中撤出转向安全的主权债券，从而引发新兴市场资本流动突然中断、全球股市和债市出现重大调整同时推低美国国债收益率。世界银行（2020）认为，EAP 经济体存在一些弱点，包括：外债增加（如老挝、马来西亚、蒙古、越南）；财政赤字相当大（如柬埔寨、老挝、越南）；或严重依赖不稳定的资本流动（如柬埔寨、印度尼西亚），这些弱点使这些 EAP 经济体最容易受到新冠肺炎疫情带来的全球金融压力的不利影响。李晓和陈煜（2020）认为新冠肺炎疫情导致国际资本流动的方向发生了变化，即新兴经济体发生资本外流和本币汇率贬值，例如，2020 年 3 月以来，美元相对主要新兴市场国家货币普遍升值。

9.2.3.2 新冠肺炎疫情对于国际资本流动的冲击影响量化测算

以往研究多使用净流动作为资本流动的度量方式对其驱动因素、波动情况等进行分析（Reinhart 和 Reinhart，2008；Mahvash 和 Naotaka，2018）。但随着总流动的规模和波动大大增加而净流动比较稳定，区分总流入和总流出也就变得重要起来（Faucette 等，2005；Cowan 和 Gregorio，2007；Cowan 等，2008；Davis 和 Valent，2019）。

Forbes 和 Warnock（2012）基于总资本流动的数据将国际资本流动的极端变动区分成四类：资本激增（Surge，资本总流入的大幅增加）、资本中断（Stop，资本总流入的大幅减少）、资本外逃（Flight，资本总流出的大幅增加）、资本紧缩（Retrenchment，资本总流出的大幅减少），在数量上的具体定义图 9－2 所示。

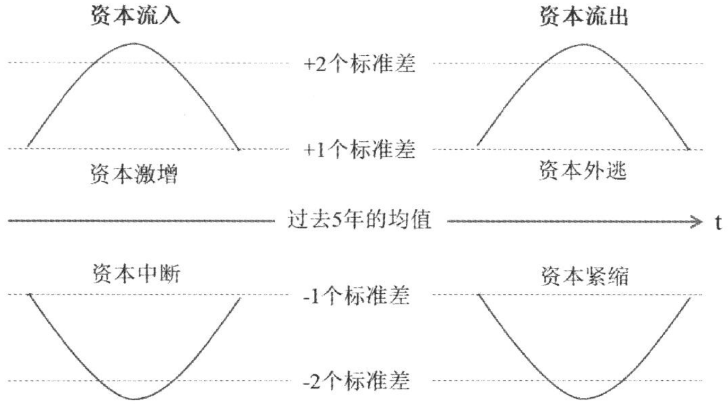

图 9－2 国际资本流动极端变动的类型

资本流动的波动反映了全球金融状况的变动和金融发展的程度，Agosin 和 Karnani（2019）认为资本流入的变化和资本流出的变化之间的相关系数与众多代表国内金融深化程度的指标高度相关，因此可以将其解释为金融发展的代理变量。资本流动的波动也对世界各地的经济社会有着重要的影响（Hutchison 和 Noy，2006；Joyce 和 Nabar，2009；靳玉英和万超等，2010），尤其是金融资产形式的资本流动的波动。Ghosh 等（2016）发现允许宏观经济失衡和金融脆弱性（信贷扩张、货币高估和经济过热）加剧的国家，以及以债务形式获得大部分资金流动的国家极有可能以危机结束净资本激增事件。

本报告考虑使用 Forbes 和 Warnock（2012）对资本流动的分类，将资本流动区分为资本总流入和资本总流出：资本总流入是指外国投资者对国内资产的净购买，资本总流出是指国内居民对外国资产的净购买。这种区分的好处在于可以分辨资本流动的变化是由国外投资导致的还是国内投资导致的，不会将“资本紧缩”误作“资本激增”、将“资本外逃”误作“资本中断”，从而能够更细致地研究资本流动极端波动事件。

本报告的数据来自美国财政部官网，包含约 80 个国家或地区、近 40 年的月度数据，该数据记录了这些国家与美国产生长期证券交易的金额。由于原数据中存在较多缺失值以及不同国家的交易规模差异较大，本报告根据数据缺失情况和资本流动规模排名进行样本筛选后，保留了 35 个国家或地区与美国购买和售卖金融资产的双向流动数据，样本区间为 2001 年 1 月至 2019 年 9 月，符合已选定模型对数据量的需求。图 9 –3 简单描绘了这种双向资本流动的流动方向。这 35 个国家或地区与美国之间的流动规模占选定时间段总流动规模的 98% 以上，因此具有较强的代表性。

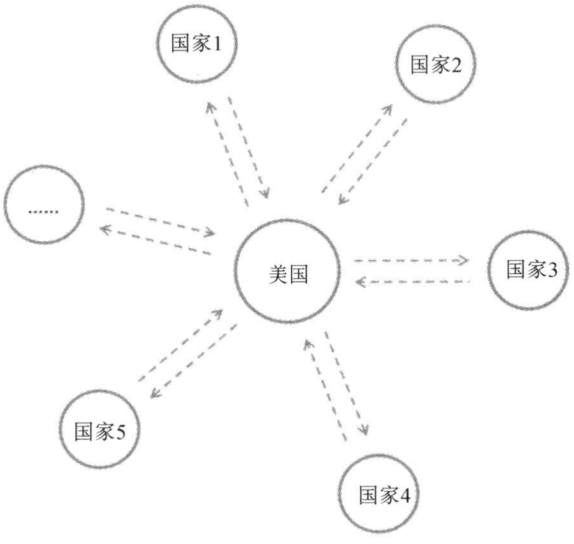

图 9 –3　国际证券投资双向资本流动数据示意图

为了与 Forbes 和 Warnock（2012）中的数据频率保持一致，对 2002 年 1 月至 2020 年 9 月的月度数据做了一些处理，具体包括：（1）将月度数据每三个月一加总变成季度数据；（2）将季度数据作四季度滚动求和，使能够与以往聚焦年度流动数据的文献具有可比性，并且有利于消除季节波动；（3）由于本报告采用的资本流动数据已是每个时期的变化，具有正负（增减）之意，因此可忽略计算年度变化值的步骤，直接在上一步的基础上求每个时期的过去五年的历史均值及 +1、+2、-1、-2 个标准差即可。经过以上步骤处理后，原数据从 2002 年 1 月至 2020 年 9 月的 225 个月度时点变成了 2007 年第四季度至 2020 年第三季度的 52 个季度时点（每个时点为四季度滚动求和的年度流动）。四种极端变动事件的数值标准如图 9-2 所示，在此不再赘述，有三个关键的标准：（1）四季度资本流入或流出总额的变化至少有一个季度高于或低于历史平均水平的两个标准差；（2）该事件持续的所有连续季度，其年度资本流动总额的变化高于或低于历史平均值的一个标准差；（3）整个事件的持续时间大于一个季度。

图 9-4 绘制了 2007 年第四季度至 2020 年第三季度期间中国大陆对美国国债的总资本流出的波动情况，红色的实线表示资本流动的变化，另外四条虚线分别表示过去五年均值的 +2、+1、-1、-2 个标准差。按照上述定义，在这期间，中国大陆对美国国债的总资本流出共发生了 3 次资本紧缩，具体时间段为 2008 年第三季度至 2009 年第一季度、2012 年第三季度至 2013 年第二季度、2016 年第四季度至 2018 年第一季度；共发生了 2 次资本外逃，具体时间段为 2009 年第三季度至 2011 年第一季度、2015 年第二季度至 2016 年第一季度。

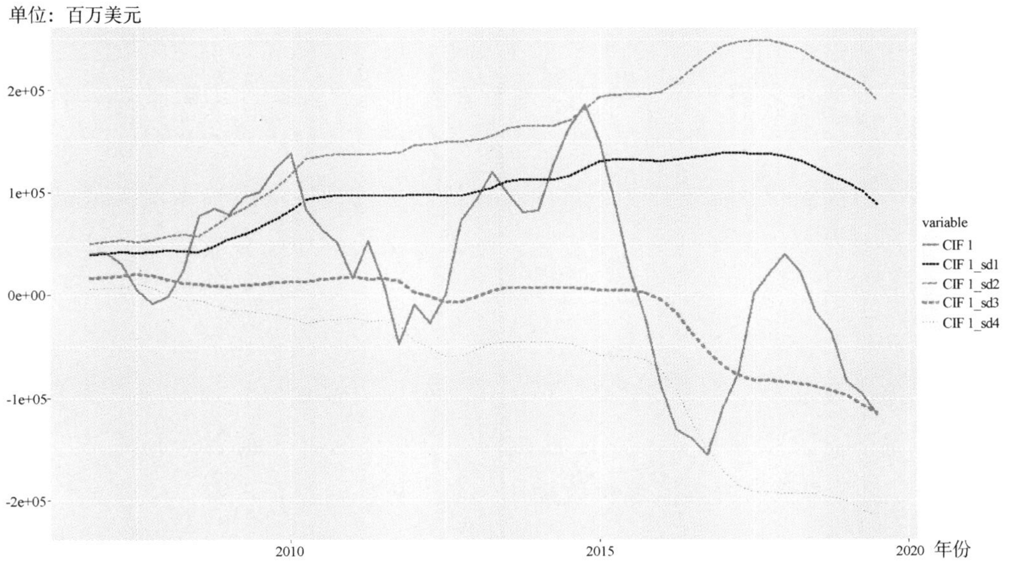

图 9-4　中国大陆对美国国债的资本外逃和资本紧缩

使用上述季度总流动数据和量化资本流动极端波动事件的定义，从2007年第四季度至2020年第三季度，不同类型资本流动发生的极端波动事件的总次数、平均次数、发生率和平均时长如表9－3所示，其中平均次数是指每个国家或地区发生的平均次数，发生率为发生的总时长占全样本时长的比率。

表9－3　　样本中极端波动事件的统计摘要

			总次数	平均次数	发生率（%）	平均时长（季）
各国（或地区）对美国的总资本流出	美国国债	资本外逃	45	1.3	11.5	4.7
		资本紧缩	57	1.6	14.7	4.7
	美国机构债	资本外逃	46	1.3	9	3.6
		资本紧缩	42	1.2	10.3	4.5
	美国公司债	资本外逃	49	1.4	12.1	4.5
		资本紧缩	45	1.3	14.1	5.7
	美国股票	资本外逃	62	1.8	15.6	4.6
		资本紧缩	62	1.8	15.4	4.5
美国对各国（或地区）的总资本流入	各国（或地区）债券	资本激增	64	1.8	18	5.1
		资本中断	65	1.9	20.9	5.9
	各国（或地区）股票	资本激增	59	1.7	11.5	3.5
		资本中断	55	1.6	11.4	3.8

在全样本中，资本外逃、资本紧缩、资本激增和资本中断平均发生的次数分别为50.5、51.5、61.5和60，可见资本激增和资本中断比资本外逃和资本紧缩更为普遍；资本外逃、资本紧缩、资本激增和资本中断发生的平均时长分别为4.35、4.85、4.3、4.85，资本外逃和资本激增发生的时长几乎相等，资本紧缩和资本中断发生的时长基本相同，但资本外逃和资本激增略短于资本紧缩和资本中断。从平均发生率分别为12.05%、13.63%、14.75%、16.15%也能够得到相似的结果。综上可知，与其他国家或地区对美国的总资本流出相比，美国对其他国家或地区的总资本流入波动更为剧烈，而不论是总资本流出还是总资本流入，资本流动大幅增加持续的时间普遍短于大幅减少持续的时间。

对于不同类型金融资产的资本流动，各国（或地区）对美国股票的发生的资本外逃和资本紧缩次数最多，发生率最高，但美国对各国（或地区）债券的资本激增和资本中断次数最多，发生率最高，并且后者的发生率要远高于前者。此外，其他各国（或地区）对美国国债的资本紧缩次数也比较多。从平均时长来看，美国对各国（或地区）债券的资本中断和资本激增及其他各国（或地区）对美国公司债的资本紧缩持续的时间最长，而美国对各国（或地区）股票的资本激增和资本中断及各国（或地区）对美国机构债的资本外逃持续的时间最短，不到一年。值得注意，不管是各国（或地区）对美国的资本流出还是美国对各国（或地区）的资本流入，对于股票资本大幅增加和减少的发生率几乎相等，与股票显著不同的是，对于债券来说总是资本大幅减少的发生率要高于资本大幅增加的发生率。与债券相比，股票的资本流动波动较为均衡，即大幅增加与大幅减少的发生率比较接近。最后，各国（或地区）对美国机构债的资本外逃和资本紧缩的发生率最低，可能意味着美国机构债是样本中的金融资产里流动性较差的资产，较少受到青睐。

因此，在分析新冠肺炎疫情对于国际资本流动的冲击时，我们更应当关注美国机构债的变动特征，其波动易导致资本市场出现极端现象。

9.3 新冠肺炎疫情冲击下国际资本流动“突然中断”的风险综合研判

国际货币基金组织（IMF）于2020年8月4日发布《对外部门报告》，即关于全球30个最大经济体的货币和失衡报告。报告表示，随着贸易放缓，全球经常项目失衡程度在2019年有所缩小，且2020年或受新冠肺炎疫情影响而进一步缩小，增加了国际资本流动出现“突然中断”的风险。

资本流入突然中断的影响因素很多，既有国家内部因素，也有国家外部因素。Calvo（1998）从外生冲击和内生冲击两个角度对资本突然中断的发生机制进行探讨，认为未预期的经常项目逆差和金融体系的开放程度均对资本突然中断产生影响。郑璇（2014）以新兴市场国家为例在对流入驱动型和流出驱动型国际资本流动突然中断的影响因素研究时发现：国际因素是影响流入驱动型资本发生突然中断的主要因素，国内因素是影响流出驱动型资本发生突然中断的主要影响，且流入驱动型资本发生突然中断概率与国际利率水平、国内贸易、投资者恐慌情绪和金融开放程度等正相关，与国际流动性水平和国际国内经济增长负相关；流出驱动型资本发生突然中断概率与国际储备规模、一国政府消费支出、组合证券投资资本和金融开发程度等正相关，与国内经济增长负相关。在专门以国家内部因素作为突然中断决定因素的研究中，很多学者归因于国家经济基本面的恶化（Frankle和Cavallo，2004）、国内金融体系的脆弱性（Caballero和Krishnamurthy，2004）以及多变的政府政策等（Drazen等，1994）。Calvo等（2004）利用32个发达国家和发展中国家的样本数据研究突然中断现象时，发现一国对外开放程度和国内债务美元化是导致资本突然中断的关键因素。

本报告使用Forbes和Warnock（2012）对国际资本“突然中断”的数量定义，具体研究国际资本流动协动性的传导渠道，用高维矩阵时间序列因子模型探讨不同金融资产类型以及不同国家或地区之间的协动性特征，以 2002 年 1 月至 2020 年 9 月数据作为经验分析结果，综合研判新冠肺炎疫情是否引发国际资本流动的“突然中断”。

9.3.1 国际资本流动协动性的传导渠道

国际资本流动的协动性在某种程度上也可以理解为传染性，均包含了共同变动的含义，但二者有所不同，传染性具有时间先后的概念，而协同性（Co－movment）更强调同时变动的意义，但目前关于协动性的研究还很少。根据理论和经验来看，国际资本流动的协动性主要有三个传导渠道：地理邻近关系、经济依赖关系以及投资者的羊群行为，同时金融自由化也有助于放大波动的国际传导和蔓延风险。首先，地理位置相近的国家可能会具有较高的协动性。Rejeb 和 Boughrara（2015）发现资本波动的溢出效应在整个金融市场都是有效的，地理上的邻近性对于放大波动传递具有重要意义。李苏骁和杨海珍（2019），Calderón 和 Kubota（2019）的研究都认为地区传染是资本激增的一个重要预测指标，一个国家相邻国家的资本激增倾向于传播到此国国内。其次，当不同经济体具有相似的基本面以及通过贸易和金融连接的较强的宏观经济相互依赖性时，会出现较强的资本流动波动的协动性，比如欧洲地区。最后，协动性也可能来自投资者的行为。一国发生危机可能会激发投资者从其他国家撤资，即使这些国家之间并没有经济基本面上的联系。资本流动的波动所包含的信息内容可以被跨境传播，例如，当一个新兴经济体发生资本中断时，国际投资者不仅会重新评估他们对受影响的经济体的投资风险，还有其他可能会处于相似风险的下的新兴经济体，因此会从这些国家一起撤回投资。

此外，不同类型的资本流动也对协动性或传染性有着不同的影响。Forbes（2013）对金融传染的影响因素进行分析，发现以债务形式进行国际证券投资份额较大的国家更容易受到金融传染，而以股票形式进行国际证券投资份额较大的国家则较不容易受到金融传染。

9.3.2 国际资本流动的协动性与因子模型

由于本报告使用的数据具有较高的维度，因此倾向于使用 Wang 等（2019）提出的高维矩阵时间序列因子模型，来验证美国与其他国家或地区的跨境资本流动的波动共变性如何。该模型较为新颖，主要是为处理较长时间序列的高维矩阵数据而提出的，可对数据的行、列两个方向降维，提取矩阵数据中的潜在结构，进而分析潜在公因子的含义。目前使用此模型做实证研究的文献寥寥无几，Chen 等（2019）使用该方法对国际贸易流动建立动态传输网络，结果展示了贸易中心点、贸易国家的聚集度情况以及国际贸易的模式和趋势；Chen 等（2019）通过对矩阵数据的行或列施加约束条件从而减少待估参数个数，实现对高维矩阵时间序列因子模型估计的改进。因此，本报告使用该模型研究国际资本流动问题也对进一步扩展该模型的应用有一定的意义。

其中，高维矩阵时间序列因子模型是为从多主体多指标的高维时间序列数据中提取有价值的信息而提出的，令 $\boldsymbol{X}_t(t=1,2,\cdots,T)$ 为一个矩阵时间序列，其中每个 $\boldsymbol{X}_t$ 都是一个 $p_1\times p_2$ 维度的矩阵：

$$\boldsymbol{X}_t=\begin{pmatrix}\boldsymbol{X}_{t,11} & \cdots & \boldsymbol{X}_{t,1p_2}\\ \vdots & \ddots & \vdots\\ \boldsymbol{X}_{t,p_1} & \cdots & \boldsymbol{X}_{t,p_1p_2}\end{pmatrix}\# \tag{9-1}$$

对于这种矩阵时间序列数据，Wang 等（2019）提出因子模型：

$$\boldsymbol{X}_t=\boldsymbol{R}\,\boldsymbol{F}_t\,\boldsymbol{C}'+\boldsymbol{E}_t, t=1,2,\cdots,\boldsymbol{T}\# \tag{9-2}$$

其中，$\boldsymbol{F}_t$ 是无法观测的潜在共同因子，一个 $k_1\times k_2$ 的矩阵时间序列。$\boldsymbol{R}$ 是一个 $p_1\times k_1$ 的前载荷矩阵，$\boldsymbol{C}$ 是一个 $p_2\times k_2$ 的后载荷矩阵，$\boldsymbol{E}_t$ 是一个 $p_1\times p_2$ 的误差矩阵。$\boldsymbol{F}_t$ 驱动着 $\boldsymbol{X}_t$ 的所有动态和共同变动，$\boldsymbol{R}$ 和 $\boldsymbol{C}$ 反映了共同因子及其内在联系的重要程度，捕捉每个时间序列之间的相互依赖性。为便于理解，将该模型直观展示如图 9－5 所示，可以理解为该模型的目标是将 $p_1\times p_2$ 维的矩阵数据降维成 $k_1\times k_2$ 维的潜在因子矩阵，$\boldsymbol{R}$ 和 $\boldsymbol{C}$ 相当于 $\boldsymbol{F}_t$ 的系数，代表了行因子和列因子的重要性。

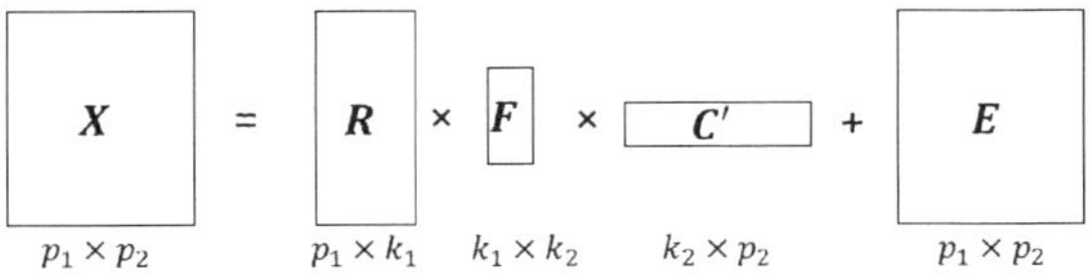

图 9－5　高维矩阵时间序列因子模型直观图

根据 Wang 等（2019），模型（9－2）是不可识别的，但载荷矩阵 $\boldsymbol{R}$ 和 $\boldsymbol{C}$ 的列空间是唯一确定的，因此接下来只需估计 $\boldsymbol{R}$ 和 $\boldsymbol{C}$ 的列空间即可，分别记作 $M(\boldsymbol{R})$ 和 $M(\boldsymbol{C})$。所有的 $\boldsymbol{X}_t$ 都已经过中心化和标准化。首先将 $\boldsymbol{R}$ 和 $\boldsymbol{C}$ 进行 $\boldsymbol{QR}$ 分解如下：

$$\boldsymbol{R}=\boldsymbol{Q}_1\,\boldsymbol{W}_1, \boldsymbol{C}=\boldsymbol{Q}_2\,\boldsymbol{W}_2\# \tag{9-3}$$

其中，$\boldsymbol{Q}_i$ 为列标准正交的 $p_i\times k_i$ 的矩阵，$\boldsymbol{W}_i$ 为 $k_i\times k_i$ 的非奇异矩阵，$i=1,2$，可以得到：

$$M(\boldsymbol{Q}_1)=M(\boldsymbol{R}), M(\boldsymbol{Q}_2)=M(\boldsymbol{C})\# \tag{9-4}$$

令 $\boldsymbol{Z}_t=\boldsymbol{W}_1\,\boldsymbol{F}_t\,\boldsymbol{W}_2{}', t=1,2,\cdots,T$，那么原模型可以表示为：

$$\boldsymbol{X}_t=\boldsymbol{Q}_1\,\boldsymbol{Z}_t\,\boldsymbol{Q}_2{}'+E_t, t=1,2,\cdots,T\# \tag{9-5}$$

该模型估计的关键是计算时间序列的自互协方差（auto - cross - covariances），在矩阵因子模型和白噪声的假设下，矩阵的空间与载荷矩阵直接相关。下面说明通过估计 $M(\boldsymbol{Q}_1)$ 来获得 $M(\boldsymbol{R})$ 的估计值的方法。

令 $\boldsymbol{X}_t,\boldsymbol{R},\boldsymbol{C},\boldsymbol{Q}_i$ 和 E_t 的第 j 列分别记作 $\boldsymbol{x}_{t,j},\boldsymbol{r}_j,\boldsymbol{c}_j,\boldsymbol{q}_{i,j}$ 和 $\boldsymbol{\epsilon}_{t,j}(j=1,2,\cdots,p_2)$，令 $\boldsymbol{R},\boldsymbol{C}$ 和 $\boldsymbol{Q}_i$ 的第 k 行分别记作行向量 $\boldsymbol{r}_{k\cdot}$，$\boldsymbol{c}_{k\cdot}$ 和 $\boldsymbol{q}_{i,k}$。具体估计过程如图 9 - 6 所示，首先根据式（9 - 6）中 $\boldsymbol{x}_{t,j}$ 与 $\boldsymbol{Z}_t\boldsymbol{q}'_{2,j\cdot}$ 的关系，将式（9 - 7）代入式（9 - 8）中可得式（9 - 9），式（9 - 9）的平方即式（9 - 10），式（9 - 10）拆解后可得式（9 - 11），最后根据式（9 - 11）可得 M_1 和 Q_1 有着相同的列空间。

行变量为国家或地区，列变量为资本流动的不同类型。根据表 9 - 4，无论在哪个时间段，前 4 个行因子都能够解释 90% 以上的总变异；同样，根据表 9 - 5，前 3 个列因子也都能够解释 95% 以上的总变异，因此本报告提取的因子对所有变量的代表性比较高。

$$\boldsymbol{x}_{t,j}=\boldsymbol{R}\boldsymbol{F}_t\boldsymbol{c}'_{j\cdot}+\epsilon_{t,j}=\boldsymbol{Q}_1\boldsymbol{Z}_t\boldsymbol{q}'_{2,j\cdot}+\epsilon_{t,j} \quad (9\text{-}6)$$

$$\boldsymbol{\Omega}_{zq,ij}(h)=\frac{1}{T-h}\sum_{t=1}^{T-h}\mathrm{Cov}(\boldsymbol{Z}_t\boldsymbol{q}'_{2,i\cdot},\boldsymbol{Z}_{t+h}\boldsymbol{q}'_{2,j\cdot}), \quad (9\text{-}7)$$

$$\boldsymbol{\Omega}_{x,ij}(h)=\frac{1}{T-h}\sum_{t=1}^{T-h}\mathrm{Cov}(\boldsymbol{x}_{t,i},\boldsymbol{x}_{t+h,j}), \quad (9\text{-}8)$$

$$\boldsymbol{\Omega}_{x,ij}(h)=\boldsymbol{Q}_1\boldsymbol{\Omega}_{zq,ij}(h)\boldsymbol{Q}'_1. \quad (9\text{-}9)$$

$$\boldsymbol{M}_1=\sum_{h=1}^{h_0}\sum_{i=1}^{p_2}\sum_{j=1}^{p_2}\boldsymbol{\Omega}_{x,ij}(h)\boldsymbol{\Omega}'_{x,ij}(h). \quad (9\text{-}10)$$

$$\mathcal{M}(\boldsymbol{M}_1)=\mathcal{M}(\boldsymbol{Q}_1)\longleftarrow \boldsymbol{M}_1=\boldsymbol{Q}_1\left(\sum_{h=1}^{h_0}\sum_{i=1}^{p_2}\sum_{j=1}^{p_2}\boldsymbol{\Omega}_{zq,ij}(h)\boldsymbol{\Omega}'_{zq,ij}(h)\right)\boldsymbol{Q}'_1 \quad (9\text{-}11)$$

图 9 - 6　高维矩阵时间序列因子模型的估计过程

因此，只需使用样本数据估计出式（9 - 8）和式（9 - 10），之后 $M(\boldsymbol{Q}_1)$ 就可以用 $\hat{\boldsymbol{M}}_1$ 的特征向量来估计。假设 $\hat{\boldsymbol{M}}_1$ 有 k_1 个不同的非零特征值，令 $\hat{\boldsymbol{q}}_{1,j}$ 为对应第 j 个最大特征值的单位特征向量。每个特征值对应两个单位特征向量，这里使用正的单位特征向量。那么可以确定唯一的 $\hat{\boldsymbol{Q}}_1$ 为：

$$\hat{\boldsymbol{Q}}_1=(\hat{\boldsymbol{q}}_{1,1},\hat{\boldsymbol{q}}_{1,2},\cdots,\hat{\boldsymbol{q}}_{1,k_1})\# \quad (9-12)$$

这样就得到了 $M(\hat{\boldsymbol{Q}}_1)$，也就得到了 $M(\hat{\boldsymbol{R}})$，将 $\boldsymbol{X}_t$ 转置后重复上述估计过程即可得到 $\hat{\boldsymbol{M}}_2$ 和 $M(\hat{\boldsymbol{Q}}_2)$，进而得到 $M(\hat{\boldsymbol{C}})$。

对 35 个国家或地区与美国进行跨境证券投资的总资本流动时间序列数据估计出不同时间段的行、列因子载荷矩阵。

表 9-4　　行因子的累计贡献率

	行因子 1	行因子 2	行因子 3	行因子 4
$\hat{M}_1$ (2002~2020)	0.3373	0.6473	0.8611	0.9649
$\hat{M}_1$ (2002~2006)	0.7876	0.9235	0.9799	0.9916
$\hat{M}_1$ (2007~2011)	0.6591	0.8914	0.9257	0.9547
$\hat{M}_1$ (2012~2016)	0.4872	0.7630	0.8817	0.9283
$\hat{M}_1$ (2017~2020)	0.5328	0.8339	0.9415	0.9810

表 9-5　　列因子的累计贡献率

	列因子 1	列因子 2	列因子 3
$\hat{M}_2$ (2002~2020)	0.4767	0.8059	0.9952
$\hat{M}_2$ (2002~2006)	0.5398	0.7813	0.9593
$\hat{M}_2$ (2007~2011)	0.4771	0.7896	0.9809
$\hat{M}_2$ (2012~2016)	0.4532	0.7209	0.9882
$\hat{M}_2$ (2017~2020)	0.5362	0.9784	0.9962

9.3.3 国际资本流动的分地区、分资产类别的协动性特征研究

9.3.3.1 不同国家或地区协动性的总体分析

首先对全样本时间段的行因子载荷矩阵进行分析，如图 9-7 所示。需要注意的是，加拿大（Canada）、开曼群岛（Cayman Islands）、中国大陆（China Mainland）、法国（France）、中国香港地区（Hong Kong）、日本（Japan）、中国台湾地区（Taiwan）、英国（United Kingdom）在 4 个行因子上的载荷系数几乎均为负值，表明这些国家或地区与各个因子均为负相关关系。第一个因子在挪威（Norway）、瑞士（Switzerland）、百慕大（Bermuda）、中国大陆（China Mainland）、日本（Japan）、中国台湾地区（Taiwan）、澳大利亚（Australia）上的载荷系数绝对值较大。第二个因子在比利时（Belgium）、爱尔兰（Ireland）、卢森堡（Luxembourg）、英国（United Kingdom）、俄罗斯（Russia）、开曼群岛（Cayman Islands）上的载荷系数绝对值较大。第三个因子在德国（Germany）、荷兰（Netherlands）、韩国（Korea South）、新加坡（Singapore）上的载荷系数绝对值较大。第四个因子在法国（France）、加拿大（Canada）上的载荷系数绝对值较大。还有一些国家或地区会在 2~3 个因子上的载荷系数差不多高，如丹麦（Denmark）、意大利（Italy）、捷克（Czech Republic）、波兰（Poland）在前三个因子上的系数均在 0.55 左右；西班牙（Spain）、瑞典（Sweden）、波兰（Brazil）、智利（Chile）、

哥伦比亚（Colombia）、墨西哥（Mexico）、巴哈马群岛（Bahamas）、中国香港地区（Hong Kong）、印度（India）、印度尼西亚（Indonesia）、以色列（Israel）、泰国（Thailand）均在前两个因子上的载荷系数值较为相近且均大于0.5。俄罗斯（Russia）虽然在第二个因子上的系数最高，但在第三个因子上的系数也大于了0.5。Bermuda虽然在第一个因子上的系数最高，但在第四个因子上的系数也较大。

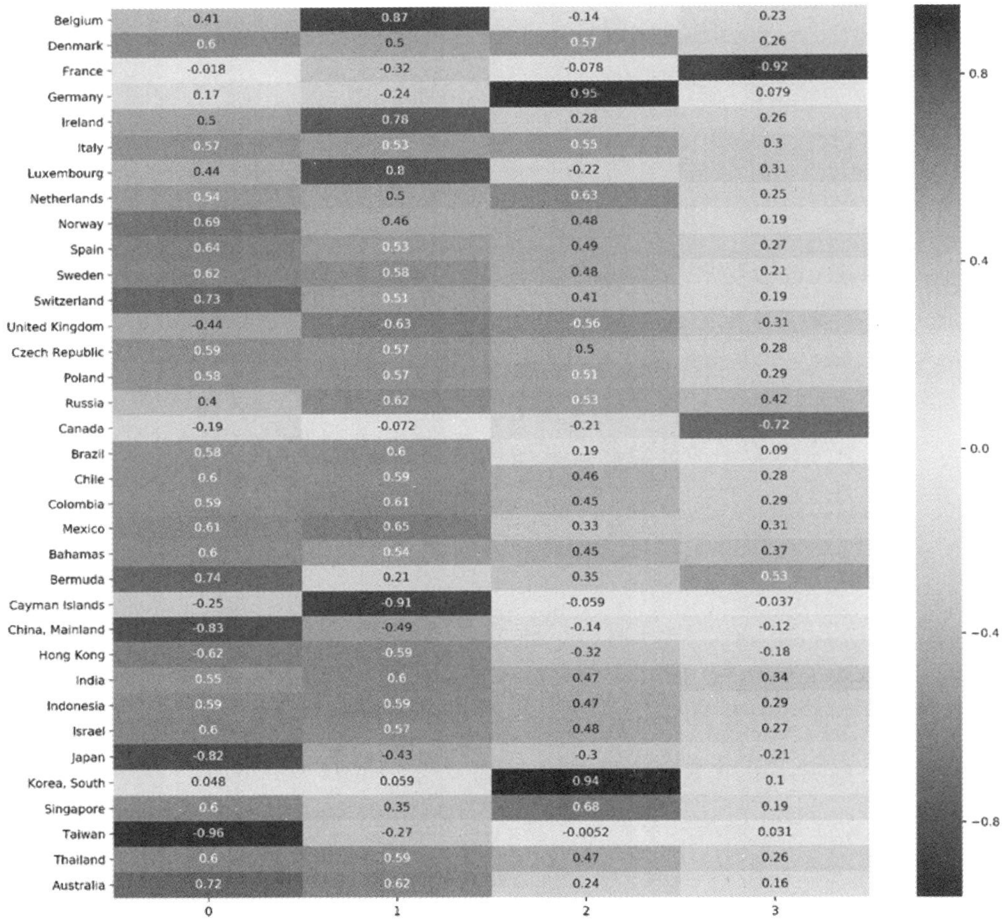

图9-7　总资本流动序列：国家或地区载荷矩阵

本报告构建模型所使用的数据是总资本流动在每个时点上的变动程度和变动方向，如图9-7所示的行因子载荷矩阵综合了这35个国家近20年来的资本流动的波动状况，对本报告使用的高维矩阵数据降维后，提取出总资本流动的4个潜在公因子，这4个公因子解释了总资本流动中的90%以上的总变异。不同的公因子代表了总资本流动的不同波动模式，对同一因子的载荷系数较高且符号相同的两个国家或地区可能具有比较相似的波动趋势和规模。

在最近20年中，中国台湾地区（Taiwan）、中国大陆（China Mainland）、日本（Japan）以及百慕大（Bermuda）、瑞士（Switzerland）、挪威（Norway）、澳大利亚（Australia）对第一个因子具有比较强的解释力度，这些国家或地区与美国之间的总流动波动可能具有较高的协动性；对于第二个因子，比利时（Belgium）、爱尔兰（Ireland）、卢森堡（Luxembourg）、开曼群岛（Cayman Islands）的解释力度较强，这些国家或地区的总资本流动应该具有较强的协动性；同理，对于第三个因子，德国（Germany）、韩国（Korea South）的解释力度最强，具有比较相似的资本流动波动趋势；第四个因子具有比较高的区分度，因为法国（France）和加拿大（Canada）的载荷系数绝对值远远大于其他国家或地区，所以这两个国家在与美国互相投资股票、债券的资本流动中具有较强的共变性。还有许多国家或地区会在2~3个因子上的载荷系数比较相近，且数值绝对值在0.5左右，这些国家与其他国家或地区的协动程度相对较低。

9.3.3.2 不同类型资本流动协动性的总体分析

首先对样本全时间段2002~2020年的公因子和列因子载荷矩阵进行分析，如图9-8所示。需要注意的是，COD1（美国对其他国家或地区债券的资本流入）在3个因子上的载荷系数均为负值，表明美国对其他国家或地区债券的资本流入的波动与各因子均为负相关关系。CIF2（其他国家或地区对美国机构债的资本流出）、CIF3（其他国家或地区对美国公司债的资本流出）和COD1在第一个因子上的载荷系数绝对值较大，表明其他国家或地区对美国机构债和公司债的资本流动与美国对其他国家或地区的债券的资本流动具有较强的协动性，系数符号的不同可能是因为流动的方向不同。CIF1（其他国家或地区对美国国债的资本流出）在第二个因子上的载荷系数绝对值较大，说明其他国家或地区对美国国债的资本流动与对美国机构债和公司债的资本流动具有不同的波动趋势。CIF4（其他国家或地区对美国股票的资本流出）在第三个因子上的载荷系数较大，接近于1，其他变量都非常小，表明其他国家对美国股票的投资在总资本流动中的规模较大，并且具有比较独特的波动规律，与其他类型的资本流动有较大差异。COD2（美国对其他国家或地区股票的资本流入）在因子1和因子2上的载荷系数几乎相等，均为0.7左右，说明他国股票与其他所有类型的债券都具有较高的协动性。由于变量较少，因子分析的结果比较清晰，整体而言比较符合现实情况，由于美国经济发展水平较高，具有较为发达的金融系统，为世界各国提供了优质的金融资产，因此各国对美国国债和美国股票的交易比较活跃、流动量巨大，这也是CIF1和CIF4在因子载荷矩阵中系数较高的原因。其次是美国公司债和美国机构债，这两种债券相对没有那么受欢迎，比较相似，所以有较强的共变性。如果要给这三个因子命名的话，第一个因子可命名为“弱势债券”，第二个因子为“美国国债”因子，第三个因子为“美国股票”因子。

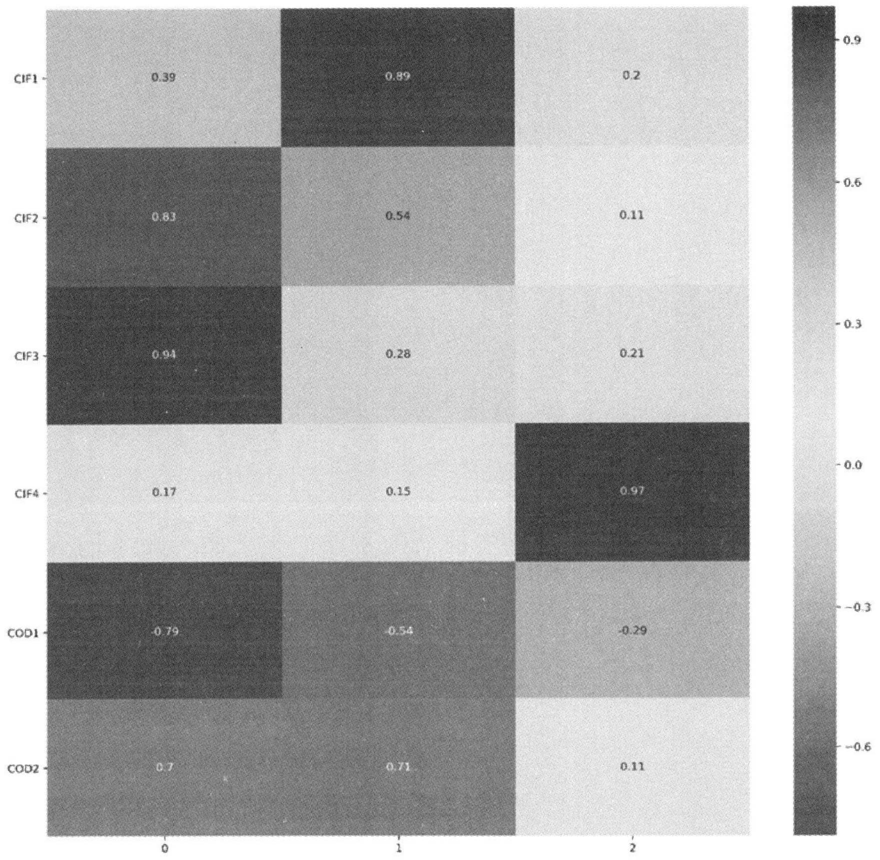

图 9－8　总资本流动序列：资本流动类型载荷矩阵

对于不同地区之间的协动性，2011 年之前大多数国家的波动趋势都比较相似，整体协动性较强，而 2011 年之后不同国家之间的协动性有了更明显的区分度。此外，在以往对于资本流动协动性的研究主要是分析欧洲、亚洲等某个地区内部的协动性，而本报告通过高维矩阵时间序列的模型分析结果表明，即使是地理位置较远、没有很强的经济依赖关系的国家之间也有可能存在较强的资本流动波动的协动性。

对于不同资本流动之间的协动性，首先，美国国债与美国股票的资本流动有着显著不同的波动特征，其他所有类型债券的资本流动具有比较相似的波动规律。其次，2006～2010 年和 2016～2020 年具有较强的相似性，即美国对于其他国家股票的资本流入波动，与投资热度一向较高的美国国债或美国股票之间的协动性明显增强。从 2020 年新冠肺炎疫情引发的全球金融市场震荡来看，此发现对金融危机具有一定的预示意义。

9.4 新冠肺炎疫情冲击下国际资本流动“突然中断”对中国金融安全和经济发展的影响

当前，全球新冠肺炎疫情持续蔓延，其扩散的速度和烈度都超出此前预期，进一步增加了中国出现国际资本的“突然中断”的风险。全球经济不确定性急剧增加，新冠肺炎疫情成为引起金融市场剧烈波动导火索，长期货币超发下的经济金融社会脆弱性的根本性原因凸显。本报告旨在研究分析新冠肺炎疫情冲击下，理论分析国际资本流动“突然中断”机制对于中国宏观经济和金融体系可能产生的影响，同时梳理以新冠肺炎疫情为导火线的美欧流动性危机对于中国经济与金融市场的传导机制，对于不确定性冲击下中国经济与金融受影响程度进行科学的识别与分析。

9.4.1 国际资本流动“突然中断”对于中国金融安全和经济发展影响的理论分析

针对中国作为世界最大的新兴市场经济体的特点，相关学者通过实证分析研究从理论层面上给出新兴市场经济体国际资本“突然中断”对于宏观经济和金融体系的影响。新兴市场国家的国际资本“突然中断”通常包括四个特点：突然无法从国际资本市场融资、经常项目赤字的明显逆转、国内产出和总需求的严重收缩以及资产价格和国内相对价格的暴跌。国内外研究资本流动突然中断的经济影响的文献很多，但是不同文献之间的观点呈现出较大差异。大多数的文献都认为突然中断会对一国经济造成负面影响。Calvo 等（2006）对突然中断和产出变动的过程进行了研究，发现了一种奇怪的“凤凰涅槃”现象。他们以融入国际债券市场的新兴市场国家为样本，因为突然中断发生时伴随着债券利差的大幅上涨和大规模的资本流动逆转，在短期内会导致这些国家的产出大幅下降，但是这些国家的产出能在国内外信贷恢复以前就迅速恢复，显示这些国家的公司在正规的信贷渠道之外可以通过金融创造获得所需的流动性。然而，也有部分文献持相反的观点。Joyce 和 Nabar（2009）在检验发生突然中断时金融开放是否会使一国的国内投资更脆弱时，通过对新兴市场国家 1976 ~ 2002 年的数据进行广泛研究后，发现突然中断对投资的影响必须通过银行危机渠道产生，当一国的银行体系足够稳健时，即使发生突然中断也不会造成投资下降。还有一些研究甚至更乐观，认为资本流动突然中断会产生积极的影响，如 Chari 等（2005）认为突然中断会使本币贬值，增加净出口，从而使国内产出增加。可见，国际资本流动“突然中断”对实体经济的影响主要有两个方面（Hutchison 和 Noy，2006）。一是产生所谓的凯恩斯效应，即资本流动的“突然中断”会引起资本流入国国内信贷规模的缩小，并且资本流动的“突然中断”往往还会引发外部融资升水和“金融加速器”等作用，这将减少资本流入国总需求并导致其产出下降（Calvo 和 Reinhart，2000）。二是产生所谓的费雪效应（Mendoza，2001），由于资本流动“突然中断”冲击了金融部门，在给定的抵押品约束下，资本流入国国内信贷收缩，从而提高了资本流入国货币危机的严重性（Kiyotati 和 Moore，1997）。

9.4.2 新冠肺炎疫情冲击下国际资本流动“突然中断”对于中国金融安全和经济发展影响的传导机制

新冠肺炎疫情冲击导致下，美国和欧洲等国家和地区出现流动性危机，并在不断深化和蔓延中触发新一轮全球经济金融危机，在此情景下本报告从贸易、外需、产业链、金融市场、疫情输入、外汇、房地产、交叉传染等方面梳理全球性经济金融危机向中国宏观经济与金融体系的传导机制，同时结合金融市场的国际资本流动特点，对国际资本“突然中断”中存在的自我加强的金融加速器机制进行识别，充分认识国际资本流动“突然中断”对于中国宏观经济和金融体系影响的传导机制，如图 9 – 9 所示。

9.5 新冠肺炎疫情冲击下国际资本流动“突然中断”对中国金融安全的启示及防范对策

金融是国家重要的核心竞争力，金融安全是国家安全的重要组成部分，是关系中国经济社会发展全局的一件带有战略性、根本性的大事。在当前全球疫情大流行和金融危机的背景之下，中国难以独善其身，正确认识国际资本流动“突然中断”对于中国金融安全产生的影响并提出合理的政策建议显得更为迫切。但我们同样要认识到，相关影响的传导机制是有时滞的，目前国内对全球经济金融危机的认识还不够，准备还不充分，疫情之后的金融危机和各国经济衰退对中国的影响可能更深远。本报告以新冠肺炎疫情对于国际资本流动的冲击作为研究的切入点，充分考虑国际资本流动中的异常变动，多角度、广途径分析国际资本“突然中断”对中国经济与金融体系的影响，从金融安全角度出发思考其对于中国的启示，同时结合本报告前述研究分析给出相应政策，提出维护中国经济和金融市场稳定的政策建议。

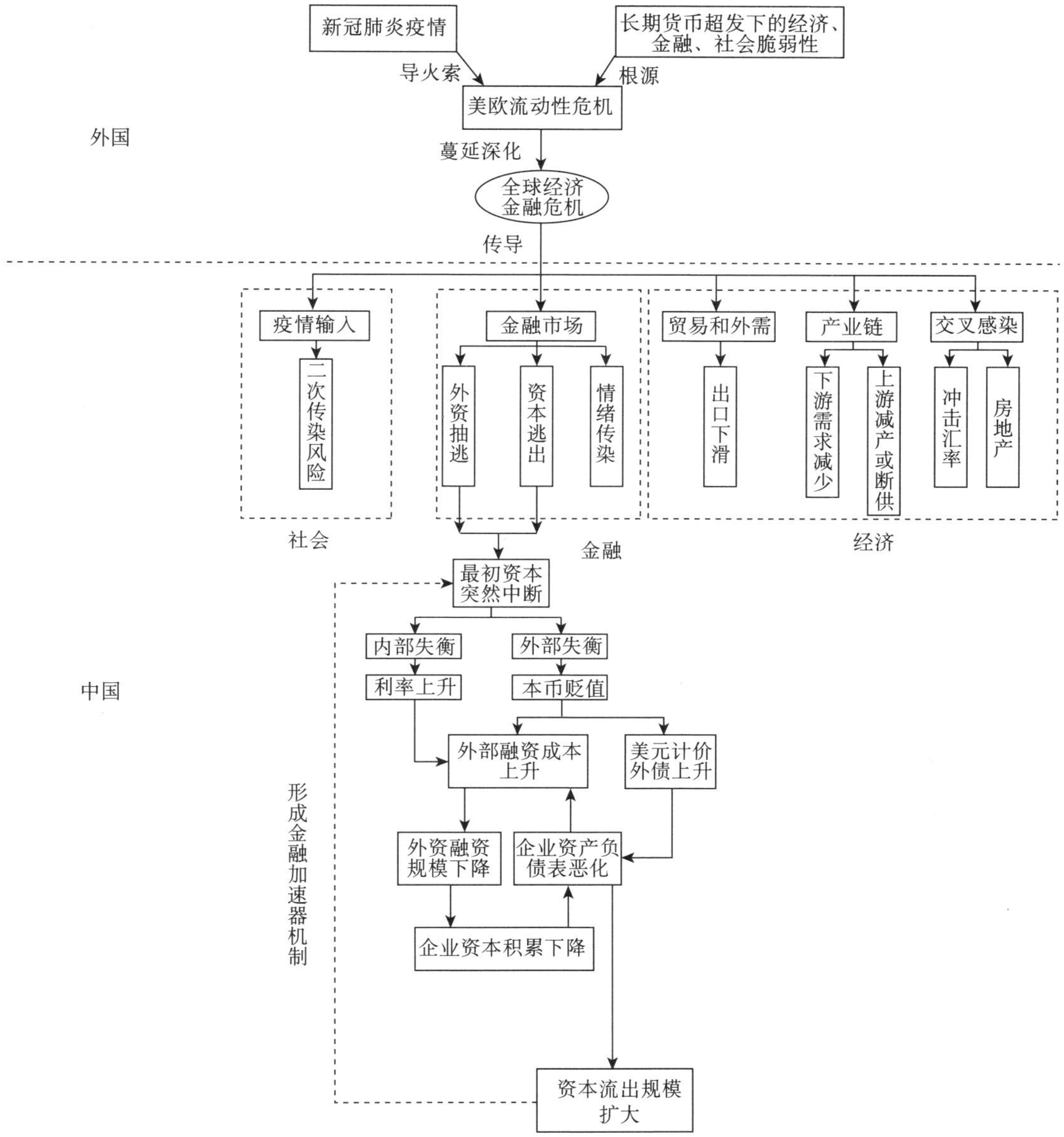

图 9－9　国际资本流动“突然中断”对于中国经济金融体系影响的传导机制

9.5.1　新冠肺炎疫情冲击下国际资本流动“突然中断”对中国金融安全的启示

金融安全问题作为应对金融全球化的一个重要战略被提出，且已成为国家安全战略的一个重要组成部分。无论是从金融本质还是国际关系角度来讲，金融安全都是指一国的金融体系和金融主权不受侵害的一种态势。改革开放以来，国家金融安全的内涵和外延随着时代进步不断地在丰富和发展。刘锡良（2004）认为应该从金融功能的正常履行来界定金融安全。雷家骊（2005）认为，金融安全是在保持高效运转的前提下，一国金融体系能够抵御来自国内外的各种侵袭，保证金融体系稳定运行、金融主权不受侵害，并以此促进经济高速发展。雷家骕（2009）认为，金融安全是通过抵消金融领域各种外部危机的机制来保证金融秩序和金融作用的正常开展。从国家经济安全的层面来考虑，顾海兵（2012）认为，国家金融安全可以被定义为通过健全金融体系来提高抵御外界风险冲击的水平，从而保证金融体制在外来冲击的影响下仍能让国内经济保持稳健发展。从这些主流学者的观点可以看出，金融安全涉及一国的货币安全、银行体系安全和金融市场安全等多个维度。可见，金融安全不仅仅体现在国内资金融通涉及各维度的安全，在开放经济条件下，还表现为与国际贸易密切相关的国际金融安全。

在全球推行量化宽松的货币政策时期，国际资本的流动愈加频繁且波动较大，对新兴市场国家的经济金融稳定产生严重威胁，政策当局多数采取资本管制来应对国际资本流动的冲击，管理国际资本流动的手段和措施众多，从政策类型上，一般分为两种：一种是审慎监管政策，一种是资本管制。审慎监管政策又分为微观审慎监管和宏观审慎监管。资本管制是指一国权力机构对该国国际资本流动的流向、金额进行直接控制。Edwards（2004）的实证研究表明，相比汇率缺乏弹性的国家，汇率制度更富弹性的国家容纳资本流动逆转冲击的能力更强。Edwards（2007）认为，资本管制并不会减少发生资本流动“突然中断”的可能性，但可以降低资本流动“突然中断”后对产出的负面影响。

在经济金融全球化的环境中，任何国家都很难在经济金融动荡中独善其身。全球经济的弱势增长使得中国经济增长的外部环境趋向复杂，而过剩流动性和发达国家货币政策的分化又对中国金融稳定产生负面效应。国际资本流动“突然中断”对于中国经济金融体系影响的传导机制，新冠肺炎疫情的发生，不可避免会对中国经济和社会发展造成较大的冲击，特别是短期内带来的综合影响不可忽视。

9.5.2 新冠肺炎疫情冲击下国际资本流动“突然中断”的金融安全防范对策分析

全球疫情的发展和蔓延，短期内也会对国际大宗商品市场供需关系、价格波动和全球资本市场、期货市场、金融市场带来冲击和影响，全球经济面临衰退的风险。如何在疫情冲击下保证中国金融安全显得更为重要。结合上述分析，本报告从新冠肺炎疫情冲击下国际资本流动“突然中断”的防范角度出发，对维护中国金融安全稳定提出如下建议：

第一，稳定利率，平衡汇率与债市，密切关注国际资本流动的变化情况，以防范出现资本流动“突然中断”的风险。当前，受国际环境的变化及中国经济下行压力的影响，中国的国际资本流动频繁，流动规模逐渐增大，这给中国对国际资本流动的监管带来了挑战。

第二，保持外部资金的平衡，防范国际收支异动。在维持国际收支基本平衡的前提下，中国应促进国际收支结构的调整，使国际收支格局实现经常项目顺差、资本项目逆差，以防范国际收支异动的风险。

第三，提高外汇储备管理的水平，增强抵御国际游资冲击的能力。外汇储备是一国在遭受资本流动逆转的情况下对抗国际资本异常流动冲击的有效工具，保持适当规模的外汇储备有助于缓解资本流动“突然中断”的负向产出效应。因此，我们应适度控制外汇储备规模，优化国际储备结构，使之成为对抗资本流动“突然中断”的有效手段。

第四，加强金融对实体经济的支持。由本报告关于资本流动“突然中断”对实体经济传导机制的分析可知，金融发展水平在其中起到了重要作用。当前银行信贷是中国企业获得资金的重要途径，因此，首先应强化银行体系的风险承担能力，确保银行部门充分发挥对于实体经济发展的支撑作用。

第五，结构性调整外贸企业杠杆率，增加直接融资，拓宽企业的融资渠道，尽可能地扩大直接融资市场尤其是债券市场对实体经济的支持作用，满足企业的融资需求。利用资本流动与实体经济的双向关系减轻资本流动“突然中断”对实体经济的负面影响。

参考文献

[1] 范小云，朱张元，肖立晟．从净资本流动到总资本流动——外部脆弱性理论的新发展［J］．国际金融研究，2018（01）：16－24.

[2] 韩会师，丁志杰，杨智博．美国海外资产组合变化特点及潜在影响分析［J］．国际贸易，2012（01）：43－47，53.

[3] 靳玉英，万超，周洁，丁浩员．资本流入的突然中断与经常账户赤字的有效调节［J］．世界经济研究，2010（09）：22－27，69，87.

[4] 李苏骁，杨海珍．国际证券资金大幅流入识别及其影响因素研究［J］．国际金融研究，2019（02）：23－33.

[5] 刘莉亚，程天笑，关益众等．资本管制对资本流动波动性的影响分析［J］．国际金融研究，2013，（2）：37－46.

[6] 娄飞鹏．新冠肺炎疫情、金融市场震荡与金融危机［J/OL］．西南金融：1－11，2020－05－03.

[7] 田素华，李筱妍．新冠肺炎疫情全球扩散对中国开放经济和世界经济的影响［J］．上海经济研究，2020（04）：109－117.

[8] 张晓晶，刘磊．新冠肺炎疫情冲击下稳增长与稳杠杆的艰难平衡［J］．国际经济评论，2020（02）：81－100，6.

[9] Ana Fostel, John Geanakoplos, Gregory Phelan. Global Collateral and Capital Flows. NBER Working Paper No. 25583, 2019.

[10] Antonio C. David and Carlos Eduardo Gonçalves. 2019. In Search of Lost Time: Examining the Duration of Sudden Stops in Capital Flows. IMF Working Paper.

[11] Atish Ghosh, Jonathan Ostry and Mahvash Qureshi. When Do Capital Inflow Surges End in Tears? [J]. American Economic Review. 2016, Vol. 106 (No. 5): 581－585.

[12] Aymen Ben Rejeb, Adel Boughrara. Financial integration in emerging market economies: Effects on volatility transmission and contagion [J]. Borsa Istanbul Review, 2015, 15 (3).

[13] Bilal Keskinsoy. Taxi, Takeoff and Landing: Behavioural Patterns of Capital Flows to Emerging Markets [J]. Routledge, 2017, 31 (2).

[14] Calvo, G, L Leiderman and C Reinhart. Capital inflows and real exchange rate appreciation in Latin America: the role of external factors. IMF Staff Papers, 1993, 40, pp 108－151.

[15] Calvo, G, L Leiderman and C Reinhart. Inflows of capital to developing countries in the 1990s [J]. Journal of Economic Perspectives, 1996, 10, pp 123－139.

[16] Carmen Broto, Javier Díaz－Cassou, Aitor Erce. Measuring and explaining the volatility of capital flows to emerging countries [J]. Journal of Banking and Finance, 2011, 35 (8).

[17] Cerutti, E and G H Hong. Portfolio inflows eclipsing banking inflows: alternative facts? IMF Working Papers, forthcoming, 2017.

[18] Cerutti, E, S Claessens and L Ratnovski. Global liquidity and cross－border bank flows [J]. Economic Policy, 2017, vol 32, no 89, pp 81－125.

[19] Cowan, Kevin, De Gregorio, Jose. International borrowing, capital controls and the exchange rate: lessons from Chile. Capital Controls and Capital Flows in Emerging Economies: Policies, Practices and Consequences. National Bureau of Economic Research, Boston,

2007.

[20] Daniel Carvalho, Michael Fidora. Capital inflows and euro area long – term interest rates [J]. Journal of International Money and Finance, 2015, 54.

[21] Eugenio Cerutti, Stijn Claessens, Damien Puy. Push factors and capital flows to emerging markets: why knowing your lender matters more than fundamentals [J]. Journal of International Economics, 2019, 119.

[22] Faucette, Jillian E., Rothenberg, Alexander D., Warnock, Francis E.. Outflows – induced sudden stops [J]. Journal of Policy Reform, 2005, 8, 119 – 130.

[23] Forbes, K. J. Why Do Foreigners Invest in the United States? [J]. Journal of International Economics 80, 2010.

[24] Forbes, Kristin J. "The 'Big C': Identifying and Mitigating Contagion", The Changing Policy Landscape, Proceedings of the 2012 Jackson Hole Symposium hosted by the Reserve Bank of Kansas City, 2013, pp. 23 – 87.

[25] Francis E. Warnock, Veronica Cacdac Warnock. International capital flows and U. S. interest rates [J]. Journal of International Money and Finance, 2009, 28 (6).

[26] Gianna Boero, Zeyyad Mandalinci, Mark P. Taylor. Modelling Portfolio Capital Flows in a Global Framework: Multilateral Implications of Capital Controls [J]. Journal of International Money and Finance, 2019, 142 – 160.

[27] Gianna Boero, Zeyyad Mandalinci, Mark P. Taylor. Modelling Portfolio Capital Flows in a Global Framework: Multilateral Implications of Capital Controls [J]. Journal of International Money and Finance, 2018.

[28] Goldberg, Linda S, and Signe Krogstrup. 2018. "International Capital Flow Pressures." Working Paper 24286, National Bureau of Economic Research.

[29] Hlaing, Su Wah; Kakinaka, Makoto. Global Uncertainty and Capital Flows: Any Difference between Foreign Direct Investment and Portfolio Investment? [J]. Applied Economics Letters. 2019, Vol. 26 (No. 3): 202 – 209.

[30] IMF. International Capital Flows: Reliable or Fickle [J]. World Economic Outlook, 2011.

[31] IMF. Sixth Edition of the IMF's Balance of Payments and International Investment Position Manual. 2010.

[32] J. Scott Davis, Giorgio Valente, and Eric van Wincoop. Global Capital Flows Cycle: Impact on Gross and Net Flows. NBER Working Paper No. 25721, 2019.

[33] Jacob Gyntelberg, Mico Loretan, Tientip Subhanij. Private information, capital flows, and exchange rates [J]. Journal of International Money and Finance, 2018, 81.

[34] John Ammer, Stijn Claessens, Alexandra Tabova, Caleb Wroblewski. Home country interest rates and international investment in U. S. bonds [J]. Journal of International Money and Finance, 2019, Volume 95, 212 - 227.

[35] John D. Burger, Rajeswari Sengupta, Francis E. Warnock, Veronica Cacdac Warnock, US investment in global bonds: as the Fed pushes, some EMEs pull [J]. Economic Policy, Volume 30, Issue 84, October 2015, Pages 729 - 766.

[36] Ju, Jiandong, Wei, Shang - Jin. A solution to two paradoxes of international capital flows. NBER Working Paper No. 12668, 2006.

[37] Koh, Wee Chian; Kose, Ayhan; Nagle, Peter Stephen Oliver; Ohnsorge, Franziska Lieselotte; Sugawara, Naotaka. 2020. Debt and Financial Crises. Policy Research working paper; no. Working Paper Series No 9116. Washington, D. C. : World Bank Group.

[38] Kose, Ayhan; Nagle, Peter Stephen Oliver; Ohnsorge, Franziska Lieselotte; Sugawara, Naotaka. 2020. Can This Time Be Different ? Policy Options in Times of Rising Debt. Policy Research working paper; no. WPS 9178. Washington, D. C. : World Bank Group.

[39] Kristin J. Forbes, Francis E. Warnock. Capital flow waves: Surges, stops, flight, and retrenchment [J]. Journal of International Economics, 2012, 88 (2).

[40] Kristin J. Forbes. Capital Flow Volatility and Contagion: A Focus on Asia. MIT Sloan Research Paper No. 4979 - 12, 2012.

[41] Kristin J. Forbes; Francis E. Warnock. Debt - and Equity - led Capital Flow Episodes [J]. Capital Mobility and Monetary Policy. 2014: 32.

[42] Levan Efremidze, Sungsoo Kim, Ozan Sula, Thomas D. Willett. The relationships among capital flow surges, reversals and sudden stops [J]. Journal of Financial Economic Policy, 2017, 9 (4).

[43] Levchenko, Andrei A., Mauro, Paolo. Do Some Forms of Financial Flows Help Protect Against "Sudden Stops"? [J]. World Bank Economic Review, 2007, 21 (3).

[44] Li, Suxiao, Jakob de Haan, and Bert Scholtens. Sudden stops of international fund flows: Occurrence and magnitude [J]. Review of International Economics. 2019, 27: 468 - 497.

[45] Loayza, N., Lopez, H. & Ubide, A. Comovements and Sectoral Interdependence: Evidence for Latin America, East Asia, and Europe [J]. IMF Econ Rev 48, 367 -

396, 2001.

[46] Luis F. Lafuerza and Luis Servén. Swept by the Tide? The International Comovement of Capital Flows. Policy Research Working Papers, 2019.

[47] Marcel Förster, Markus Jorra, Peter Tillmann, The dynamics of international capital flows: Results from a dynamic hierarchical factor model [J]. Journal of International Money and Finance, Volume 48, Part A, 2014, Pages 101 - 124.

[48] Marcel Förster, Markus Jorra, Peter Tillmann. The dynamics of international capital flows: Results from a dynamic hierarchical factor model [J]. Journal of International Money and Finance, 2014, 48.

[49] Maurizio Michael Habib, Fabrizio Venditti. 2019. The global capital flows cycle: structural drivers and transmission channels. ECB Working Paper Series No 2280.

[50] Moench, E., Ng, S., Potter, S.. Dynamic Hierarchical Factor Models. Federal Reserve Bank of New York Staff Report 412, 2011. Federal Reserve Bank of New York.

[51] Niels - Jakob Hansen and Signe Krogstrup. 2019. Recent Shifts in Capital Flow Patterns in Korea: An Investor Base Perspective. IMF Working Paper.

[52] Peter McQuade, Martin Schmitz. 2019. America First? A US - centric view of global capital flows. European Central Bank, Working Paper Series No 2238.

[53] Qureshi, M. S. ; Sugawara, N.. Surges and reversals in capital flows [J]. International Review of Economics and Finance. 2018: 92 - 98.

[54] Rebecca M. Neumann, Ron Penl, Altin Tanku. Volatility of capital flows and financial liberalization: Do specific flows respond differently? [J]. International Review of Economics and Finance, 2009, 18 (3).

[55] Reinhart, C., & Reinhart, V.. Capital flow Bonanzas: An encompassing view of the past and present. NBER Working Paper 14321, 2008, Cambridge, MA.

[56] Ryan Banerjee, Michael B. Devereux, Giovanni Lombardo. Self - oriented monetary policy, global financial markets and excess volatility of international capital flows [J]. Journal of International Money and Finance, 2016, 68.

[57] Silvio Contessi, Pierangelo De Pace, Johanna L. Francis. Changes in the second - moment properties of disaggregated capital flows [J]. Economics Letters, 2012, 115 (1).

[58] Silvio Contessi, Pierangelo De Pace, Johanna L. Francis. The cyclical properties of disaggregated capital flows [J]. Journal of International Money and Finance, 2013, 32.

[59] Silvio Contessi; Pierangelo De Pace. Do European capital flows comove? [J].

The North American Journal of Economics and Finance. 2009, Vol. 20 (No. 2): 145 - 161.

[60] Tae Soo Kang and Kyunghun Kim. Push vs. Pull Factors of Capital Flows Revisited: A Cross - country Analysis. KIEP Working Paper 19 - 01, 2019.

[61] V. Mercado Jr, R.. Not all surges of gross capital inflows are alike [J]. Journal of Economic Studies. 2018, Vol. 45 (No. 2): 326 - 347.

[62] Wang, D., Liu, X., and Chen, R.. Factor models for matrix - valued high - dimensional time series [J]. Journal of Econometrics, 2019, Volume 208, Pages 231 - 248.

[63] Wenjie Chen, Mico Mrkaic and Malhar Nabar. 2019. The Global Economic Recovery 10 Years After the 2008 Financial Crisis. IMF Working Paper.

[64] World Bank. 2020. East Asia and the Pacific in the Time of COVID - 19 [R]. Regional Economic Update. Washington, D. C. : World Bank Group.

[65] World Bank. 2020. Global Waves of Deb: Causes and Consequences [R]. International Bank for Reconstruction and Development/The World Bank.

[66] World Bank. 2020. The Economy in the Time of COVID - 19 [R]. LAC Semiannual Report. Washington, D. C. : World Bank Group.

[67] Yin - Wong Cheung, Sven Steinkamp, Frank Westermann. Capital flight to Germany: Two alternative measures [J]. Journal of International Money and Finance, 2020, 102.